MUSIK UM UNS

7.–10. Schuljahr

MUSIK UM UNS

7.–10. Schuljahr
2., völlig überarbeitete Auflage

Herausgegeben von
Bernhard Binkowski

zusammen mit

Walter Brändle
Manfred Hug
Jürgen Klenk
Peter Koch
Ulrich Prinz
Albrecht Scheytt

Metzler Schulbuchverlag

MUSIK UM UNS

7.–10. Schuljahr
2., völlig überarbeitete Auflage

Herausgegeben von Prof. Bernhard Binkowski
zusammen mit Walter Brändle   Peter Koch
         Prof. Dr. Manfred Hug   Dr. Ulrich Prinz
         Jürgen Klenk   Albrecht Scheytt

Bildquellennachweis

action press, Hamburg: 104, 115, 124; Arche Verlag, Zürich: 306; Archiv für Kunst und Geschichte, Berlin: 161 u., 190, 225, 251, 260, 261, 263, 265, 270, 272, 275, 276, 281, 284, 286, 300; Bavaria Bildagentur, Gauting: 112 o.; Joachim Ernst Berendt, Baden-Baden: 135, 137; Susanne Binkowski (Federzeichnungen): 106, 114, 145, 152, 167, 179, 203, 215, 323, 327, 334; CBS Schallplatten GmbH, Frankfurt: 117; Cosmopress, Genf © 1985 A.D.A.G.P., Paris & Cosmopress, Genf 177; © 1985 Cosmopress Genf/Öffentliche Kunstsammlung Basel, Kunstmuseum Basel: 189; Werner Dausien Verlag, Hanau: 154, 155; Deutsche Bundesbahn: 195 u.; dpa, Stuttgart: 103, 108 o., 112 u., 114, 120, 136, 138, 140, 195 o.; Robert Ellis, London: 108 u., 109; G + J Fotoservice, Hamburg: 299 (Friedel, Kunz); Walter Häberle, Ostfildern: 156, 159, 161 o., 168, 240, 241; Horst Huber, Stuttgart: 231; Interfoto Fotoservice, München: 129, 132, 139, 279, 289, 301, 332; Heinz Karnine, Leverkusen: 288; Keystone Pressedienst, Hamburg: 105, 111; Hannes Kilian, Wäschenbeuren: 227; Kingston Publishers, Jamaica: 110; Hans H. Kumpf, Murr: 141, 142, 143, 324; Kunsthalle Bremen: 309, 318; aus: Hoffnungs großes Orchester, Langen-Müller, München: 329, 331; Rupert Leser, Bad Waldsee: 312; Uwe Moser, Kornwestheim: 171; Preußischer Kulturbesitz, Berlin: 128, 193, 248; Rolf Rettich, Vordorf: 317; Marion Schweitzer, München: 107; Otto Stangl, München: 183; aus: Taubert, Höfische Tänze, Schott, Mainz: 307, 315; Felicitas Timpe, München: 220, 221, 239.

Als Begleitmaterial sind ein Lehrerband (Best.-Nr. 3-8156-3267-6)
und Musikkassetten (Best.-Nr. 3-8156-3268-4) erhältlich.

HB	=	Hörbeispiel
×	=	dieses Zeichen im Liedteil bedeutet, daß der hierdurch markierte Ton, nicht der Akkord, zu spielen ist.
MUU	=	„Musik um uns"
UL-MUU	=	„Unser Liederbuch – Musik um uns"
		Kleindruck bedeutet in manchen Bundesländern Zusatzstoff.

Collagen und Federzeichnungen: Susanne Binkowski, Herrenberg-Oberjesingen
Textgraphiken: Rosemarie Castera, Denkendorf
Notengraphiken: Reiner Knierim, Kirchheim/Teck
Instrumentengraphiken: Joannis Selveris, Kernen i. R.
Umschlagentwurf: Kurt Heger, Stuttgart

ISBN 3-8156-2346-4

© 1986, 2., völlig überarbeitete Auflage / verbesserter Nachdruck
J. B. Metzlersche Verlagsbuchhandlung und C. E. Poeschel Verlag GmbH
in Stuttgart
© 1992 Metzler Schulbuchverlag, Hannover
Alle Rechte vorbehalten.
Dieses Werk sowie einzelne Teile desselben sind urheberrechtlich geschützt.
Jede Verwertung in anderen als den gesetzlich zugelassenen Fällen
ist ohne vorherige schriftliche Zustimmung des Verlages nicht zulässig.
Druck A $^{5\ 4\ 3\ 2\ 1}$ / Jahr 1996 95 94 93 92
Alle Drucke der Serie A sind im Unterricht parallel verwendbar,
da bis auf die Behebung von Druckfehlern untereinander unverändert.
Die letzte Zahl bezeichnet das Jahr dieses Druckes.
Lithographie: W. Huber, Ludwigsburg und R. Zwingmann, Leonberg
Satz: W. Huber, Ludwigsburg
Druck: Appl, Wemding

Inhaltsverzeichnis

1. Deutscher Sprachraum 9
2. Angelsächsischer Sprachraum 31
3. Romanischer Sprachraum 49
4. Andere Sprachräume 54
5. Nationalhymnen 60
Richtiges Singen – gesundes Singen (Albrecht Scheytt) 62

Lied der Völker
Bernhard Binkowski

Metrum, Takt, Rhythmus (A. Scheytt) 65
Metrum 65 · Takt 66 · Rhythmus 66
Das Zusammenwirken von Metrum, Takt, Rhythmus und Tempo 68
Freie und gebundene Rhythmen 71
Pentatonik – Kirchentonarten – Chromatik – Zwölftonreihe 72
Pentatonik 72 · Kirchentonarten 72
Chromatik 73 · Musik mit zwölf Tönen 73
Die Dur-Tonleiter 75
Die Moll-Tonleiter 75
Die Modulation 76
Der Baßschlüssel 77
Der Quintenzirkel 78
Erläuterungen zum Quintenzirkel 78
Die Intervalle 80
Zusammenklänge – Dreiklangsakkorde 82
Die Umkehrungen des Dreiklangs 83
Die einfache Dur-Kadenz 83
Die einfache Moll-Kadenz 84 · Der Dominantseptakkord 84
Begleitung einer Melodie 84
Musikalische Formen 85
Kadenzspiel (J. Klenk) 87
1. Klangmuster 87 · 2. Klangmuster 88
Liedbegleitung 93
Weitere Klangmuster zur Liedbegleitung 98

Musiklehre
Albrecht Scheytt
und Jürgen Klenk

Rockmusik 101
Zitate und Stellungnahmen 101 · Stammbaum der Rockmusik 102
Zur Definition der Begriffe Pop- und Rockmusik 103
Rockstile 103
Außermusikalische Aspekte der Rockmusik. Rock, Pop und Geschäft 118
Das kritische Lied 119
Der Schlager 122

Aktuelle Musik
Ulrich Prinz

Die Hintergründe:
Sklaverei und afrikanisches Erbe.
Negergottesdienst (U. Prinz) 127

Der Jazz
Ulrich Prinz
und Jürgen Klenk

Der Jazz
Ulrich Prinz und Jürgen Klenk

**Die vokalen und instrumentalen Vorformen des Jazz:
Negro Spiritual, Gospelsong, Blues, Worksong, Ragtime** 129
Negro Spiritual und Gospelsong 129 · Blues und Worksong 130
Der Ragtime 131
Jazzmusiker und ihre Stile 132
Louis Armstrong – der New Orleans-Jazz 132 · Die Austin High School Gang –
der Chicago-Jazz 135 · Benny Goodman – der Swing-Jazz 136 · Charlie Parker
der Bebop 137 · Miles Davis, das Modern Jazz Quartett – der Cool Jazz 139
Lennie Tristano, Ornette Coleman – der Free Jazz 141 · Rock Jazz 142
**Beziehungen zwischen Jazz und klassischer Musik
des 20. Jahrhunderts** 144 · **Jazz-Improvisation** (J. Klenk) 144

Instrumente, Klangfarben, Ensembles
Walter Brändle

Akustische Grundlagen 148
Musik ist Schall 148 · Schallerzeugung, Schallquellen 148
Ton – Klang – Geräusch 150 · Die Obertöne 151 · Die Intervalle 151
Klangerzeugung bei Instrumenten 152 · Die Resonanz 152
Tabellen 153
**Bau, Spielweise und Klangeigenschaften der Instrumente
sowie Hinweise auf ihre Geschichte** 157
Holzblasinstrumente 157 · Die Blechblasinstrumente 160
Die Saiteninstrumente 163 · Die Streichinstrumente 163
Die Zupfinstrumente 165
Gemischte Instrumente – Tasten-Blas-Instrumente 166
Tasten-Saiten-Instrumente 167 · Die Schlaginstrumente 167
Fellinstrumente mit bestimmter Tonhöhe 168
Metallinstrumente mit bestimmter Tonhöhe 169
Fellinstrumente mit unbestimmter Tonhöhe 169
Metallinstrumente mit unbestimmter Tonhöhe 170
Elektro-mechanische und elektronische Musikinstrumente 170
Notierte Musik, grafische Notation 171

Formen und Satztechniken
Manfred Hug

**Einfache und zusammengesetzte Formen,
Rondo, Sonate, Sinfonie** 172
Liedformen 172 · Barform 173 · Zusammengesetzte Liedform 174
Menuett 177 · Rondo 179 · Sonate 182 · Sinfonie 184
Polyphonie 186
Invention 186 · Fuge 188
Georg Friedrich Händel: Chaconne G-Dur 190
Konzertante Musik 191
Georg Friedrich Händel: Concerto grosso G-Dur, op. 6 Nr. 1,
1. und 2. Satz 191
Joseph Haydn: Konzert für Trompete und Orchester Es-Dur 193
Programmusik 195
Arthur Honegger: Pacific 231 195

Das Kunstlied
Bernhard Binkowski

Volkslied und Kunstlied – Ein Vergleich 198
Das Veilchen (Joh. Fr. Reichardt) 199 · Das Veilchen (W. A. Mozart) 200
Erlkönig (Joh. Fr. Reichardt) 202 · Erlkönig (Franz Schubert) 204
Heidenröslein (Franz Schubert) 211 · Die Forelle (Franz Schubert) 212
Die Ballade 215
Prinz Eugen, der edle Ritter (Carl Loewe) 216

Musik und Bühne
Walter Brändle

Musik und Sprache 219
Wolfgang Amadeus Mozart: »Die Entführung aus dem Serail« –
Singspiel in drei Aufzügen (1782) 220
Carl Maria von Weber: »Der Freischütz« – Oper in drei Akten (1821) 225
Stefen Sondheim/Leonard Bernstein: »West Side Story«,
Musical in zwei Akten (1957) 233
Oper und Gesellschaft 240
Hinter den Kulissen – die »Werkstatt« des Musiktheaters 240
Musiktheater – ein weites Feld 241
Musik im Fernsehen, im Film, im Schauspiel, im Rundfunk 242
Kleines Lexikon 242

Musik in Geschichte und Gesellschaft
Walter Brändle, Manfred Hug, Ulrich Prinz, Albrecht Scheytt, Jürgen Klenk

Folklore und Kunstmusik (W. Brändle) 245
Der Musiker in seiner Zeit (M. Hug) 247
Barock 247 · Klassik 255 · Romantik 266
Nationale Schulen (W. Brändle) 271
**Vom Virtuosen des 19. Jahrhunderts
zum Star des 20. Jahrhunderts** (U. Prinz) 275
**Die Zeit um die Jahrhundertwende –
Impressionismus und Expressionismus** (U. Prinz) 279
Der Impressionismus – Claude Debussy 279
Der Expressionismus – Igor Strawinsky 281
Die Zeit nach dem Ersten Weltkrieg (U. Prinz) 284
Die Zwölftonordnung – Arnold Schönberg 284
Musik nach 1945 (A. Scheytt) 286
Von der Zwölftonmusik zur seriellen Musik 286
Elektronische Tonquellen – Elektronisches Grundmaterial 289
Vom total Bestimmten zum Zufall –
oder von der seriellen Ordnung zur Aleatorik 291
Aleatorische Improvisation (J. Klenk) 296
Klanggeräusch – Geräuschklang (A. Scheytt) 300
Musik und Sprache – Sprachmusik – Sprachlose Musik
(A. Scheytt) 301

Der Tanz
Peter Koch

Tiertanz 305 · Pantomime 306 · Tanzspiele 306
Tanz gestern und heute 307
Ekstatische Tänze 308 · Afro-amerikanische Tänze 310 · »Aufsteiger« 312
»Klassentänze« heute? 313 · Volkstänze 314
Die Suite 315 · **Ballett** 317 · Der Nußknacker 317
Petruschka 319

Musik in der Freizeit
Peter Koch

Wo man in der Freizeit Musik machen kann 321
Lieblingsmusik? 322
Funktionen von Musik 323
Tanzmusik 323 · Kirchenmusik 323 · Musik und Politik 324
Umweltmusik 326
Massenmedien 327
Musiker heute 329
Filmmusik 332

Register 335

Verzeichnis der Lieder

Ade zur guten Nacht 20 · Allons enfants de la patrie 61
Als Israel in Ägyptenland 36 · Als zum Wald Petruschka ging 57
Auld lang syne 32
Backwater blues 43 · Balaio meu ben 53 · Bauernkrieg 10
Blowin' in the wind 47 · Blues and trouble 45 · Bona nox 11
Brüder, kreuzt die Klingen 57
Casatschok 56
Das Lieben bringt groß Freud 173 · Deep river 40 · Der König in Thule 16
Der wilde Wassermann 20 · Die Brünnlein 15 · Die holde Kunst (Sprachmottete) 68
Königskinder 17 · Dona, Dona 59 · Dona nobis pacem 23 · Down by the riverside 37
Ein dunkle Wolk 19 · Einigkeit und Recht und Freiheit 61
Es freit ein wilder Wassermann 20 · Es geht ein dunkle Wolk herein 19
Es ist ein Schnitter 22 · Es kommt ein Schiff geladen 26
Es war ein König in Thule 16 · Es war einmal ein Segelschiffchen 49
Es waren zwei Königskinder 17
Fern nach Süd 55 · Freedom, oh, freedom 38 · Freiheit, die ich meine 14
Freu dich, Erd und Sternenzelt 27
Gelobet seist du, Jesu Christ 29 · Gib uns Frieden 23 · Gib uns Frieden jeden Tag 24
Go down, Moses 36 · Go tell it on the mountain 42
Gottes Kind uns geboren ist 51 · Guantanamera 50 · Gute Nacht 11 · Guter Rat 11
Hab' mein Wage vollgelade 14 · Halleluja aus Taizé 24 · Help 106
Herr, gib mir Mut 23 · Hoch auf dem gelben Wagen 13
Horch, was kommt von draußen rein 12 · How many roads 47
Ick hew mol in Hamburg 95 · Ich hab die Nacht 172
Il est né, le divin Enfant 51 · Il était un petit navire 49 · In dir ist Freude 28
It was down in old Joe's barroom 44
Jenseits des Tales 18 · Joshua fit the battle of Jericho 41
Kalinka 54 · Kloene Kischdla 121 · Kosakenlied 55
Lachend kommt der Sommer 13 · Little boxes 121 · Little David 44
Maria durch ein Dornwald ging 25 · Mein Gmüth ist mir verwirret 30
Michael, row the boat ashore 40 · Mit Mädeln sich vertragen 11
Morning has broken 31
Nehmt Abschied, Brüder 32 · Neunundneunzig Luftballons 124
Nobody knows the trouble 33 · Nun danket all 29 · Nun ruhen alle Wälder 21
O Haupt voll Blut und Wunden 30 · On a wagon 59 · O when the Saints 34
Petruschka 57 · Prinz Eugen, der edle Ritter 10
Rambutan pflücken 58 · Rock my soul 35 · Row your boat 31 · Ruf von den Bergen 42
Säbeltanz 57 · Schöne, mit deinen Augen 308 · Should auld acquaintance 32
Sometimes I feel lika a motherless child 34 · St. James infirmary 44 · Swing low 39
The gospel train is coming 36
Und in dem Schneegebirge 19
Wach auf, meins Herzens Schöne 174 · Weil Gott in tiefster Nacht erschienen 26
Wenn alle Brünnlein fließen 15 · Wenn ich ein Vöglein wär 16
When Israel was in Egypt's land 36 · When it rains five days 43 · When the Saints 34
Where have all the flowers gone 46 · Wir kamen einst von Piemont 52
Wir sind des Geyer's schwarze Haufen 10 · Wir zogen in das Feld 9
Yesterday 48
Zogen einst fünf wilde Schwäne 18

Instrumentalstücke

Aleatorische Improvisation 296 ff. · Altniederländischer Tanz 93 ·
Casatschok 96 · Hamborger Veermaster 95 · Jazz-Improvisation 144 ·
Kadenzspiel 87 f. · Kontratanz 93 · Lachend, lachend 99 ·
Rhythmische Improvisation mit Körperinstrumenten 71 · Rock my soul 94

Lied der Völker

1. Deutscher Sprachraum

Wir zogen in das Feld

1540 bei Georg Forster II
»Frische teutsche Liedlein«

2. Wir kam'n vor Siebentod[2],
   da hätt'n wir weder Wein noch Brot.

3. Wir kamen vor Friaul[3],
   da hätt'n wir allesamt voll Maul.

[1] Verdorbenes Landsknechtitalienisch [2] Cividale, Stadt in Oberitalien [3] Oberitalienische Provinz

Bei Georg Forster II

Fassung in der Jugendbewegung weit verbreitet

    Dieses Lied wurde in den Feldzügen Kaiser Karl V. (1519–1556) von deutschen Landsknechten gesungen, die von ihm als Söldner angeworben worden waren. Wahrscheinlich hatten sie im fremden Land einige italienische Brocken aufgeschnappt, die sie im Kehrreim ohne rechten Sinn aneinanderreihten.

Aufgabe:
Erfindet ein rhythmisches Muster, welches das An- und Abrücken einer marschierenden Kolonne markiert.
☞ S. 75

Bauernkrieg

Weise des Wandervogels (1919)

1. Wir sind des Geyer's schwarze Haufen, heia o ho! Wir wollen mit Tyrannen raufen, heia o ho! Spieß voran, drauf und dran! Setzt auf's Klosterdach den roten Hahn!

2. Als Adam grub und Eva spann, heia oho!
   Wo war denn da der Edelmann? Heia oho! Spieß ...
3. Bei Weinsberg setzt es Brand und Stank, heia oho!
   Gar mancher über die Klinge sprang, heia oho! Spieß ...
4. Geschlagen ziehen wir nach Haus, heia oho!
   Unsre Enkel fechten's besser aus. Heia oho! Spieß ...

Textfassung: Fritz Sotke, nach H. v. Reder (1885)

Im Jahre 1525 fand der zweijährige Bauernkrieg gegen die Fürsten seinen Höhepunkt und sein Ende. Der Aufstand der Bauern war erfolglos verlaufen. Ritter Florian Geyer war einer ihrer bekanntesten Anführer. Historisch verbürgt ist nur die zweite Strophe.

Aufgaben:
1. Welche gesellschaftliche Aussage liegt in der 2. Strophe vor?
2. Welche Mittel hat unsere demokratische Gesellschaft, um soziale Ungerechtigkeiten zu mildern?
☛ S. 75; 77

Prinz Eugen

1719

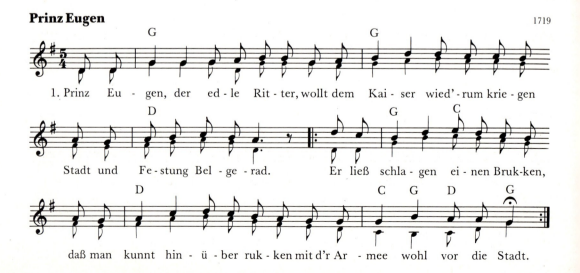

1. Prinz Eugen, der edle Ritter, wollt dem Kaiser wied'rum kriegen Stadt und Festung Belgerad. Er ließ schlagen einen Brukken, daß man kunnt hinüberrukken mit d'r Armee wohl vor die Stadt.

2. Als der Brucken war geschlagen, daß man kunnt mit Stuck[1] und Wagen frei passiern den Donaufluß: Bei Semlin schlug man das Lager, alle Türken zu verjagen, ihn'n zum Spott und zum Verdruß.
3. (6.) Alles saß auch gleich zu Pferde, jeder griff nach seinem Schwerte, ganz still ruckt man aus der Schanz; d'Musketier wie auch die Reiter täten alle tapfer streiten; 's war fürwahr ein schöner Tanz!
4. (8.) Prinz Eugenius wohl auf der Rechten tät als wie ein Löwe fechten als Gen'ral und Feldmarschall. Prinz Ludewig ritt auf und nieder: »Halt' euch brav, ihr deutschen Brüder, greift den Feind nur herzhaft an!«

[1] Stücke = Geschütze

Prinz Eugen von Savoyen war ein bekannter Feldherr in den Türkenkriegen, die mehrere Jahrhunderte tobten. Im Lied wird seine Rolle bei der Rückeroberung von Belgrad 1717 geschildert.

Aufgaben:
1. Untersucht Rhythmus, Takt und Melodie des Liedes. – Vergleicht es mit der Ballade Seite 216ff.
2. Was könnte in Strophe 3 der Ausdruck »schöner Tanz« bedeuten?
3. Glaubt ihr, daß ein Krieg zur Abwehr eines Angriffes von außen berechtigt sein könnte?
4. Erfindet ein dreitaktiges Vorspiel und Begleittöne für das Lied; benutzt für das Vorspiel als Ausgangspunkt einen der 6 Takte der Melodie mit Auftakt.

☛ S. 66

Gute Nacht

Wolfgang Amadeus Mozart (1756–1791)

Mozart liebte es, spaßeshalber Texte zusammenzusetzen, die keinen ersichtlichen Sinn ergeben.

Aufgabe:
Musiziert den Kanon auch mit Instrumenten. Sie können einzelne Stimmen übernehmen (z. B. den 2. und 4. Einsatz), alle vier Stimmen mitspielen oder abwechselnd mit den Singstimmen den ganzen Kanon allein spielen.

☛ S. 66

Guter Rat

Christian Lahusen

Aus: Chr. Lahusen, »Kanonbüchlein«, Bärenreiter, Kassel und Basel   Johann Wolfgang von Goethe (1749–1832)

Horch, was kommt von draußen rein

Badische Volksweise
Satz: Paul Kickstat

Bei einstimmigem Singen bis zu vier Töne tiefer anstimmen.

2. Leute haben's oft gesagt, hollahi, hollaho,
was ich für'n Feinsliebchen hab, …!
Laß sie reden, schweig fein still, …,
kann ja lieben, wen ich will, …!

3. Wenn mein Liebchen Hochzeit hat, hollahi, hollaho,
ist für mich ein Trauertag, …!
Geh ich in mein Kämmerlein, …,
trage meinen Schmerz allein, …!

4. Wenn ich dann gestorben bin, hollahi, hollaho,
trägt man mich zum Grabe hin, …!
Setzt mir keinen Leichenstein, …,
pflanzt mir drauf Vergißnichtmein, …!

Aus: Fritz Jöde, »Der Musikant«, Möseler, Wolfenbüttel und Zürich
☛ S. 86

Deutscher Sprachraum

Hoch auf dem gelben Wagen

Heinz Höhne

1. Hoch auf dem gel-ben Wa-gen sitz ich beim Schwager vorn. Vor-wärts die Ros-se tra-ben, lu-stig schmettert das Horn. Fel-der, Wie-sen und Au-en, leuch-ten-des Äh-ren-gold: Ich möcht so gern blei-ben und schau-en, a--ber der Wa-gen, der rollt. rollt.

2. Postillon in der Schänke füttert die Rosse im Flug.
   Schäumendes Gerstengetränke reicht der Wirt mir im Krug.
   Hinter den Fensterscheiben lacht ein Gesicht so hold.
   |: Ich möcht so gerne noch bleiben, aber der Wagen, der rollt. :|

3. Flöten hör' ich und Geigen, lustiges Baßgebrumm.
   Junges Volk im Reigen tanzt um die Linde herum,
   wirbelt wie Blätter im Winde, jauchzt und lacht und tollt.
   |: Ich bliebe ja so gerne bei der Linde, aber der Wagen, der rollt. :|

Birnbach Musikverlag, Berlin   Rudolf Baumbach (1840–1905)

Aufgabe:
Führt die Takte 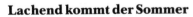 zu einem Vor- und Zwischenspiel weiter.

☛ S. 76

Lachend kommt der Sommer

Cesar Bresgen

La-chend, la-chend, la-chend, la-chend kommt der Som-mer ü-ber das Feld, ü-ber das Feld kommt er la-chend, ha ha ha! la-chend ü-ber das Feld.

Aus: Cesar Bresgen, »Das Jahresrad«, Voggenreiter, Bad Godesberg

Aufgabe:
Gestaltet den Kanon dynamisch entsprechend seinem Melodieverlauf.
☛ S. 99

Hab mein Wage vollgelade

Niederlande
Satz: bb

1. Hab' mein Wage voll geladen, voll mit alten Weibsen.
   Als wir in die Stadt neinkamen, hub'n sie an zu keifen.
   Drum lad ich all mein Lebetage nie alte Weibsen auf mein Wage. Hü, Schimmel hü, hü, Schimmel hü!

2. Hab mein Wage vollgelade, voll mit Männern alten.
   Als wir in die Stadt neinkamen, murrten sie und schalten.
   Drum lad ich all mein Lebetage
   nie alte Männer auf mein Wage. Hü, …

3. Hab mein Wage vollgelade, voll mit jungen Mädchen.
   Als wir zu dem Tor neinkamen, sangen sie durchs Städtchen.
   Drum lad ich all mein Lebetage
   nur junge Mädchen auf mein Wage. Hü, …

Fuhrmannslied

© Satz: J. B. Metzler

☞ S. 86

Freiheit, die ich meine

Karl Gross (1789–1861)

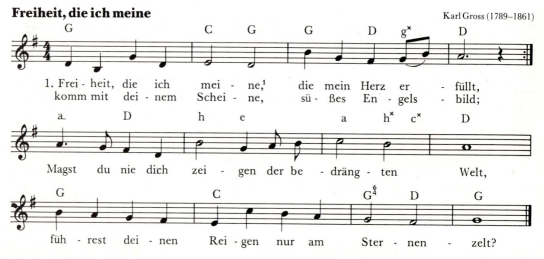

1. Freiheit, die ich meine,[1] die mein Herz erfüllt,
   komm mit deinem Scheine, süßes Engelsbild;
   Magst du nie dich zeigen der bedrängten Welt,
   führest deinen Reigen nur am Sternenzelt?

[1] meine = minne (mhd. liebe)

2. Auch bei grünen Bäumen in dem lust'gen Wald,
unter Blütenträumen ist dein Aufenthalt.
Ach, das ist ein Leben, wenn es weht und klingt,
wenn dein stilles Weben wonnig uns durchdringt! Max. v. Schenkendorf (1783–1817)

Der Dichter schrieb das Gedicht in einer Zeit, als Deutschland sich gegen die Besetzung des Landes durch Napoleon aufzulehnen begann. Sein Begriff der Freiheit geht aber über den politischen Bereich hinaus.

Die Brünnlein

Schwaben
Satz: Fritz Jöde

2. Ja winken mit den Äugelein und treten auf den Fuß;
|: 's ist eine in der Stube drin, die meine werden muß. :|
3. Warum sollt sie's nicht werden, ich hab sie ja so gern;
|: sie hat zwei blaue Äugelein, die leuchten wie zwei Stern. :|
4. Sie hat zwei rote Wängelein, sind röter als der Wein;
|: ein solches Mädel findst du nicht wohl unterm Sonnenschein. :|

Schwaben

Aus: Fritz Jöde, »Der Musikant«, Möseler, Wolfenbüttel und Zürich
☛ S. 86

Der König in Thule

Karl Friedrich Zelter (1758–1832)

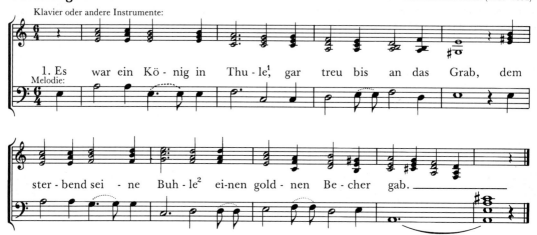

1. Es war ein König in Thule,[1] gar treu bis an das Grab, dem sterbend seine Buhle[2] einen goldnen Becher gab.

2. Es ging ihm nichts darüber,
er leert ihn jeden Schmaus;
die Augen gingen ihm über,
so oft er trank daraus.

3. Und als er kam zu sterben,
zählt er seine Städt' im Reich,
gönnt alles seinem Erben,
den Becher nicht zugleich.

4. Er saß beim Königsmahle,
die Ritter um ihn her,
auf hohem Vätersaale,
dort auf dem Schloß am Meer.

5. Dort stand der alte Zecher,
trank letzte Lebensglut
und warf den heil'gen Becher
hinunter in die Flut.

6. Er sah ihn stürzen, trinken,
und sinken tief ins Meer.
Die Augen täten ihm sinken;
trank nie einen Tropfen mehr.

[1] zu jener Zeit sagenumwobene Insel am Nordrand der Welt   [2] Liebste

Johann Wolfgang von Goethe (1749–1832)

Aufgaben:
1. *Schildert den Inhalt dieser Ballade.*
2. *Vergleicht die Melodie im Baß mit der Oberstimme der Begleitung.*

Wenn ich ein Vöglein wär

um 1800

1. Wenn ich ein Vöglein wär und auch zwei Flüglein hätt, flög ich zu dir. Weil's aber nicht kann sein, weil's aber nicht kann sein, bleib ich allhier.

2. Bin ich gleich weit von dir, bin doch im Schlaf bei dir und red mit dir.
   |: Wenn ich erwachen tu, :| bin ich allein.
3. Vergeht keine Stund in der Nacht, daß mein Herz nicht erwacht und an dich denkt,
   |: daß du mir vieltausendmal :| dein Herz geschenkt.

Text: 1778

Trennung von einem geliebten Menschen und die damit verbundenen Zustände der Erinnerung, der Sehnsucht und des Schmerzes gehören zu den Urerfahrungen der Menschheit. Goethe bezeichnete das Lied als »einzig schön und wahr«.

Aufgaben:
1. Könnt ihr dieser Beurteilung zustimmen?
2. Gliedert die Melodie in ihre Motive (vgl. S. 85); glaubt ihr, daß in ihr Sehnsucht anklingt?

Die Königskinder

Rheinland (vor 1819)

2. »Herzliebster, kannst du nicht schwimmen?
Herzlieb, schwimm herüber zu mir!
Ich will zwei Lichter anzünden,
und die sollen leuchten dir.«

3. Das hört eine falsche Norne,
die tät, als ob sie schlief.
Sie tät die Lichter auslöschen,
der Jüngling ertrank so tief.

4. Sie schwang sich um ihren Mantel
und sprang wohl in die See:
Gut Nacht, mein Vater und Mutter,
ihr seht mich nimmermeh!

5. Da hört man Glöcklein läuten,
da hört man Jammer und Not.
Hier liegen zwei Königskinder,
die sind alle beide tot!

Westfalen (1807)

Die Sage von den zwei Königskindern, die aus unterschiedlichen Gründen nicht zusammenkommen konnten, ist uralt und auch in anderen Ländern zu finden.

Aufgaben:
1. Vergleicht die beiden Melodien miteinander; beachtet dabei Text, Rhythmus und Melodie.
2. Welche Melodie paßt eurer Ansicht nach besser zum Text, welche gefällt euch besser?

Jenseits des Tales

Robert Götz

2. Sie putzten klirrend am Geschirr der Pferde,
   her tänzelte die Marketenderin,
   und unterm Singen sprach der Knaben einer:
   »Mädchen, du weißt's, wo ging der König hin?«

3. Diesseits des Tales stand der junge König
   und griff die feuchte Erde aus dem Grund,
   sie kühlte nicht die Glut der heißen Stirne,
   sie machte nicht sein krankes Herz gesund.

4. Ihn heilten nur zwei jugendfrische Wangen
   und nur ein Mund, den er sich selbst verbot.
   Noch fester schloß der König seine Lippen
   und sah hinüber in das Abendrot.

5. Jenseits des Tales standen ihre Zelte,
   zum roten Abendhimmel quoll der Rauch
   und war ein Lachen in dem ganzen Heere,
   und jene Reiterbuben lachten auch.

Aus: Robert Götz »Wir fahren in die weite Welt«, Voggenreiter, Bad Godesberg

Börries Freiherr v. Münchhausen (1874–1945)

Aufgaben:
1. *Zeichnet die Melodie als Kurve in der Luft oder auf Papier und überlegt, wie ihr sie sinnvoll gestalten könnt.*
2. *Singt oder spielt zum Lied die durch Buchstaben über der Melodie angegebenen Töne, haltet sie durch bis zur nächsten Angabe, oder improvisiert Zwischentöne.*
3. *Vergleicht die Stimmungen in Strophe 1, 2 und 5 gegenüber Strophe 3 und 4.*

Zogen einst fünf wilde Schwäne

Litauen, 19. Jahrhundert

2. Wuchsen einst fünf junge Birken grün und frisch am Bachesrand.
   Sing, sing, was geschah? Keine in Blüten stand.

3. Zogen einst fünf junge Burschen stolz und kühn zum Kampf hinaus.
   Sing, sing, was geschah? Keiner kehrt nach Haus.

4. Wuchsen einst fünf junge Mädchen schlank und schön am Memelstrand.
   Sing, sing, was geschah? Keins den Brautkranz wand.

Aus: »Der Liederschrein«, Hofmeister, Hofheim   Deutscher Text: Karl Plenzat (1917)

Aufgabe:
Könntet Ihr euch der Auffassung anschließen, daß es sich hier um ein Lied gegen den Krieg handelt? – Begründet eure Meinung.

Ein dunkle Wolk

2. Und scheinst du, liebe Sonn' nit bald,
   so weset all's im grünen Wald,
   und all die müden Blumen,
   die haben müden Tod.

3. Es geht eine dunkle Wolk herein,
   es soll und muß geschieden sein.
   Ade, ade, dein Scheiden
   macht mir das Herze schwer.

Aufgabe: 1. Strophe bei Joh. Werlin 1646
Vergleicht Text und Melodie mit »Wenn ich ein Vöglein wär«, S. 16.
☛ S. 72

Und in dem Schneegebirge

2. Ich hab daraus getrunken
   gar manchen frischen Trunk;
   |: ich bin nicht alt geworden, :|
   ich bin noch allzeit jung.

3. »Ade, mein Schatz, ich scheide,
   ade, mein Schätzelein!«
   |: »Wann kommst du aber wieder, :|
   Herzallerliebster mein?«

4. »Wenn's schneiet rote Rosen
   und regnet kühlen Wein.
   |: Ade, mein Schatz, ich scheide, :|
   ade, mein Schätzelein.«

5. »Es schneit ja keine Rosen
   und regnet keinen Wein;
   |: So kommst du auch nicht wieder, :|
   Herzallerliebster mein!«

[1] Gebirge der Grafschaft Glatz mit dem Glatzer Schneeberg   1. und 2. Strophe in Bergreihen (1536)

Der wilde Wassermann

18. Jahrhundert
Satz: bb

1. Es freit ein wilder Wassermann auf der Burg wohl über dem See. Des Königs Tochter wollt' er han, die schöne junge Lilofee.

2. Sie hörte drunten Glocken gehn im tiefen, tiefen See,
   wollt' Vater und Mutter wiedersehn, die schöne junge Lilofee.
3. Und als sie vor dem Tore stand auf der Burg wohl über dem See,
   da neigt sich Laub und grünes Gras vor der schönen jungen Lilofee.
4. Und als sie aus der Kirche kam von der Burg wohl über dem See,
   da stand der wilde Wassermann vor der schönen jungen Lilofee.
5. »Sprich, willst du hinuntergehn mit mir von der Burg wohl über dem See?
   Deine Kindlein unten weinen nach dir, du schöne junge Lilofee.«
6. »Und eh ich die Kindlein weinen laß im tiefen, tiefen See,
   scheid ich von Laub und grünem Gras, ich arme junge Lilofee.«

<u>Aufgaben:</u>
1. Wie ist die Grundstimmung dieser Volksliedballade? – Entspricht ihr die Melodie?
2. Wofür könnte der Wassermann ein Sinnbild sein?
3. Welche menschliche Eigenschaft kommt am Ende zum Ausdruck?
Die 2. Stimme kann, auch eine Oktave höher, gegebenenfalls von einem Instrument gespielt werden.

© Satz: J. B. Metzler

Ade zur guten Nacht

19. Jahrhundert

1. Ade zur guten Nacht, jetzt wird der Schluß gemacht, daß ich muß scheiden. Im Sommer, da wächst der Klee, im Winter, da schneit's den Schnee, dann komm ich wieder.

Deutscher Sprachraum

2. Es trauern Berg und Tal,
 wo ich viel tausendmal
 bin drüber gangen;
 das hat deine Schönheit gemacht,
 die hat mich zum Lieben gebracht
 mit großem Verlangen.

3. Das Brünnlein rinnt und rauscht
 wohl unterm Holderstrauch
 wo wir gesessen.
 Wie manchen Glockenschlag,
 da Herz bei Herzen lag,
 das hast du vergessen.

Aufgaben:
1. Vergleicht Takt 1 bis 2 mit Takt 3 bis 4 und Takt 5 bis 6, danach in gleicher Weise Takt 7 bis 12.
2. Ergänzt die Takte  zu einem Vor- und Zwischenspiel.

Nun ruhen alle Wälder

15. Jahrhundert

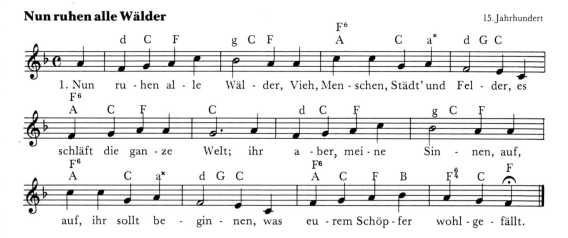

2. Der Tag ist nun vergangen,
 die güldnen Sternlein prangen am blauen Himmelssaal;
 also werd ich auch stehen
 wann mich wird heißen gehen mein Gott aus diesem Erdental.
3. Auch euch, ihr meine Lieben,
 soll heute nicht betrüben kein Unfall noch Gefahr.
 Gott lass euch ruhig schlafen,
 stell euch die güldnen Waffen ums Bett und Seiner Engel Schar.

Paul Gerhardt (1607–1676)

Die Melodie ist im 16. Jahrhundert bekannt geworden durch das weltliche Abschiedslied »Innsbruck, ich muß dich lassen« (s. UL-MUU), dessen rhythmische Gestalt komplizierter gehalten ist. Man hat in dieser Zeit bekannten Melodien gern einen anderen Text unterlegt, wobei oft weltliche Inhalte durch geistliche (oder auch umgekehrt) ersetzt wurden. Ein solches Verfahren nennt man »Kontrafaktur« (von dem Lateinischen »contrafacere« = dagegen machen, umwenden). J. S. Bach hat die Melodie in dieser Form mit nur leichten Abänderungen in seiner »Matthäuspassion« für zwei Choräle verwendet (»Ich bin's, ich sollte büßen« und »Wer hat dich so geschlagen«). Die Kontrafaktur hat sich bis heute erhalten; vergleiche dazu »Nehmt Abschied, Brüder« S. 32.

Aufgaben:
1. Warum ist die Melodie vereinfacht worden, wer könnte daran beteiligt gewesen sein?
2. Die Sprache des Liedes stammt aus dem 17. Jahrhundert und verwendet manche Bilder, die uns nicht mehr geläufig sind. Was könnte z. B. bedeuten »also werd ich auch stehen« (Strophe 2) oder »stell euch die güldnen Waffen ums Bett«?

Es ist ein Schnitter

Fliegendes Blatt (1638)
Satz: Karl Marx (Originalbeitrag)

1. Es ist ein Schnitter, heißt der Tod, hat Gwalt vom großen Gott. Heut wetzt er das Messer, es schneidt schon viel besser, bald wird er drein-schneiden, wir müssens erleiden. Hüt dich, schöns Blümelein!

(Die Unterstimme auch von Männerstimmen gesungen)

Bei einstimmigem Singen bis zu vier Töne tiefer anstimmen. (von Männerstimmen 8 ↑ zu singen!)

2. Was heut noch grün und frisch dasteht, wird morgen weggemäht:
   die edel Narzissel, die himmlischen Schlüssel, die schön' Hyazinthen, die türkische Binden:
   Hüt dich, schöns Blümelein!
3. Viel hunderttausend ungezählt, was unter die Sichel hin fällt:
   Rot Rosen, weiß Liljen, beid wird er austilgen; ihr Kaiserkronen, man wird euch nicht schonen:
   Hüt dich, schöns Blümelein!
4. Trutz Tod! Komm her, ich fürcht dich nit! Trutz, komm und tu ein Schnitt!
   Wenn er mich verletzet, so werd ich versetzet in himmlischen Garten; darauf will ich warten:
   Freu dich, schöns Blümelein!

Die Akkordangaben gelten nur für das einstimmig gesungene Lied. Stimmt man es in e-Moll an, so gelten folgende Begleitakkorde:

e – h – | G – a^x – h | – G – a – d^x – | G – | G – | D – | e – | h – | G – D – e^x – | h – e ‖.

Der Tod ist eine Macht, der sich kein Lebewesen entziehen kann. Daher beschäftigen sich Dichter, Maler und Musiker oft mit ihm. In der Bildenden Kunst wird auch häufiger ein Totentanz dargestellt.

Aufgaben:
1. *Könnt ihr euch vorstellen, wie und in welchem Tempo ein Totentanz vor sich geht?*
   Kennt ihr Totentanzbilder?
2. *Warum ist im Text von Blumen die Rede?*
   Warum heißt es in Strophe 4 »freu dich« statt »hüt dich«?
3. *Warum stehen die beiden letzten Takte in einem geraden Takt?*
4. *Welche rhythmische Figur herrscht im 2. Teil des Liedes vor? Hat sie eine Beziehung zum Text?*

☛ S. 66, S. 72

Deutscher Sprachraum

Gib uns Frieden

Komponist unbekannt

Do - na no - bis pa - cem, pa-cem; do - na no - bis pa - - cem.

Do - na no - bis pa - cem, do - na no-bis pa - - cem.

Do - na no - bis pa - cem, do - na no-bis pa - - cem.

Frieden ist das große Thema unserer Zeit. Die Sehnsucht nach Frieden ist bei allen Völkern und zu allen Zeiten zu finden.

Aufgaben:
1. *Warum ist die Bitte »Gib uns Frieden« heute von besonderer Dringlichkeit?*
2. *Kann es einen Frieden in der Welt zwischen den Völkern geben, wenn im eigenen Lebensbereich Zwietracht und Streit vorherrschen?*
3. *Was kann der einzelne für das Ziel des »Friede auf Erden« tun?*
4. *Singt den Kanon mit innerer Anteilnahme, damit Text und Melodie glaubhaft klingen.*

Herr, gib mir Mut

Paul Bischoff

1. Herr, gib mir Mut zum Brük-ken-bau-en. Gib mir den Mut zum er-sten Schritt.
Laß mich auf dei-ne Brük-ken trau-en, und wenn ich ge-he, geh du mit.

2. Ich möchte gerne Brücken bauen,
wo alle tiefe Gräben sehn.
Ich möchte hinter Zäune schauen
und über hohe Mauern gehn.

3. Ich möchte gern dort Hände reichen,
wo jemand harte Fäuste ballt.
Ich suche unablässig Zeichen
des Friedens zwischen Jung und Alt.

4. Ich möchte nicht zum Mond gelangen
jedoch zu meines Feindes Tür.
Ich möchte keinen Streit anfangen;
ob Frieden wird, das liegt an mir.

5. Herr, gib mir Mut zum Brückenbauen.
Gib mir den Mut zum ersten Schritt.
Laß mich auf deine Brücken trauen,
und wenn ich gehe, geh du mit.

Aus: »Neue geistliche Lieder«, G. Bosse Verlag, Regensburg

Kurt Rommel

Begleitstimmen:

Herr, gib mir Mut!

Gib uns Frieden jeden Tag

Rüdeger Lüders

2. Gib uns Freiheit jeden Tag! Laß uns nicht allein.
   Laß für Frieden uns und Freiheit immer tätig sein.
   Denn durch dich, unsern Gott, denn durch dich, unsern Gott,
   sind wir frei in jedem Land. Laß uns nicht allein.
3. Gib uns Freude jeden Tag! Laß uns nicht allein.
   Für die kleinsten Freundlichkeiten laß uns dankbar sein.
   Denn nur du, unser Gott, denn nur du, unser Gott,
   hast uns alle in der Hand! Laß uns nicht allein.

Aus: »Neue geistliche Lieder«, G. Bosse Verlag, Regensburg   Rüdeger Lüders/Kurt Rommel

Friede, Freiheit und Freude sind die drei Hauptbegriffe dieses Liedes. Freude, besser, sich freuen können, ist eine Kunst, die gelernt sein will an den kleinen Dingen des Lebens.

Aufgabe:
Überlegt euch, worüber der Mensch bei aller Not, die uns umgibt, sich freuen und wofür er dankbar sein kann.

Halleluja aus Taizé

Taizé

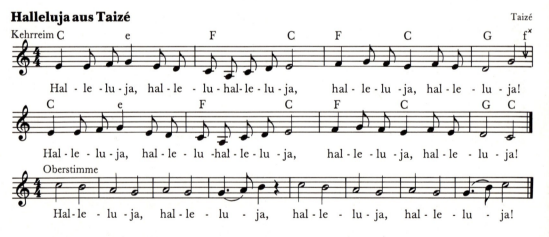

1. Gehet nicht auf in den Sorgen dieser Welt,
   suchet zuerst Gottes Herrschaft.
   Und alles andre wird euch dazu geschenkt.
   Halleluja, halleluja.

2. Ihr seid das Licht für die Dunkelheit der Welt,
   ihr seid das Salz für die Erde.
   Denen, die suchen, macht hell den schweren Weg.
   Halleluja, halleluja.

3. Liebet einander, wie euch der Herr geliebt.
Er liebte euch bis zum Tode.
Er hat den Tod ein für allemal besiegt.
Halleluja, halleluja.

4. So wie die Körner auf den Feldern weit verstreut,
zu einem Brote geworden,
so führt der Herr die zusammen, die er liebt.
Halleluja, halleluja.

Mündlich überliefert

Eine Ortschaft, die in unseren Tagen manches Aufsehen erregt hat, ist das kleine Dorf Taizé, das zwischen Dijon und Lyon liegt. Seit Jahrzehnten kommen dorthin jährlich weit mehr als 50 000 meist junge Menschen verschiedener Konfession und aus vielerlei Ländern. Sie wollen dort in Stille, Gebet und Gespräch neue Einsichten über den Sinn unseres Lebens gewinnen und den Weg zu einem erfüllten Dasein finden. Den Anziehungspunkt bildet eine ordensähnliche Gemeinschaft (»communauté«) unter der Leitung von Frère Roger Schutz. Er kam in den Kriegswirren 1940 in diesen Ort und rief dort ein Hilfswerk für bedrängte Menschen ins Leben. Seitdem sind in Elendsvierteln auch anderer Kontinente solche »Fraternitäten« (Brüderschaften) gegründet worden, die sich um das Schicksal der Ärmsten kümmern. Frère Roger erhielt 1974 den Friedenspreis des deutschen Buchhandels.

Am Ende eines jeden Jahres werden die Besucher von Taizé zu einem viertägigen Treffen in eine europäische Großstadt eingeladen. Der Gesang spielt hier wie in Taizé eine große Rolle, das obenstehende Halleluja ist weit über den dortigen Kreis hinaus bekannt geworden.

Kehrreim und Strophen werden auf die gleiche Melodie gesungen, die Strophen von einzelnen, der Refrain von allen. Die Oberstimme erklingt nur im Kehrreim, der auch durch eine rhythmische Begleitung eine Steigerung erfahren kann.

Beispiel: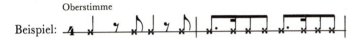

Paderborn (1850)
Satz: bb

Maria durch ein Dornwald ging

2. Was trug Maria unter ihrem Herzen?
Kyrieleison.
Ein kleines Kindlein ohne Schmerzen,
das trug Maria unter ihrem Herzen.
Jesus und Maria!

3. Da haben die Dornen Rosen getragen.
Kyrieleison.
Als das Kindlein durch den Wald getragen,
da haben die Dornen Rosen getragen.
Jesus und Maria!

Worte schon im 16. Jahrhundert bekannt

© Satz: J. B. Metzler

Es kommt ein Schiff

Weise (1608)

1. Es kommt ein Schiff geladen bis an den höchsten Bord, trägt Gottes Sohn voll Gnaden, des Vaters ewigs Wort.

Bei einstimmigem Singen bis zu vier Töne tiefer anstimmen.

2. Das Schiff geht still im Triebe, es trägt ein teure Last;
das Segel ist die Liebe, der heilig Geist der Mast.
3. Der Anker haft' auf Erden, da ist das Schiff am Land.
Das Wort tut Fleisch uns werden, der Sohn ist uns gesandt.
4. Zu Bethlehem geboren im Stall ein Kindelein,
gibt sich für uns verloren; gelobet muß es sein.

Worte: 15. Jahrhundert

Aufgabe:
Stellt das Tongeschlecht der Melodie fest.
☞ S. 72

Weil Gott in tiefster Nacht erschienen

Dieter Trautwein (1963)

1.-5. Weil Gott in tiefster Nacht erschienen, kann unsre Nacht nicht traurig sein.

1. Der immer schon uns nahe war, stellt sich als Mensch den Menschen dar.
2. Bist du der eignen Rätsel müd? Es kommt, der alles kennt und sieht.
3. Er sieht dein Leben unverhüllt, zeigt dir zugleich dein neues Bild.
4. Nimm an des Christus Freundlichkeit, trag seinen Frieden in die Zeit.
5. Schreckt dich der Menschen Widerstand, bleib ihnen dennoch zugewandt.

Kehrreim beim sechsten Mal:

Weil Gott in tiefster Nacht erschienen kann unsre Nacht nicht endlos sein.

Aus: »Schalom«, Ökumenisches Liederbuch, Burckhardthaus-Laetare Verlag, Gelnhausen

Dieter Trautwein

Die Klangfigur wird von Stabspielen zweimal als Vorspiel gebracht, der Einsatz der Singstimme erfolgt bei ✱. Für die Begleitung des Refrains wird die Figur das erste Mal weitergespielt, nach der 1. Strophe setzt sie dann erst nach dem Dreiachtelauftakt bei + ein. Sie wird dann jeweils dreieinhalb Takte lang bis □ und nur in der letzten Wiederholung (»nicht endlos sein«) 5 Takte bis zur Fermate gespielt.

Die neueren Weihnachtslieder behandeln öfter alte christliche Wahrheiten in der Sicht des heutigen Menschen. Die Nacht, sonst Sinnbild für das Dunkle um uns herum, erhält durch das weihnachtliche Geschehen eine neue Bedeutung.

Freu dich, Erd

Mähren (1881)
Satz: bb

2. Seht, der schönsten Rosen Flor, halleluja,
   sprießt aus Jesses Zweig empor, halleluja!

3. Er, das menschgewordne Wort, halleluja,
   Jesus Christus, unser Gott, halleluja!

© Satz: J. B. Metzler

Worte 1844

Das Lied kann auf Vorsänger, Gruppe und Chor verteilt werden.
Vorsänger: Takt 1 bis 2 (zweiter Takt obere Stimme) und Takt 5 bis 6,
Gruppe: Takt 9 bis 12,
Chor: Takt 3 bis 4, 7 bis 8, 13 bis 16.
Die beiden Instrumentalstimmen können auch wegfallen oder aber von geschickten Sängern auf Klangsilben (bap, bap, ba) zusammen bzw. einzeln (nur obere Stimme) realisiert werden.

Aufgabe:
Vergleicht den Rhythmus und die Melodieführung in Takt 1 bis 4 und Takt 5 bis 8 des Liedes.

In dir ist Freude

Giovanni G. Gastoldi (1556–1622)

1. In dir ist Freude in allem Leide, o du süßer Jesu Christ!
Durch dich wir haben himmlische Gaben, du der wahre Heiland bist,
hilfest von Schanden, rettest von Banden.
Wer dir vertrauet, hat wohl gebauet, wird ewig bleiben. Halleluja.
Zu deiner Güte steht unser G'müte, an dir wir kleben im Tod und Leben; nichts kann uns scheiden. Halleluja.

2. Wenn wir dich haben, kann uns nicht schaden
Teufel, Welt, Sünd' oder Tod;
du hast's in Händen, kannst alles wenden,
wie nur heißen mag die Not.
Drum wir dich ehren, dein Lob vermehren
mit hellem Schalle, freuen uns alle
zu dieser Stunde. Halleluja.
Wir jubilieren und triumphieren,
lieben und loben dein' Macht dort droben
mit Herz und Munde. Halleluja.

Johann Lindemann (1549–1631)

Der tänzerische Charakter dieses Liedes ist zurückzuführen auf eine weltliche Komposition des italienischen Komponisten Gastoldi im 16. Jahrhundert. Das Tanzlied fand schnelle Verbreitung, und so wurde seine Melodie sehr bald für den obenstehenden geistlichen Text verwendet (Kontrafaktur s. S. 21). Wieder eine weltliche Kontrafaktur entstand im 19. Jahrhundert, als Peter Cornelius einen deutschen Text zu dem fünfstimmigen Chorlied schrieb (»An hellen Tagen, Herz, welch ein Schlagen ...«).

Aufgabe:
Singt das Lied ziemlich rasch mit einem leichten Akzent auf dem jeweils 1. Viertel. Überlegt, an welchen Stellen die Melodie ein Crescendo erhalten sollte.

Gelobet seist du, Jesu Christ

15. Jahrhundert
Wittenberg 1524

1. Gelobet seist du Jesu Christ, daß du Mensch geboren bist von einer Jungfrau, das ist wahr; des freuet sich der Engel Schar. Kyrieleis.

2. Des ewgen Vaters einig Kind
jetzt man in der Krippe findt;
in unser armes Fleisch und Blut
verkleidet sich das ewig Gut. Kyrieleis.

3. Den aller Welt Kreis nie beschloß,
der liegt in Marien Schoß;
er ist ein Kindlein worden klein,
der alle Ding erhält allein. Kyrieleis.

4. Er ist auf Erden kommen arm,
daß er unser sich erbarm
und in dem Himmel mache reich
und seinen lieben Engeln gleich. Kyrieleis.

5. Das hat er alles uns getan,
sein groß Lieb zu zeigen an.
Des freu sich alle Christenheit
und dank ihm des in Ewigkeit. Kyrieleis.

Strophe 1: 14. Jahrhundert, die weiteren Strophen: Martin Luther (1483–1546)

Dieses Lied gehört mit seiner 1. Strophe und seiner Melodie zu den ältesten deutschen Weihnachtsliedern. Ein vierstimmiger Satz steht in UL-MUU.

Aufgabe:
Was kann das Wort »verkleidet« (Strophe 2) andeuten?

Nun danket all

16. Jahrhundert
J. Crüger 1653

1. Nun danket all und bringet Ehr, ihr Menschen in der Welt, dem, dessen Lob der Engel Heer im Himmel stets vermeldt.

2. Ermuntert euch und singt mit Schall
Gott, unserem höchsten Gut,
der seine Wunder überall
und große Dinge tut.

3. Er gebe uns ein fröhlich Herz,
erfrische Geist und Sinn
und werf all Angst, Furcht, Sorg und Schmerz
in Meerestiefen hin.

4. Er lasse seinen Frieden ruhn
auf unserm Volk und Land;
er gebe Glück zu unserm Tun
und Heil zu allem Stand.

Paul Gerhardt 1647

O Haupt voll Blut und Wunden

Hans Leo Haßler / Johann Sebastian Bach

1. O Haupt voll Blut und Wunden, voll Schmerz und voller Hohn,
o Haupt, zum Spott gebunden mit einer Dornenkron,
o Haupt, sonst schön gekrönet mit höchster Ehr und Zier,
jetzt aber frech verhöhnet: gegrüßet seist du mir.

2. Die Farbe deiner Wangen, der roten Lippen Pracht,
ist hin und ganz vergangen; des blassen Todes Macht
hat alles hingenommen, hat alles hingerafft,
und so bist du gekommen von deines Leibes Kraft.

3. Was du, Herr, hast erduldet, ist alles meine Last;
ich, ich hab es verschuldet, was du getragen hast.
Schau her, hier steh ich Armer, der Zorn verdienet hat;
gib mir, o mein Erbarmer, den Anblick deiner Gnad.

4. Wenn ich einmal soll scheiden, so scheide nicht von mir,
wenn ich den Tod soll leiden, so tritt du dann herfür;
wenn mir am allerbängsten wird um das Herze sein,
so reiß mich aus den Ängsten kraft deiner Angst und Pein.

5. Erscheine mir zum Schilde, zum Trost in meinem Tod
und laß mich sehn dein Bilde in deiner Kreuzesnot.
Da will ich nach dir blicken, da will ich glaubensvoll
dich fest an mein Herz drücken. Wer so stirbt, der stirbt wohl.

Paul Gerhardt 1656

Ursprünglich gehört die Melodie von Hans Leo Haßler (1564–1612) zu dem untenstehenden Liebeslied.

Aufgaben:
1. Vergleicht die beiden Fassungen der Melodie. Überlegt, warum Bach nicht den ursprünglichen Rhythmus übernommen hat.
2. Wie nennt man die Unterlegung eines neuen Textes zu einer älteren Melodie? (vgl. HB 1)

Mein Gmüth ist mir verwirret

Hans Leo Haßler (1601)

HB 1

2. Angelsächsischer Sprachraum

Morning has broken

Cat Stevens (nach einem alten Lied)

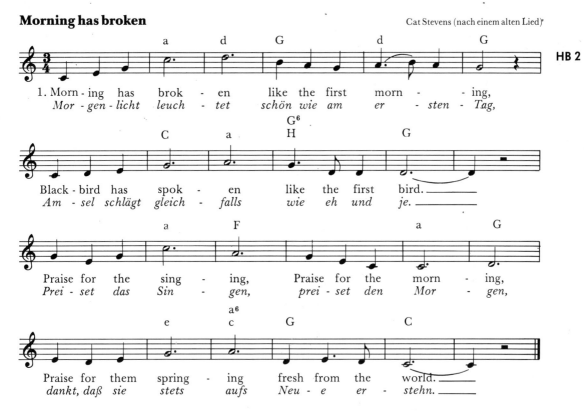

1. Morn-ing has brok-en like the first morn-ing,
   Mor-gen-licht leuch-tet schön wie am er-sten Tag,
   Black-bird has spok-en like the first bird.
   Am-sel schlägt gleich-falls wie eh und je.
   Praise for the sing-ing, Praise for the morn-ing,
   Prei-set das Sin-gen, prei-set den Mor-gen,
   Praise for them spring-ing fresh from the world.
   dankt, daß sie stets aufs Neu-e er-stehn.

2. Sweet the rain's new fall, sunlit from heaven,
   like the first dewfall on the first grass.
   Praise for the sweetness of the wet garden,
   sprung in completeness where His feet pass.
3. Mine is the sunlight, mine is the morning,
   born of the one light Eden saw play.
   Praise with elation, praise ev'ry morning,
   God's recreation of the new day.   Eleanor Farjeen

2. Sanft fällt der Regen, schimmernd im Sonnenglanz
   wie schon der Taufall einst auf das Gras.
   Preiset die Frische des feuchten Gartens,
   der sich entfaltet, wenn Gott sich naht.
3. Sonnenlicht, Morgen: Beide gehören mir,
   sind Teil des Lichtes im Paradies.
   Preist mit Frohlocken, preist jeden Morgen,
   Neuschöpfung Gottes des neuen Tags.   Deutscher Text: bb

© Westbury Music, London
© dt. Text: J. B. Metzler

Row your boat

England

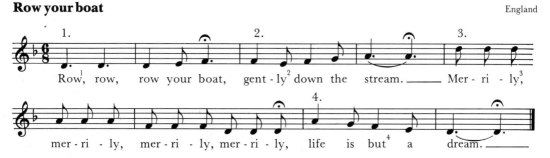

Row, row, row your boat, gent-ly² down the stream. Mer-ri-ly³,
mer-ri-ly, mer-ri-ly, mer-ri-ly, life is but⁴ a dream.

¹ rudern   ² sanft   ³ fröhlich   ⁴ nur

Auld lang syne

Schottland

1. Nehmt Abschied, Brüder, ungewiß ist alle Wiederkehr, die Zukunft liegt in Finsternis und macht das Herz uns schwer. 1.–4. Der Himmel wölbt sich übers Land, ade, auf Wiedersehn. Wir ruhen all in Gottes Hand, lebt wohl, auf Wiedersehn.

1. Should auld acquaintance be forgot and never brought to mind? Should auld acquaintance be forgot, and days of auld lang syne? 1.–2. For auld lang syne, my dear, for auld lang syne, we'll take a cup o' kindness yet for auld lang syne.

2. Die Sonne sinkt, es steigt die Nacht; vergangen ist der Tag.
   Die Welt schläft ein, und leis erwacht der Nachtigallen Schlag.
   Der Himmel wölbt sich ...
3. So ist in jedem Anbeginn das Ende nicht mehr weit,
   wir kommen her und gehen hin, und mit uns geht die Zeit.
   Der Himmel wölbt sich ...
4. Nehmt Abschied, Brüder, schließt den Kreis, das Leben ist ein Spiel;
   und wer es recht zu spielen weiß, gelangt ans große Ziel.
   Der Himmel wölbt sich ...

   Deutsche Fassung: Claus Ludwig Laue

2. An there's a hand, my trusty friend, and gie's a hand o' thine,
   we'll take a cup of kindness yet for the sake of auld lang syne.
   For auld ...

   Robert Burns (1759–1796)

© dt. Text: Georgs-Verlag Düsseldorf

☛ S. 172

Der deutsche Text gibt eine besinnliche Abschieds- und Abendstimmung wieder und schlägt in der 3. und 4. Strophe sinnbildlich eine Brücke zum Jenseits. Das Lied sollte daher in dieser Fassung ruhig und verhalten gesungen werden. Der schottische Originaltext dagegen erinnert an »alte Freundschaft« und »längst vergangene Zeiten« und fordert im Refrain zu einem Umtrunk auf jene alte Zeit auf. In Großbritannien wird dieses Lied in raschem Tempo öfter als Abschluß einer Abendveranstaltung gesungen. Dabei bilden die Teilnehmer einen großen Kreis, fassen sich an den Händen und laufen im Singtempo mehrmals aufeinander zu, in die Mitte und wieder zurück.

Nobody knows the trouble

Spiritual

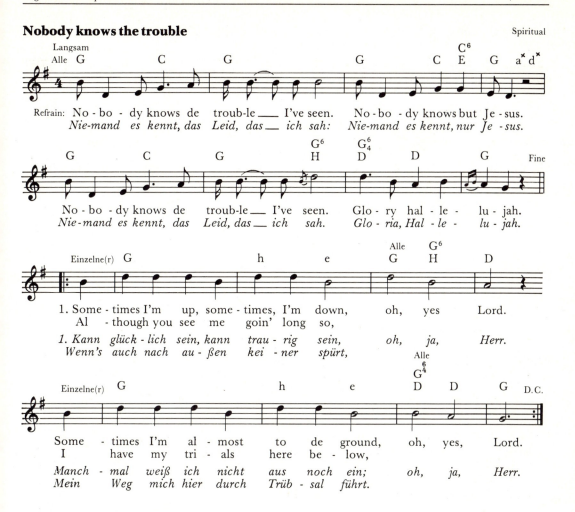

2. One day when I was walkin' long oh, yes, Lord. De el'ment open'd an' Love came down, oh ...
   I never shall forget that day, oh ... When Jesus washed my sins away, oh ...

2. Ging eines Tages so für mich hin, Oh, ja, Herr. Auf ging der Himmel, Lieb erschien. Oh ...
   Mein Leben lang denk ich, wie's kam, Oh ... daß Jesus mir die Sünden nahm. Oh ...

© dt. Text: J. B. Metzler   Deutscher Text: Siegfried Spring

Spirituals sind geistliche Gesänge der Neger aus der Zeit ihrer Sklaverei in Amerika. In Bildern, die oft aus der Bibel stammen, suchen sie Trost zu finden in der Hoffnung auf die Erlösung durch Christus. Viele alte Spirituals sind pentatonisch (s. S. 72) und beginnen mit einem Kehrreim, der von allen gesungen wird. Ihm folgen dann Strophen, die ein Einzelsänger oder eine Gruppe vorträgt, oft unterbrochen durch chorische Einwürfe. Vergleiche auch S. 129 und S. 131.

Aufgaben:
1. Schildert die Stimmung, die in diesem Spiritual zum Ausdruck kommt.
2. Bildet im Refrain und in den Zwischenrufen („oh, yes, Lord") einen mehrstimmigen Satz mit Hilfe der über der Melodie stehenden Akkordbezeichnungen.

When the Saints

USA

2. |: And when the band begins to play :| then, Lord ...
3. |: And when the stars begin to shine :| then, Lord ...
4. |: And when they crown him King of Kings :| then, Lord ...

Viele Lieder der Neger aus dem 19. Jahrhundert haben einen religiösen Inhalt. Sie verwenden dabei einfache Bilder, die ihren Vorstellungen und Gefühlen entsprechen.

Aufgaben:
1. Sucht Gründe für die religiösen Inhalte. – Wohin marschieren die Heiligen (Strophe 1)?
2. Wann und warum will der Sänger in der »band« (Blaskapelle) mitspielen (Strophe 2)?
3. Auf welche Weise kann er dabei sein, wenn die Sterne zu scheinen beginnen (Strophe 3)?
4. Wer wird als König der Könige gekrönt (Strophe 4)?
5. Spielt zu dem Lied diese rhythmische Begleitung:

Ausführung:
Figur a: 4 Takte vor jeder Strophe, in Takt 3 die Ad-libitum-Stimme »tam«, in Takt 4 Liedeinsatz
Figur b und c in den Strophen in der Folge: b: zweimal; c: zweimal; b dreimal; c: zweimal; b: einmal.

Sometimes I feel like a motherless child

Spiritual

Angelsächsischer Sprachraum

a long way from home, a long
way up in de heav-en-ly lan', way up in de

way from home. True be-liev-er, home.
heav-en-ly lan'. True be-liev-er, lan'.

1. Ich fühl' mich heut wie ein einsames (mutterlos') Kind *(dreimal)*,
 so weit weg von daheim *(zweimal)*, Treu, voll Gottvertrau'n, so weit weg von daheim *(zweimal)*.
2. Ich glaub' manchmal, ich bin schon auf dem Weg *(dreimal)*
 hinauf in das Himmlische Land *(zweimal)*. Treu, voll Gottvertrau'n, hinauf in das Himmlische Land *(zweimal)*.

© dt. Text: J.B. Metzler   Deutscher Text: bb

Aufgaben:
1. Wie nennt man die Begleitstimmen? Summt oder spielt sie.
2. Sucht Eigenschaftswörter zur Charakterisierung des Spirituals.

Rock my soul

USA

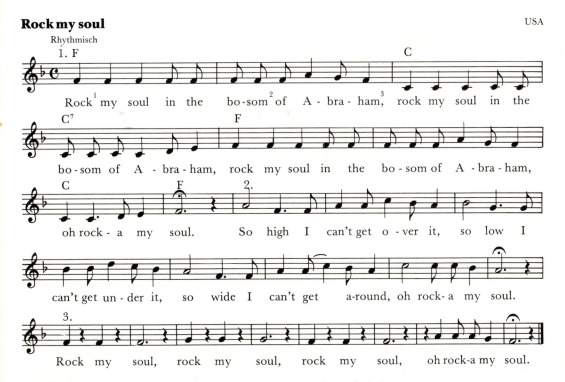

Kanonfassung: Erno Seifriz. Aus: E. Seifriz, »Das Liederboot«, Otto Maier Verlag, Ravensburg
[1] schaukeln, schwingen   [2] Aussprache: ˈbuzm (= Busen, Schoß)   [3] ˈeibrahaem

Ein Gottesdienst muß nicht immer ernst und getragen sein, er kann auch locker und gelöst gestaltet werden. Diese Erkenntnis setzt sich bei uns aufgrund der Tradition nur langsam durch. In einem Gottesdienst der Schwarzen dagegen findet man oft Gebet, Gesang, Bewegung und Tanz miteinander verbunden. Beim Singen schwingen die Menschen den Oberkörper hin und her, dann hält es manchen nicht mehr an seinem Platz: Er springt auf und beginnt im Liedrhythmus ganz locker zu tanzen, und manchmal gesellt sich die ganze Gemeinde dazu (vgl. auch S. 128).

☞ S. 67, S. 94

Go down, Moses
Spiritual

Bei einstimmigem Singen bis zu vier Töne tiefer anstimmen.

2. Thus saith the Lord, bold Moses said ...
   If not, I'll smite your firstborn dead ...
3. No more shall they in bondage toil ...
   Let come them out with Egypt's spoil ...

2. So spricht der Herr durch Moses' Mund ...
   Sonst schlägt dich Gottes Hand zur Stund ...
3. Mit ihrem Gut laß ziehn sie frei ...
   Für ewig los von Sklaverei ...

Deutscher Text: Siegfried Spring
© dt. Text: J. B. Metzler

Der Text nimmt Bezug auf die im Alten Testament berichtete Befreiung Israels aus der Knechtschaft in Ägypten. Unter der Herrschaft des ägyptischen Königs Ramses II. wurde die Unterdrückung immer stärker. Die Forderung von Moses an Ramses: »So spricht der Herr, der Gott Israels: Laß mein Volk ziehen!« wurde durch den Tod des ältesten Sohnes des Königs unterstützt. Tatsächlich zog das Volk unter Moses' Führung im 13. Jh. v. Chr. in einem mühseligen Marsch durch die Wüste hin zum »gelobten Land« Kanaan (etwa das heutige Westjordanland). Moses selbst starb vor dem Erreichen des Zieles (vgl. S. 129).

☞ S. 76

The gospel train
Spiritual

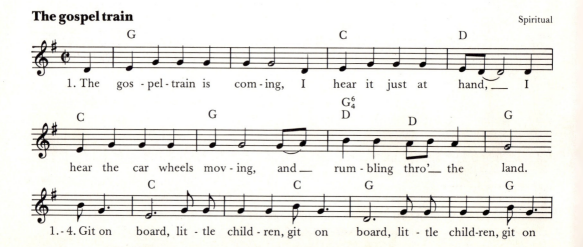

2. I hear the bell and whistle,
   the coming 'round the curve,
   she's playing all her steam and pow'r
   and straining ev'ry nerve.
3. The fare is cheap and all can go,
   the rich and poor are there,
   no second-class on board this train,
   no difference in the fare.
4. We soon shall reach the station,
   oh, how we then shall sing,
   with all the Heavenly army,
   we'll make the welkin ring.

1. Den Zug des Evangeliums, ich hör auf ihn gespannt,
   ich hör die Räder rollen und rattern übers Land.
1.–4. Steiget ein, meine Kinder, (dreimal)
   denn es gibt für viele noch Platz.
2. Man hört schon in der Kurve den Pfiff, die Glocke auch,
   die Dampfkraft löst er plötzlich, mit aller Kraft er faucht.
3. Das Fahrgeld ist sehr billig und alle können mitfahrn,
   es gibt nur eine Klasse, ein Preis für reich und arm.
4. Wir kommen bald ans Ende, voll Freude ich dann sing,
   und mit des Himmels Scharen bild ich den heilgen Ring.

© dt. Text: J. B. Metzler   Deutscher Text: bb

<u>Aufgaben:</u>
1. Vergleicht das Lied mit »Nobody knows«, S. 33, stellt Unterschiede in Rhythmus und Melodie fest und klärt, ob sie dem jeweiligen Text entsprechen.
2. Erfindet eine rhythmische Begleitung, auch mit Zischen, Fauchen und anderen Körperinstrumenten; versucht, mehrere Muster zu entwickeln.

Down by the riverside

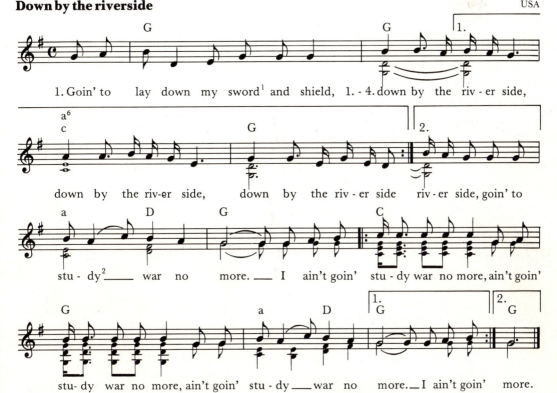

2. Goin' to lay down my burden.[3]   3. Goin' to meet my old father.   4. Goin' to meet my old mother.

[1] Aussprache: sc:d (= Schwert)   [2] sich beschäftigen mit   [3] Bürde, Last

Freedom

USA

A: 2. No more crying[3] ... over me ...
    3. No segration[4] ... over me ...

B: 2. In the cotton field[5]: Freedom
    3. All across the South: Freedom

[1] Freiheit   [2] begraben   [3] Weinen   [4] Rassentrennung   [5] Baumwollfeld

Teil A des Liedes ist ein Spiritual (s. S. 129), Teil B ist später angefügt worden.

Aufgaben:
1. Was wißt ihr über Rassentrennung?
2. Sucht historische Gründe dafür in der Geschichte der USA.
3. Haltet ihr sie für gerechtfertigt?
4. Gibt es ähnliche Erscheinungen bei anderen Völkern und bei uns?

Swing low

Spiritual

2. If | ever you there | before I do. | Coming for ...
   Tell | all my friends | I'm coming too. | Coming for ...

*2. Und kommst du vor mir einst ins himmlische Reich, komm und ...
   Sag allen Freunden, ich folge dir gleich. Komm und ...*

Deutscher Text: Siegfried Spring

© dt. Text: J.B. Metzler

Der »Wagen Gottes« bezieht sich auf den Propheten Elias und sein geheimnisvolles Ende. Elias kämpfte im 9. Jahrhundert v. Chr. gegen den Kult des semitischen Gottes der Fruchtbarkeit Baal, weil er den Glauben der Israeliten an den einen Gott Jahwe bedroht sah. Nach der Überlieferung fuhr er in einem feurigen Wagen gen Himmel, was bald als ein Hinweis auf ein Weiterleben nach dem Tode verstanden wurde. Der Jordan wird hier wahrscheinlich als die Grenze angesehen, jenseits derer das Paradies zu finden ist (vgl. S. 129).

Ausführungsmöglichkeiten siehe in »Nobody knows«, S. 33.

Michael, row the boat ashore

Spiritual

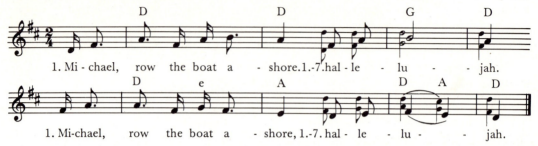

1. |: Michael (sprich: maikl), führ das Boot an Land, halleluja, :|

2. |: Michael's boat a gospelboat, halleluja, :|
3. |: Brother, lend a helping hand, halleluja, :|
4. |: Sister, help to trim the sail, halleluja, :|
5. River Jordan is chilly and cold, halleluja,
   chills the body, but not the soul, halleluja.
6. The river is deep and the river is wide, halleluja,
   milk and honey on the other side, halleluja.
7. Going to the city that I adore, halleluja,
   to my Lord on the other side, halleluja.

2. |: Gottes Wort bringt es zu uns, halleluja, :|
3. |: Bruder, hilf ihm auch dabei, halleluja, :|
4. |: Schwester, setz das Segel mit, halleluja, :|
5. Jordanwasser ist bitterkalt, halleluja,
   kühlt den Körper, die Seele nicht, halleluja.
6. Das Wasser ist tief, der Fluß ist breit, halleluja,
   jenseits Milch und Honig steh'n bereit, halleluja.
7. Auf zur Stadt, die ich verehr', halleluja,
   hin zu Gott, den ich begehr', halleluja.

Deutscher Text: bb

Wieder bildet der Jordan die bildhafte Grenze zu dem Land Gottes, dem Paradies. Der Erzengel Michael, der Anführer der »himmlischen Heerscharen«, kommt in einem Boot, um die Armen und Unterdrückten durch die Fährnisse des Lebens in Gottes Ewigkeit zu geleiten.

© dt. Text: J.B. Metzler

Deep river

Spiritual

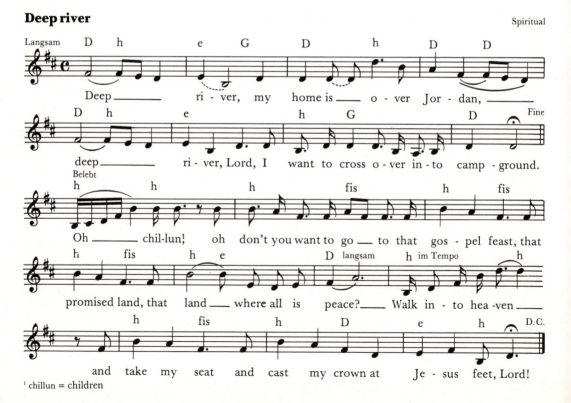

¹ chillun = children

Wasser tief, – daheim bin ich überm Jordan, Wasser tief – Herr, ich möcht' hinunter ins gelobte Land.
O, Kinder, o möchtet ihr nicht getreu hin zum Freudenfest ins gelobte Land, ins Land, wo wohnt der Friede?
Kommt in den Himmel, nehmt meinen Sitz, werft meine Kron' zu Füßen Jesu!
☛ S. 67, 75

Jericho

Spiritual
Satz: Berndt Vosfeldt

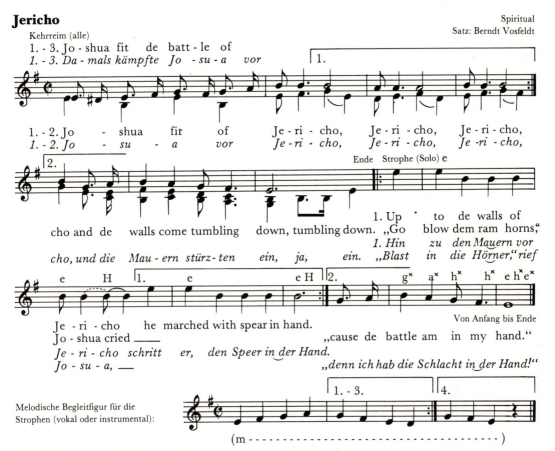

2. Den de ram horns all begin to blow, trumpets begin to sound,
   Joshua commanded de chill'n to shout an' de walls come tumbling down.

2. Ein Getön von vielen Hörnern, Posaunen fallen ein,
   die Kinder heißt Josua schrein, und die Mauern stürzen ein.

Deutscher Text:
bb nach der Übersetzung von Janheinz Jahn
© Satz u. dt. Text: J. B. Metzler

Jericho gilt als eine der ältesten Stadtsiedlungen der Welt. Durch Ausgrabungen in unserem Jahrhundert wurde eine gewaltige Festungsanlage mit einem 13,5 m hohen Turm auf einem Hügel in der Nähe der heutigen Stadt freigelegt. Man datiert ihr Alter auf das Jahr 7000 v. Chr. – Jericho liegt 8 km vom Jordan entfernt im sogenannten Jordangraben (250 m unter dem Meeresspiegel) in einer üppigen Oase. Ihr Anblick überrascht den Besucher, ganz gleich ob er von dem 30 km entfernten Jerusalem oder von der jordanischen Hauptstadt Amman kommt. Josua war der Nachfolger von Moses als Führer der Israeliten (s. S. 36) und hat nach dem Alten Testament die befestigte Stadt erobert.

Aufgaben:
1. *Singt das Lied straff im Rhythmus und erfindet zum Kehrreim eine einfache rhythmische Begleitung in Anlehnung an die zweite Stimme.*
2. *Warum spielt Josua für die Neger eine bedeutende Rolle?*

Ruf von den Bergen

Spiritual
Satz: Berndt Vosfeldt

[1] Aussprache: meind͡ʒə

2. When I was a seeker I sought both night and day.
   I asked my Lord to help me and he taught me to pray.
3. When I was a sinner I prayed both night and day.
   I asked the Lord to help me and he showed me the way.

2. Als ich war ein Suchender, ich suchte Tag und Nacht.
   Der Herr hat auf mein Bitten zum Beten mich gebracht.
3. Hab als armer Sünder gebetet Tag und Nacht.
   Der Herr hat auf mein Bitten mich auf den Weg gebracht.

Deutscher Text: bb nach der Übersetzung von Janheinz Jahn

© Satz u. dt. Text: J. B. Metzler

Aufgabe:
Vergleicht dieses weihnachtliche Spiritual mit den deutschen Weihnachtsliedern »Stille Nacht« (MUU 5/6), »Freu dich, Erd« (S. 27) und dem französischen Lied »Gottes Kind uns geboren ist« (S. 51). Betrachtet Text, Tempo, Rhythmus und Melodieführung.

Backwater blues

USA

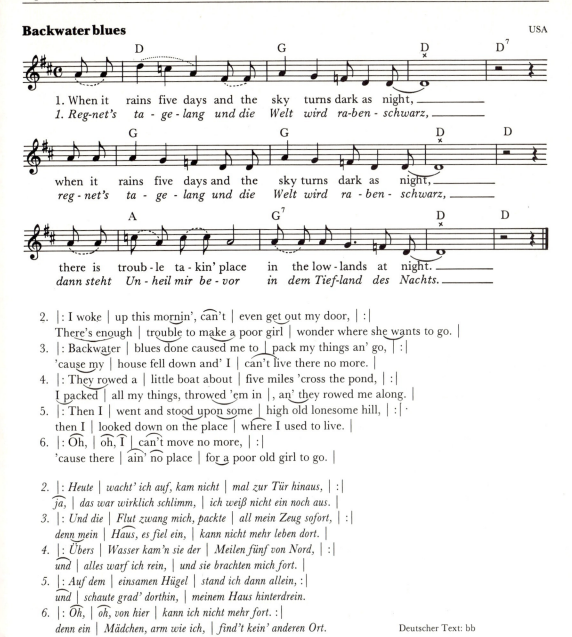

1. When it rains five days and the sky turns dark as night,
when it rains five days and the sky turns dark as night,
there is trouble takin' place in the lowlands at night.

1. Reg-net's ta-ge-lang und die Welt wird ra-ben-schwarz,
reg-net's ta-ge-lang und die Welt wird ra-ben-schwarz,
dann steht Un-heil mir be-vor in dem Tief-land des Nachts.

2. |: I woke | up this mornin', can't | even get out my door, | :|
There's enough | trouble to make a poor girl | wonder where she wants to go. |
3. |: Backwater | blues done caused me to | pack my things an' go, | :|
'cause my | house fell down and' I | can't live there no more. |
4. |: They rowed a | little boat about | five miles 'cross the pond, | :|
I packed | all my things, throwed 'em in |, an' they rowed me along. |
5. |: Then I | went and stood upon some | high old lonesome hill, | :| ·
then I | looked down on the place | where I used to live. |
6. |: Oh, | oh, I | can't move no more, | :|
'cause there | ain' no place | for a poor old girl to go. |

2. |: Heute | wacht' ich auf, kam nicht | mal zur Tür hinaus, | :|
ja, | das war wirklich schlimm, | ich weiß nicht ein noch aus. |
3. |: Und die | Flut zwang mich, packte | all mein Zeug sofort, | :|
denn mein | Haus, es fiel ein, | kann nicht mehr leben dort. |
4. |: Übers | Wasser kam'n sie der | Meilen fünf von Nord, | :|
und | alles warf ich rein, | und sie brachten mich fort. |
5. |: Auf dem | einsamen Hügel | stand ich dann allein, :|
und | schaute grad' dorthin, | meinem Haus hinterdrein. |
6. |: Oh, | oh, von hier | kann ich nicht mehr fort. :|
denn ein | Mädchen, arm wie ich, | find't kein' anderen Ort.

Deutscher Text: bb

© dt. Text: J.B. Metzler

Der Blues ist das meist jüngere weltliche Gegenstück zum Spiritual. Über seine Merkmale findet ihr Näheres auf S. 130. Viele schwarze Sängerinnen und Sänger haben die Blues-Gesänge schnell bekannt gemacht. Eine der berühmtesten Blues-Sängerinnen war Bessie Smith, die mit ihrer mächtigen Stimme ein ganzes Stadion zu füllen vermochte. Wie ihr aus dem englischen Text ersehen könnt, wird er nicht ganz genau im Zeitmaß, sondern entsprechend der jeweiligen Zeilenlänge innerhalb eines Taktes frei gesungen.

Aufgabe:
Die Akkorde mit den angegebenen Grundtönen sollen staccato und bei × über zwei Takte im Rhythmus ♩♩♫ | gespielt werden. An der gleichen Stelle (×) können in gleicher Länge Instrumente des kleinen Schlagwerks im Rhythmus ♩♫ ♪ ‖ hinzutreten. Der Rhythmus kann beim 2. und 3. Einsatz leicht variiert werden.

Little David

Spiritual

Bei einstimmigem Singen bis zu vier Töne tiefer anstimmen.

2. ♩ Yoshua was de son of Nun, Ne never woold quit' till his work was done.

[1] Harfe [2] Hirtenjunge [3] = shout; (vor Freude) schreien

David (ca. 1042–972 v. Chr.) wurde als Jüngling an den Hof des Königs Saul berufen und später selbst zum König gesalbt. Er gilt als der größte Feldherr und König Israels, das er zu einer Nation einigte. Allgemein bekannt geworden ist er durch seinen Kampf gegen den schwerbewaffneten Philister Goliath, den er in jungen Jahren mit einer Steinschleuder besiegte. Nach einem Bericht im Alten Testament war er auch ein bedeutender Harfenspieler. Auf diese beiden Umstände bezieht sich der Text des Spirituals.

Aufgaben:
1. Wofür kann Davids Kampf ein Sinnbild sein?
2. Vergleicht den Ausdruck der Melodie mit jener in »Swing low«, S. 39.
3. Beschreibt den Unterschied zwischen der Melodie des Chores und der des Solisten.

St. James infirmary

USA

2. On my | left stood old Mc | Kennedy, his | eyes were bloodshot | red,
   and he | turned to the crowd a- | round him, these were | the words he said: |
3. I went | down to St. James in- | firmary, ⸵ | saw my baby | there
   stretched down | on a long white | table, so | sweet, so cold, so bare. |
4. Let her | go, let her go, God | bless her where | ever she may | be.
   She can | look this wide world | over, never | find a man as me.

Angelsächsischer Sprachraum

2. Links von | uns stand old Mc | Kennedy, seine | Augen blutig | -rot.
   Er | wandte sich an die | Menge, und ge | nau dies sagte er: |
3. Zum St. | James Spital ging ich | runter, | sah mein Baby | dort
   hinge- | streckt auf dem langen | Tisch, so | süß, so kalt, so bloß. |
4. Laß sie | geh'n, laß sie geh'n, Gott | mit ihr, wo | immer sie mag | sein.
   Sucht sie | auch die ganze | Welt ab, sie | findet keinen wie mich. | Deutscher Text: bb

© dt. Text: J.B. Metzler

Dieses Lied weist unterschiedliche Fassungen auf. Ursprünglich waren Strophe 3 und 4 sein Anfang; aber wie bei allen solchen Gesängen wurde die Melodie oft verändert und neue Strophen hinzugefügt. Wir finden derartige Umformungen bei den Volksliedern aller Länder, zumal wenn sie mündlich weitergegeben werden.

Aufgabe:
Vergleicht die Form dieses »Blues« mit dem Muster auf S. 130.

Blues and trouble
USA

2. |: Hm, – people won't hear me moan. :| Here's a poor boy baby and he's a long way from home.

2. |: Hm, – mein Stöhnen hört man nicht. :| Bin gar arm dran, Baby, und weit weg von zu Hause.

© dt. Text: J.B. Metzler   Deutscher Text: bb

Aufgabe:
Erfindet zu dem Blues eine rhythmische Begleitung, welche die Pausen überbrückt. Ihr könntet z.B. das folgende Muster nach vier Takten abgeändert weiterführen.

Where have all the flowers gone

Pete Seeger

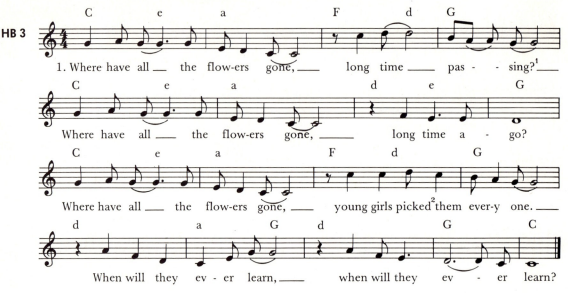

2. Where have all the young girls gone, long time passing,
   where have all the young girls gone, long time ago?
   Where have all the young girls gone, gone to the young men every one.
   When will they ever learn, when will they ever learn?
3. |: Where have all the young men gone :| ... They are all in uniform ...
4. |: Where have all the soldiers gone :| ... Gone to graveyards[3] every one ...
5. |: Where have all the graveyards gone :| ... Covered with flowers every one.

[1] lang ist's her [2] pflückten [3] Friedhöfe

Pete Seeger. Für Deutschland: © Fall River Music; Essex, Köln

1. Wo sind all die Blumen hin? 1.–5. Lang, lang ist es her!
   Wo sind all die Blumen hin? 1.–5. Schon lang her!
   Wo sind all die Blumen hin? Junge Mädchen pflückten sie.
   1.–5. Wird man's begreifen je, wird man's begreifen je?
2. Wo sind all die Mädchen hin? Lang, lang ist es her!
   Wo sind all die Mädchen hin? Schon lange her!
   Wo sind all die Mädchen hin? Junge Männer nahmen sie.
   Wird man's begreifen je, wird man's begreifen je?
3. |: Wo sind all die Männer hin? :| Alle tragen Uniform.
4. |: Wo sind die Soldaten hin? :| Alle liegen tief im Grab.
5. |: Wo sind all die Gräber hin? :| Unter Blumen stecken sie.

Deutscher Text: bb

In diesem und dem nachfolgenden Lied, die beide in unserer Zeit entstanden sind, findet ihr wieder ein Thema angesprochen, das die Menschen heute mehr als je zuvor bewegt: den Frieden in der Welt.

Aufgaben:
1. Können Lieder etwas dazu beitragen, den Frieden zu sichern?
2. Ist Frieden ohne Freiheit ein erstrebenswertes Ziel?
3. Vergleicht die Melodie mit der auf S. 47: Welche ist einfacher, welche gefällt euch besser?

Blowin' in the wind

Bob Dylan

2. How many years can a mountain exist before it's washed to the sea?
   Yes, 'n' how many years can some people exist before they're allowed to be free?
   Yes, 'n' how many times can a man turn his head pretending he just doesn't see?
   The answer...

3. How many times must a man look up before he can see the sky?
   Yes, 'n' how many years must one man have before he can hear people cry?
   Yes, 'n' how many deaths will it take till he knows that too many people have died?
   The answer...

Bob Dylan

1. Sag, wie viel Wege ein Mensch muß gehn, bevor man ihn Mensch nennen kann?
   Ja, und wie oft muß kreuzen die Taube ein Meer, bevor sie schläft in dem Sand?
   Ja, und wie oft müssen fliegen Kanonenkugeln, eh sie sind für immer gebannt?
1.–3. |: Die Antwort, mein Freund, sie weht nur in dem Wind. :|
2. Wie viele Jahre kann ein Berg wohl bestehn, eh' er vom Meer ist zerstört?
   Ja, und wie viele Jahre können Menschen leben wohl, bevor man sie leben läßt frei?
   Ja, und wie oft kann ein Mensch schauen weg von aller Not, so tun, als ob gar nichts er säh?
3. Sag, wie oft muß wohl ein Mensch aufschaun, bevor er den Himmel kann sehn?
   Ja, und wie viele Ohren muß haben er, bevor er das Volk hört schrein?
   Ja, und wie viele Tode sind nötig, bis er weiß, daß zu viel gestorben sind?

Deutscher Text: bb

© 1962 M. Witmark & Sons   Für Deutschland: Neue Welt Musikverlag, München

<u>Aufgaben:</u>
Siehe voriges Lied.

Lied der Völker

Yesterday

John Lennon/Paul McCartney

HB 5

© by Northern Songs Ltd., Für D/A/CH und Ost-Europa: EMI Songs GmbH, Hamburg

John Lennon/Paul McCartney

Gestern noch, meine Sorgen schienen so weit fort,
doch mir scheint, sie quäl'n noch lange mich,
oh, an das Gestern glaube ich.
Plötzlich dann bin ich nicht mehr ganz der gleiche Mann.
Über mir ein dunkler Schatten hängt,
oh, wie das Gestern mich bedrängt.

Warum schied von mir sie und sagte nicht ein Wort?
Etwas Falsches sagt' ich, wär's Gestern doch nicht fort!
Gestern erst war die Liebe für mich unbeschwert,
doch jetzt möchte ich verbergen mich.
oh, an das Gestern glaube ich. Mm.

Deutscher Text: bb

Aufgaben:
1. Hört euch das Hörbeispiel an und versucht, das Lied zu singen.
2. Charakterisiert Text und Melodie.
3. Entsprechen sie sich in ihrem Ausdruck?

3. Romanischer Sprachraum

Il était un petit navire Frankreich

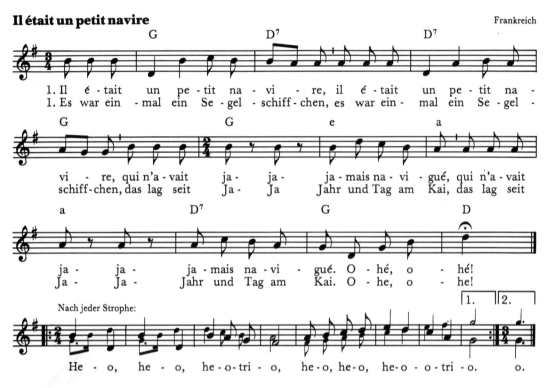

2. |: Il entreprit un long voyage :|
   |: Sur la mer Mé-Mé-Méditerranée :| ohé, ohé!
3. |: Au bout de cinq à six semaines :|
   |: Les vivres vin-vin-vinrent à manquer :| ohé, ohé!
4. |: On tira-(z)-à la courte paille :|
   |: Pour savoir qui qui qui serait mangé :| ohé, ohé!
5. |: Le sort tomba sur le plus jeune :|
   |: Sitôt il se se se mit à pleurer :| ohé, ohé!
6. |: Le mousse monte à la grand' hune :|
   |: Ouvre l'œil de de de tous les côtés :| ohé, ohé!
7. |: Je vois la brise qui se lève :|
   |: La mer sur les les les brisants briser :| ohé, ohé!
8. |: Je vois la flèche de l'église :|
   |: Les cloches qu'on qu'on qu'on y fait danser :| ...

2. |: Dann endlich ging es auf die Reise :|
   |: und stach im Mit-Mit-Mittelmeer in See. :|
3. |: Doch nach sechs Wochen oder sieben, :|
   |: da ging das E- E- Essen aus- oh weh! :|
4. |: Man zog das Los, wer braten sollte, :|
   |: daß man der Hu- Hu- Hungersnot entgeh. :|
5. |: Es traf den Jüngsten, der gleich heulte, :|
   |: und sein Gesi- si- sicht war weiß wie Schnee. :|
6. |: Um noch nach Rettung auszuschauen, :|
   |: stieg er am Ma- Ma- Mastbaum in die Höh'. :|
7. |: »Ich seh die Brise sich erheben, :|
   |: ich seh die Bra- Bra- Brandung in der Näh. :|
8. |: Ich seh die gold'ne Kirchturmspitze :|
   |: und hör die Glo- Glo- Glocken über die See!« :|

Fidula Verlag - Boppard Deutscher Text: L. Holzmeister

Der (Un-)Sinn des Textes liegt auf der Hand und kann natürlich nicht ernst genommen werden.

Aufgaben:
1. Das Zwischen- bzw. Nachspiel kann von verschiedenen Stimmen und Instrumenten ohne und mit Begleitung musiziert werden. Begleitschema: G - | G - | G - | D - | D - | D - | D - | G |.
2. Ändert die Besetzung nach vorheriger Absprache.
3. Was könnte der Taktwechsel im Lied andeuten?

☛ S. 66

Guantanamera

Joseito Fernández

Für Schüler im Stimmbruch: tiefe oder hohe Stellen nur summen; eventuell das Lied ein bis zwei Töne tiefer anstimmen.

2. |: Mi verso es | de un verde claro |
y de un car-| min encendido[6], :|
mi verso es | un ciervo[7] heri-| do
que busca en | el monte ampa |ro.
Guantanamera ...

3. |: Con los po-| bres[8] de la tierra |
quiero yo | mi suerte echar. :|
El arroy-| o de la sier-| ra
me compla-[9] | ce mas que el mar.
Guantanamera ...   José Marti

2. |: Von hellem Grün ist mein Lied
und leuchtend rot seine Farbe, :|
ein wunder Hirsch meine Verse,
er suchet Schutz in den Bergen.
Guantanamera ...

3. |: Mit allen Armen der Erde
möcht ich mein Schicksal wohl teilen. :|
Das Bächlein hoch in der Sierra
ist lieber mir als die Meere.
Guantanamera ...   *Deutscher Text: Brigitte Lentze*

Aus: »Die Welt im Lied«, Diesterweg, Frankfurt

Aussprache: [1] h (immer) stumm   [2] sinθero (θ = stimmloses englisches th)   [3] kreθe   [4] kiero   [5] etschar   [6] enθendido   [7] θiervo
[8] powres   [9] komplaθe   [10] guachira (ch wie in »ach«)

Kuba war seit seiner Entdeckung durch Chr. Kolumbus jahrhundertelang eine spanische Kolonie. Im 19. Jahrhundert regten sich die Widerstandskräfte gegen die Fremdherrschaft. Dem Ziel der Befreiung widmete sich in besonderem Maße der Dichter und Patriot José Julian Marti (1853–1895). Seine Hingabe

Romanischer Sprachraum

an dieses Ziel führte 1871 zu seiner ersten und 1879, ein Jahr nach seiner Rückkehr, zu seiner zweiten Verbannung nach Spanien. Von hier kam er auf Umwegen nach New York, wo er sich weiter für die Befreiung seines Landes engagierte. Er entwarf Pläne für eine Invasion in Kuba, die dann 1895 in die Tat umgesetzt wurde. Einen Monat nach der Landung starb er im Kampf gegen die Kolonialherren. Sein patriotisches Engagement und seine Gedichte und Aufsätze machten ihn zum Sinnbild der Freiheit in ganz Mittel- und Südamerika. Der von ihm stammende Liedtext bietet ein Beispiel für seine Heimatverbundenheit und sein soziales Engagement.

Der Sänger kommt »de donde crece la palma«, d. h. »von dort, wo die Palmen wachsen«. Die Palme, in Kuba wohl wegen ihrer Höhe bis 23 m als »königlicher Baum« bezeichnet, ist mit circa 20 Millionen Exemplaren charakteristisches Element der ländlichen Bezirke. »Guantanamera« bedeutet ein Mädchen aus Guantanamo, einer Stadt in den Bergen im südöstlichen Kuba. »Guachira« ([10]) ist ein kubanischer Volkstanz, der wie die meisten Tänze des Landes afrikanische Einflüsse aufweist. Die Volkstänze sind durch die Gründung der »Nationalen Folklore-Gruppe« (1959) auch international bekannt geworden.

Aufgaben:
1. *Erfindet eine rhythmische Begleitung, welche die langgezogenen Silben und Töne untermalt.*
   Beispiel:
2. *Formt aus den durch Buchstaben bezeichneten Akkorden eine harmonische Begleitung.*

Gottes Kind

Frankreich

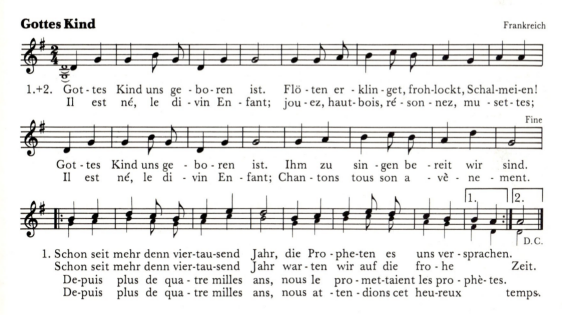

2. Une étable est son logement, un peu de paille est sa couchette,
   une étable est son logement, pour un Dieu quel abaissement.

2. Nur ein Stall seine Wohnung ist, dürft'ges Stroh seine Lagerstätte.
   Nur ein Stall seine Wohnung ist: Gottes Sohn, wie arm du bist!

Deutsche Fassung: Siegfried Spring
© dt. Text: J.B. Metzler

Der Refrain kann durch die leere Quinte G–D unterstützt werden. Sie wird von Instrumenten oder Singstimmen nach je 2 Takten neu angestoßen. Nach Strophe 2 schließt der Refrain das Lied ab.

Aufgabe:
Welcher Unterschied besteht melodisch zwischen Refrain und Strophe?
☞ S. 83

Wir kamen einst von Piemont

Frankreich

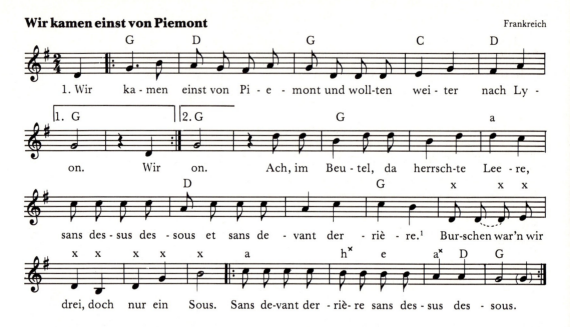

2. |: »Herr Wirt, bringt uns ein Essen her, der Magen ist so lang schon leer!« :|
»Hab noch Fleisch von 'ner alten Mähre« – sans dessus dessous et sans devant derrière –
»Ei, bringt es her und Wein dazu!« |: Sans devant derrière sans dessus dessous. :|

3. |: »Herr Wirt, wir woll'n nun weiter gehn'n, das Essen war gewiß sehr schön!« :|
Nehmt den Sous, hab'n nichts mehr, auf Ehre, sans dessus dessous et sans devant derrière!«
Wir aber stoben fort im Nu – |: Sans devant derrière sans dessus dessous. :|

Aus: »Der Turm«, Voggenreiter, Bad Godesberg　　　　　　　　　　Deutscher Text: Klaus Tränkle

[1] Oben nichts und unten nichts und vorne nichts und hinten nichts.

Piemont ist nach wechselvollem Geschick im Laufe der Geschichte heute eine Region im Nordwesten Italiens mit der Hauptstadt Turin.

Aufgaben:
1. *Achtet auf die Form des Liedes.*
2. *Vergleicht es mit »Wir zogen in das Feld« S. 9.*
3. *Erfindet für die Begleitung instrumentale Klangfiguren;*
   sie können sich an den durch Buchstaben angegebenen Akkorden orientieren.

Balaio Brasilien

1. Wär ich | nur bald ein ba- | laio, ba- | laio möcht ich gern | sein,
   nur da- | mit ich kann ver- | weilen immer | an der Seite dein.
2. Wenn du | sagst, du liebst mich | nicht mehr, kann | dies nicht die Wahrheit | sein:
   Wer nicht | liebt, wird niemals | spüren, wie die | Sehnsucht auslöst | Pein.

mitgeteilt von Heinz Bucher

[1] balaio = runder Korb, der von Frauen bei der Ernte (Kaffee/Baumwolle) seitlich an die Hüften gebunden wird.
[2] meu ben = mein Beste(r), Schatz, Liebling
[3] sinhá = Abkürzung für ›Senhora‹: Anrede für eine Dame (Slang)
[4] do coraçao = des Herzens
[5] Hat das Mädchen keinen balaio, Sinhá, reicht der Saum bis auf die Erde.

© dt. Text: J. B. Metzler

Die Samba ist ein in Brasilien entstandener Tanz, der vor etwa 40 Jahren in die USA und nach Europa gelangte. Hier wird er heute noch in verschiedener Weise getanzt. Die einfachste Form ist ein Paartanz, in dem die Partner, oft getrennt, einfache Schritte nach vorn und zurück machen und dazu den Oberkörper schwingen lassen. Das vorliegende Lied gehört zu einem Sambatyp, der afrikanische Züge aufweist und vor allem in ländlichen Gegenden Brasiliens zu finden ist. Hier ist er ein Gruppentanz, der entweder in einem Doppelkreis mit Gegenbewegung oder in einem einfachen Kreis mit Vortänzer(in) in der Mitte durchgeführt wird. In letzterem Falle tanzen die Kreistänzer oft mit Händeklatschen fast auf der Stelle, während der Vortänzer kunstvollere Figuren mit improvisatorischem Charakter wiedergibt.

Aufgaben:
1. *Beschreibt den melodisch-rhythmischen Verlauf.*
2. *Singt den Kehrreim auf Klangsilben (oder eventuell auch portugiesisch).*
3. *Erfindet dazu eine Begleitung.*
4. *Tanzt die Samba als Kreistanz mit Vortänzer.*
☛ *S. 67, 84*

4. Andere Sprachräume

Kalinka Rußland

2. Liebe Föhre, grüne Föhre, laß doch das Rauschen über mir! Ah ... Lass doch ...
3. Schönes Mädchen, liebes Mädchen, hab mich doch ein bißchen gern! Ah ... hab mich ...

Voggenreiter, Bad Godesberg Deutscher Text: Wolf Kinzel

<u>Aufgabe:</u>
Wodurch wird ein Stimmungswechsel im Lied musikalisch charakterisiert?

Kosakenlied

Rußland
Satz: bb

2. Jungen: »Laß das Weinen, laß das Klagen, nimmer sollst du, Liebste, zagen.
Ruhmbedeckt nach schweren Tagen kehr ich dann zurück. Hei!«
Mädchen: »Ruhm und Ehre gilt mir wenig, denn nach Dir allein ich sehn' mich,
du bist meines Herzens König, du allein mein Glück.«

Deutscher Text: Siegfried Spring
© Satz u. dt. Text: J. B. Metzler

Die Bezeichnung »Kosaken« wurde ursprünglich für tatarische Reitergruppen und -vorhuten verwendet. In ihrer wechselvollen Geschichte, in welcher die Kosaken einmal von polnischen Herrschern, dann wieder von Moskauer Fürsten zum Schutz der Grenzen angeworben wurden, haben sie ihr Streben nach Unabhängigkeit und ihre Freiheitsliebe stets zu bewahren gewußt. Um 1910 gab es fast neun Millionen Kosaken, darunter eine große Zahl Soldaten. Im Bürgerkrieg 1918/21 kämpfte ein größerer Teil auf seiten der »Weißen Armee« und floh nach deren Niederlage zum Teil ins Ausland.

Aufgaben:
1. Diskutiert die Begriffe »Ruhm« und »Ehre«.
2. Stimmt ihr mit der Haltung der Soldaten oder der Mädchen überein?

Casatschok

Rußland

Für Deutschland: Melodie der Welt, J. Michel KG. Frankfurt. © 1967 by Hermann Schneider-Verlags-KG, Wien

    Der Casatschok ist ein schneller russischer Tanz. Er wird von Paaren vorzugsweise auf der Stelle getanzt mit manchmal aufstampfenden Füßen und mit teils gleichbleibenden, teils improvisatorischen Bewegungen von Körper, Kopf und Armen. Das Ganze ist ein Beispiel einer wirkungsvollen, kommerzialisierten Folklore; denn das eigentliche Lied endet vor dem Dur-Kehrreim. Manchmal wird als Summ-Melodie noch »Heuchla« (MUU 5/6) angehängt.

Aufgabe:
Der Vorspann (die ersten 8 Takte) wird vor jeder Strophe gespielt. Gestaltet ihn mit Gitarre, Akkordeon, Klavier, sonstigen Keyboard-Instrumenten oder gezupften Streichern; spielt entweder die Akkorde D – A – D oder d – A – d oder auch nur die Grundtöne.
    Begleitmodell und Tanzvorschlag siehe S. 96f.
☞ S. 67

Andere Sprachräume

Petruschka
Ukraine

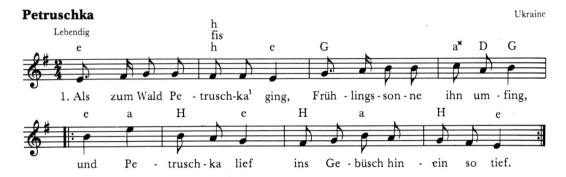

2. Plötzlich stand Kathinka da. Er küßt sie, und sie sagt: »Ja!«
   Und Petruschka war ganz verliebt mit Haut und Haar.
3. Und sie sprach beim Finkenschlag: »Morgen ist mein Namenstag.
   Komm, Petruschka mein! Morgen gibt es Schnaps und Wein!«
4. Bei Kathinkas Fest man bot Wodka, Wein und Zuckerbrot.
   Doch Petruschka kam nicht zum Fest als Bräutigam.
5. Die Kathinka ärgert sich, daß er sie so ließ im Stich.
   O, Petruschka, das war durchaus kein guter Spaß.
6. Vetter Mischa kommt herbei, tröstet sie und trinkt für zwei.
   O, Petruschka, schau: Nun wird Katja Mischas Frau!

Deutscher Text: Fritz Schröder

[1] »Petruschka« gleicht dem deutschen »Kasperle« oder »Hanswurst«

Aus: Paul Arma, »Europäische Volkslieder«, Otto Maier Verlag, Ravensburg

Hier liegt ein Beispiel eines berichtenden Liedes aus dem bäuerlichen Lebensraum vor. Zu jedem Festtage der bekannt trinkfreudigen Bauern gehört(e) Schnaps, Wodka und Wein. Heute sucht man in der Sowjetunion den Alkoholkonsum einzudämmen.

Aufgabe:
Wo liegt der Höhepunkt der Melodie, wie ist er hervorgehoben? Siehe auch Tanzhinweise S. 307.

Säbeltanz
Serbien
Melodiefassung: A. Rosenstengel

2. Rund herum im Kreise tanzt nach alter Weise hej, hej, ...
3. Höher gehn die Sprünge, heller sirrt die Klinge hej, hej, ...

Deutscher Text: Irmgard Hartmann

Vergleiche den Hinweis S. 307.
© Eres Edition, Lilienthal

Rambutan pflücken

Indonesien
Melodiefassung: Heinz Lemmermann

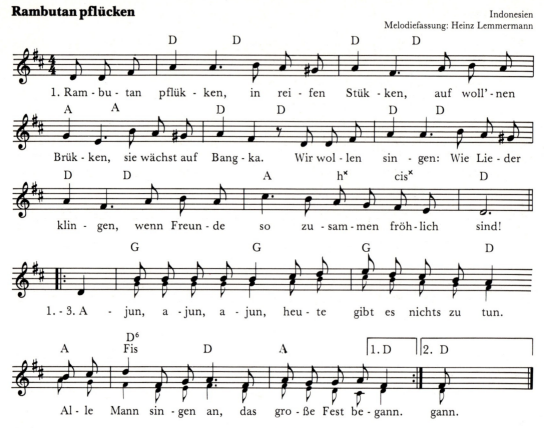

1. Rambutan pflücken, in reifen Stücken, auf woll'nen Brücken, sie wächst auf Bangka. Wir wollen singen: Wie Lieder klingen, wenn Freunde so zusammen fröhlich sind! Ajun, ajun, ajun, heute gibt es nichts zu tun. Alle Mann singen an, das große Fest begann.

2. Rambutan kaufen, in großen Haufen, zum Markte schnaufen, wie dort auf Bangka. Wir wollen singen...

3. Rambutan fassen, sich schmecken lassen, in großen Massen, wie dort auf Bangka. Wir wollen singen...

Aus: »Rund um den Globus«, Eres, Lilienthal

Deutscher Text: Ortfried Pörsel

Die zu Indonesien gehörende Insel Bangka ist bekannt wegen ihres Reichtums an Erzen, besonders Zinn. Obwohl der Boden trockener als im nahe gelegenen Sumatra ist, findet man auf ihr wegen des feuchtwarmen Klimas auch eine üppige Pflanzenwelt. Der Rambútan-Baum, der in ganz Indonesien zu finden ist und der 10 bis 12 m hoch wird, trägt die gleichnamige Frucht. Sie ist hellrot, oval geformt und etwa so groß wie ein Hühnerei. Ihr Fruchtfleisch ist herb und wohlschmeckend.

Aufgabe:
In dem Erntefestlied deuten die Klangsilben »ajun« im Kehrreim auf eine tänzerische Bewegung hin. Erfindet eine solche Bewegung, und bleibt dabei auf eurem Platz.

Andere Sprachräume

Dona, Dona

Musik: Sholom Secunda

HB 7

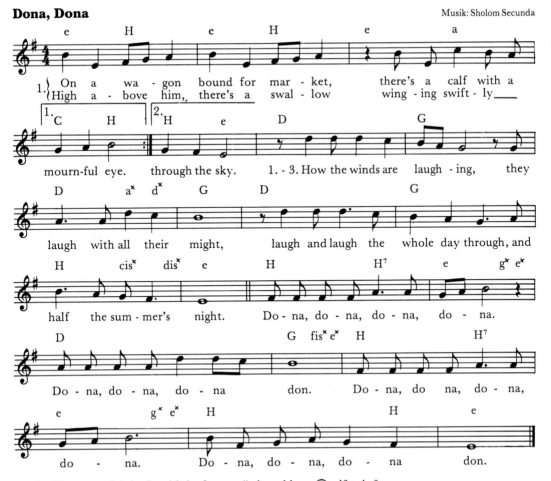

2. "Stop complaining", said the farmer, "who told you a calf to be?
   Why don't you have wings to fly with, like the swallows so proud and free?"
3. Calves are easily bound and slaughtered, never knowing the reason why,
   but whoever treasures freedom, like the swallow has learned to fly.

Sheldon Secunda/Teddy Schwartz/Arthur Kevess

1. Auf dem Wagen hinaus zum Marktplatz blickt ein Kalb traurig vor sich her.
   Über ihm fliegt eine Schwalbe, segelt rasch in Richtung Meer.
   Wie die Winde lachen mit aller ihrer Kraft,
   lachen stets von früh bis spät bis in die Sommernacht. Dona ...
2. »Laß dein Klagen«, sagt der Bauer, »wer hieß dich ein Kalb zu sein?
   Warum hast du keine Flügel wie die Schwalbe stolz und klein?«
3. Kälber kann man leicht binden, schlachten, und sie wissen nie den Grund.
   Doch wer Freiheit liebt wie die Schwalbe lernt das Fliegen zu früher Stund'.

© 1940 by Mills Music, Inc., New York. Für Deutschland: Edition Corona KG Rolf Budde GmbH, Berlin Deutscher Text: bb

<u>Aufgaben:</u>
1. Unterhaltet euch über den Inhalt und seinen Sinn: Wofür könnten Kalb und Schwalbe Sinnbild sein?
2. Sucht rhythmisch belebende Elemente in der Melodie.
3. Bildet ein melodisches Vor- und Zwischenspiel über 4 Takte.

Anregung:

☛ S. 75

5. Nationalhymnen

Die Melodie unserer Nationalhymne stammt von Joseph Haydn. Bei seinen Konzertreisen nach England hatte er die englische Hymne kennengelernt und erfahren, mit welch großer Anteilnahme sie von der Bevölkerung gesungen wurde. Die gefahrvolle politische Situation Österreichs um 1795 dürfte für den eng mit seiner Heimat verbundenen Haydn ein Anlaß gewesen sein, eine Hymne zu schreiben, von deren Wirkung er sich einen verstärkten Zusammenhalt zwischen Kaiser und Volk erhofft haben wird. Die Melodie gehört zu seinen besonders volkstümlichen Schöpfungen. Ihm selbst war sie so sehr ans Herz gewachsen, daß er sie jahrelang jeden Morgen für sich spielte. Der Text unserer Hymne wurde von August Heinrich Hoffmann (von Fallersleben) geschrieben, der von 1830 an als Professor für Germanistik an der Universität Breslau wirkte. Aufgrund seiner liberalen Gesinnung und seiner an sich harmlosen »Unpolitischen Lieder« wurde er 1842 seines Amtes enthoben (und erst 1848 wieder eingesetzt). Sein durch die Verhältnisse erzwungenes Wanderleben führte ihn bereits 1841 auf die damals britische Insel Helgoland, wo er das »Lied der Deutschen« dichtete. Es kann als die Äußerung des Protestes gegen seine politischen Gegner angesehen werden. Denn in Übereinstimmung mit vielen Gleichgesinnten richtete sich sein Bestreben auf die Überwindung der Kleinstaaterei durch die Bildung eines einheitlichen Reiches.

In Verbindung mit der Haydnschen Melodie fand das Lied rasche Verbreitung. Aber zur Nationalhymne wurde es erst 1922 durch den damaligen Reichspräsidenten Friedrich Ebert erklärt. In der Zwischenzeit wurde bei feierlichen Anlässen auf die Melodie der englischen Hymne »God save the (King) Queen« der Text »Heil dir im Siegerkranz, Herrscher des Vaterlands, heil Kaiser dir!« gesungen.

In den Jahren der nationalsozialistischen Gewaltherrschaft erhielt der Text des Liedes eine verzerrte Deutung. Der Begriff des »Großdeutschen Reiches« und die Ansicht von der Überlegenheit der nordischen Rasse führten zu einer krassen Überbetonung des nationalen Empfindens. Daher wurde nach 1945 das Lied nicht mehr offiziell gesungen. Erst 1952 wurde, nach einem vergeblichen Versuch, eine neue Hymne über den Rundfunk populär zu machen, die dritte Strophe des Deutschlandliedes als Hymne festgelegt. Die Bekanntgabe dieser Entscheidung erfolgte in einer Veröffentlichung des Presse- und Informationsamtes der Bundesregierung. Hier hieß es u. a., daß diese Entscheidung »nur die offizielle Anerkennung eines Tatbestandes« darstellt, »weil das Lied niemals aus dem Bewußtsein des Volkes geschwunden war«. ... »Auf der anderen Seite aber ist es nicht die Zeit, nationalen Symbolen eine demonstrative Bedeutung zu geben. Die deutsche Politik orientiert sich nicht mehr an einem Nationalismus, der ... zu der Katastrophe 1945 mit beigetragen hat. ... Deshalb soll auch bei staatlichen Veranstaltungen die dritte Strophe des Deutschlandliedes gesunden werden.« – Auch die französische Natinalhymne hat einen großen Bekanntheitsgrad erreicht. Sie ist fünf Jahre vor der Haydnschen Melodie aus einem historischen Anlaß entstanden: 1792 erklärte das revolutionäre Frankreich an Österreich und das verbündete Preußen den Krieg. Der seinem Vaterland ergebene Rouget de Lisle dichtete und komponierte als Lied für die Rheinarmee jene Schöpfung, die rascheste Verbreitung fand und bereits 1795 zur offiziellen Hymne erklärt wurde. Der Name »Marseillaise« erklärt sich daraus, daß Freiwillige aus Marseille auf ihrem Marsch nach Paris unterwegs und in der Stadt selbst das Lied immer wieder mit großer Begeisterung sangen.

Aufgaben:
1. Vergleicht die beiden Melodien hinsichtlich Tempo, Takt, Rhythmus und Melodieführung.
2. Überlegt, ob sie insgesamt dem Text entsprechen.
3. Aus welchen Beweggründen könnte eine Nationalhymne entstanden sein?
4. Warum erscheint es nicht mehr zeitgemäß, bei offiziellen Anlässen alle drei Strophen des Deutschlandliedes zu singen?
5. Bei welchen Gelegenheiten erklingen heute Nationalhymnen?

Wörtliche Übersetzung der »Marseillaise« (vgl. S. 61): Auf, ihr Kinder des Vaterlandes, der Tag des Ruhmes ist jetzt da!
Die blutige Standarte der Tyrannei wurde gegen uns aufgerichtet.
Hört ihr diese blutgierigen Soldaten in den Feldern brüllen?
Sie kommen sogar bis an euch heran, erwürgen eure Söhne, eure Frauen.
Zu den Waffen, ihr Bürger, formiert eure Bataillone! Laßt uns marschieren!
Auf daß unreines Blut unsere Furchen tränke! (bb)

Deutsche Nationalhymne (»Das Lied der Deutschen«)   Joseph Haydn (1797)

Originaltonart G-Dur

3. Ei-nig-keit und Recht und Frei-heit für das deut-sche Va-ter-land!
Da-nach laßt uns al-le stre-ben brü-der-lich mit Herz und Hand!
Ei-nig-keit und Recht und Frei-heit sind des Glük-kes Un-ter-pfand.
Blüh im Glan-ze die-ses Glük-kes, blü-he deut-sches Va-ter-land!

Die oben abgedruckte dritte Strophe gehört zu dem Gedicht »Das Lied der Deutschen«, dessen Anfangsstrophen folgenden Wortlaut haben:

1. Deutschland, Deutschland über alles,
über alles in der Welt!
Wenn es stets zu Schutz und Trutze
brüderlich zusammenhält,
von der Maas bis an die Memel,
von der Etsch bis an den Belt.
Deutschland, Deutschland über alles,
über alles in der Welt!

2. Deutsche Frauen, deutsche Treue,
deutscher Wein und deutscher Sang
sollen in der Welt behalten
ihren alten schönen Klang,
uns zu edler Tat begeistern
unser ganzes Leben lang.
Deutsche Frauen, deutsche Treue,
deutscher Wein und deutscher Sang!

Französische Nationalhymne (»Marseillaise«)

Al-lons, en-fants de la pa-tri-e, le jour de gloi-re est ar-ri-vé. Con-tre nous de la ty-ran-ni-e l'é-ten-dard sang-lant est le-vé, l'é-ten-dard sang-lant est le-vé! En-ten-dez-vous dans les cam-pa-gnes mu-gir ces fé-ro-ces sol-dats. Ils vien-nent jus-que dans vos bras é-gor-ger vos fils, vos com-pa-gnes: Aux ar-mes ci-toy-ens! For-mez vos ba-tail-lons! Mar-chons! Mar-chons, qu'un sang im-pur a-breu-ve nos sil-lons!

Richtiges Singen – gesundes Singen

So mancher Schüler in eurem Alter glaubt von sich, er könne nicht richtig singen. Diese Annahme kann vielerlei Gründe haben: Vielleicht war es ein Mitschüler, der feststellte: Du singst ja falsch! Vielleicht ereignete es sich schon in der Grundschule, daß beim Vorsingen vor lauter Aufregung alles daneben geriet, was sonst ordentlich klappte. Vielleicht war es auch nur eigene Einbildung. Das mag alles lange zurückliegen, und inzwischen wurde die Singstimme nie richtig trainiert; sie entwickelte sich daher eher rückwärts.

Fertigkeiten fallen einem nie in den Schoß; alles, was man nicht gelernt und geübt hat, fällt einem schwer, wie z. B. Skifahren oder Tennisspielen. So verhält es sich auch mit dem Singen: Je mehr man seine Stimme trainiert, desto kräftiger und geschmeidiger wird sie, um so klarer und schöner klingt sie. Das Geheimnis des Erfolgs liegt hier wie überall im regelmäßigen Üben.

Grundübungen

Es folgen Grundübungen; man braucht sie weder in der angegebenen Reihenfolge noch vollständig zu machen, doch von jeder Art müssen einige ausgewählt werden; man muß sie regelmäßig durchführen, wenn Erfolg sich einstellen soll. Für alle Übungen gilt:
- Im Stehen bei offenem Fenster oder zuvor gut gelüftetem Raum.
- Stets aus der Stille und Konzentration heraus beginnen.

Lockerung

Wie ein Instrument spielfertig gemacht werden muß, so muß der Körper als Instrument »eingestimmt« werden.

Übungen:
Kopf kreisen – nach vorne und hinten fallen lassen – Schultern heben und senken – Schultern kreisen (auch in Gegenrichtung) – Gähnen – sich Strecken – tief seufzen – Hände vor der Brust ineinanderhaken und ziehen, dabei langes U sprechen – in den Knien wippen – Langlaufbewegungen aus dem Stand – Arme und Beine ausschütteln – Bogen spannen = einatmen – Pfeil abschießen = ausatmen.
   Lied: »Gymnastik-Song« (»Head and shoulders«, s. UL-MUU).

Zungentraining

Zungen-R-Übung
Brot = b-dot, zuerst langsam, dann Tempo steigern – Flatterzunge
   Texte sprechen: Roland der Riese am Rathaus zu Bremen – Der Retter, die Ritter, die Ratte, die Rotte;
   auch Zungenbrecher: »Rotkraut bleibt Rotkraut und Brautkleid bleibt Brautkleid« – ziwitsch (fünfmal rasch).

Atemtraining

Grundhaltung: 4-Punkte-Stand = Fersen und Ballen; Vorstellung des Wurzelschlagens; der ganze, aufrechte Körper wird zum Ansatzrohr; Ausatmen = Bauchdecke anziehen – Einatmen = Bauchdecke loslassen; Lachvarianten: dicker Mann (ho) – Dünner, Schadenfroher (hi) – Hexe (hé) – Eingebildeter (hö) – Hämischer (hä) usw.

Übungen
Tropfen fallen seit Jahrtausenden in einer Höhle: t-t-t-t-t;
Zug: f-sch-f-sch ... accel. ... rit. ...;
Tischtennis: ping – pong ... (ng klingen lassen);
bis 200 flüsternd zählen, bei 25 jeweils rasch atmen (auch in Englisch zählen);
Blumen, Parfüm riechen
<u>*Ruhige Atemführung:*</u> *Lied S. 24 o., auf Klangsilben (♩ = du, ♫ = du-a),
zunächst 2-, dann 4 Takte auf einen Atemzug.*

Resonanz

Ansatzübungen
Stets weicher Stimmeinsatz! Von bequemer Mittellage ausgehen; nimm-nimm-nimm / nomm-nomm-nomm / namm-namm-namm (auf einen Ton, auf Tonleiterausschnitte, im Wechsel der Vokale); blu-blu-blu-blu-Blumenduft / blü-blü-blü-blü-Blütenmeer / di-di-di-di-Distelfink / so-so-so-so-Sonja / ebenso: Tanja, Dunja / Glissando-Sirene auf n = Streicheln der Stimmbänder und Überlistung des Bruchs in der Stimme (nach oben: Bauchdecke anziehen = stützen).
Übungsmaterial
|: *Memmingen* :| |: *Mümmelmann* :| |: *Semememil* :| |: *Tingeltangel* :|
mum-om-am-em-im-em-am-om-um; dabei Vorstellung von Seifenblasen beziehungsweise Kugelform, kein Band!

   Lied S. 24 u.: Oberstimme summen; Melodie auf nü = Kopfresonanz / auf na = Brustresonanz / Wespen im Glas (si-ü-i ...).

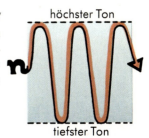
Glissando-Sirene

Vokalausgleich

Vokalsitz im vorderen oberen Mundraum bewußt machen durch Hecheln ohne Stimme auf u, o, a, e oder i: kalter Punkt am oberen harten Gaumen = Ort der Vokalbildung = Vokalsitz. Bequeme Mittellage als Ausgang, mit hellen Vokalen in die Tiefe (veni-veni- ... venite) mit dunklen Vokalen in die Höhe (tumu-tumu- ... tumulus).

Übungen

ferner: wie gut – wie gut ... so blau – so blau ... ja süß – ja süß ...

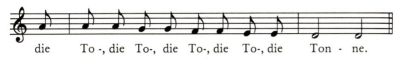

ferner: die Tale – die Sonne – die Wonne – Labello – du Babel – Koralle – Mathilde – Rotunde – Romana – Toledo – Titanik – Pomade usw.

Grundsätze und Ausspracheregeln	**Lagenausgleich (Stimmausweitung)**

nach oben:

Setzt die Übung fort und beginnt jeweils einen Halbtonschritt höher.

- Stets entspannt und locker singen.
- Immer weich von der Mittellage ausgehen.
- In der Höhe mit Kopfstimme singen, insbesondere im Stimmbruch.
- Texte vor dem Singen stets sprechen.
- Singe nie ein h zwischen zwei Vokalen (ge-en).
- König = Könich, aber Könige = -ge.
- S im Anlaut und zwischen Vokalen stets stimmhaft (See lesen).
- SS, ß und Schluß-s immer stimmlos.
- D am Wortende stets t (Geld = Gelt).
- Aufeinandertreffende t-d werden assimiliert: Mit der = mi-der; und du = un-du.
- R im Anlaut stets mit der Zunge bilden.

nach unten:

Nach unten und oben: S. 32 auf du-li.

Geläufigkeit

Grundsatz: locker – entspannt – leise

Stimmbruch

Trotz Stimmbruch vorsichtig weitersingen; höchstens drei bis vier Monate pausieren, wir haben nur einen geringen Tonumfang zur Verfügung: circa f bis c′.

Musiklehre

Metrum, Takt, Rhythmus

Metrum

Metrum ist aus der griechischen Sprache hergeleitet und heißt Maß. Wir messen im Leben vielerlei Dinge: Wir sprechen von Zeitmaß oder Längenmaß. Das Metrum in der Musik ist der gleichmäßig durchgehaltene Grundschlag oder Pulsschlag innerhalb eines bestimmten Zeitabschnitts, in dem der Abstand von einem Grundschlag zum nächsten zwar gleich ist, durch Betonungen aber unterschiedliche musikalische Schwerpunkte entstehen. Die Abbildung (rechts) zeigt Metrum und Schwerpunkt in dir geläufigen Taktarten.

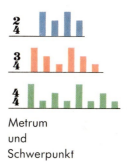

Metrum und Schwerpunkt

Der metrische Grundschlag kann rasch oder langsam pulsieren. Dadurch wird das Tempo bestimmt. In Chor oder Orchester bestimmt dies der Dirigent; in einer Band oder Rockgruppe wird der Grundschlag von einem der Spieler laut vorgezählt oder mit der Fußspitze vorgegeben. Lautstärke (Dynamik) und Tempo sowie deren Veränderungen werden in der Musik in der Regel mit italienischen Begriffen bezeichnet.

Bezeichnungen der Dynamik (Lautstärke)

ppp	pianissimo possibile	= so leise wie möglich	*mf*	mezzoforte	= mittellaut
pp	pianissimo	= sehr leise	*f*	forte	= laut
p	piano	= leise	*ff*	fortissimo	= sehr laut
mp	mezzopiano	= mittelleise	*fff*	fortissimo possibile	= so laut wie möglich
			sfz	sforzato, >	= Akzent

◁ crescendo (cresc.) = allmählich lauter werden
▷ decrescendo (decresc.) ⎫
▷ diminuendo (dim.) ⎬ = allmählich leiser werden

Bezeichnungen zur Tempoangabe

langsam:		mittleres Tempo:		rasches Tempo:	
Largo	= breit, ruhig	Andante	= gehend	Allegro	= munter, schnell
Larghetto	= etwas fließender als Largo	Andantino	= etwas schneller als Andante	Vivace	= lebhaft
Lento	= langsam	Moderato	= mäßig	Presto	= sehr schnell
Grave	= schwer, ernst	Allegretto	= etwas langsamer als Allegro	Prestissimo	= so schnell wie möglich
Adagio	= ruhig, andächtig				

Bezeichnungen zu Tempoveränderungen

accelerando	= beschleunigen	meno mosso	= ruhiger
stringendo	= schneller werden, eilen	a tempo	= im Anfangstempo
agitato	= unruhig, erregt	rallentando	= verlangsamen
rubato	= schwankend, frei	ritardando	= allmählich zurückhalten
mosso	= bewegt		
più mosso	= bewegter	ritenuto	= stauen, zurückhalten

Takt

Der Takt faßt Notenwerte zu einer immer wiederkehrenden Einheit zusammen. Er kann 2/4, 3/4, 4/4, 6/4, bisweilen auch 5/4 oder 7/8 zu einer Takteinheit zusammenfassen.

Voll- und Auftakt

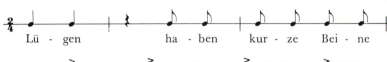
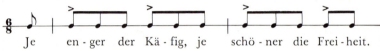

Das erste Beispiel beginnt mit der Zählzeit 1, es beginnt mit einem Volltakt. Das zweite Beispiel beginnt auf der Zählzeit 6, es beginnt mit einem Auftakt. Erfinde ähnliche Sprechbeispiele.

Fermate. Soll ein Ton länger ausgehalten werden als sein Notenwert angibt, so setzt man über ihn eine Fermate ⌢ (= Haltezeichen). Sie steht häufig am Ende eines Stücks, bei Kanonschlüssen auch innerhalb (vgl. S. 91).

Rhythmus

Rhythmus bedeutet „fließen". In der Musik versteht man darunter die Folge verschieden langer Tondauern mit unterschiedlichen Betonungen.

Hier folgt eine Übersicht mit Notenwerten und Pausenwerten:

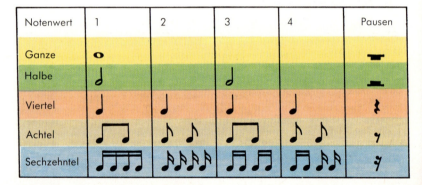

Punktierte Noten

Außer diesen Dauern, die zueinander im Verhältnis 1:2:4:8:16 stehen, gibt es Zwischenwerte durch Punktierung.

Punktierte Noten

Synkope

Durch eine Synkope wird eine sonst unbetonte Zählzeit betont und der Akzent verschoben. Dies geschieht häufig durch An- bzw. Überbinden von Noten gleicher Tonhöhe:

Im Lied »Little David« (S. 44) bewirken die Synkopen einen tänzerischen Charakter.

Triole

Kommen auf eine Zählzeit drei gleiche Notenwerte, so nennt man diese Figur Triole. Man zeigt diese Rhythmen mit Klammer oder Bindebogen und der Zahl 3 an.

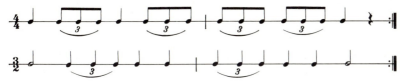

Aufgabe:
Schreibe den folgenden Rhythmus in dein Aufgabenheft, und gliedere ihn in einen
a) 3/4 Takt,
b) 4/4 Takt.

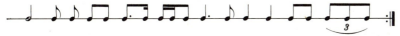

Peter Tschaikowsky komponierte die folgende Melodie mit einem abwechslungsreichen Rhythmus (Tondauern) im 5/4 Takt, der sich aus zwei verschiedenen metrischen Einteilungen zusammensetzt, nämlich 2 und 3.

(aus: **6. Sinfonie, 2. Satz**)

HB 8

Aufgabe:
Schreibe die Melodie in dein Heft; setze die Taktstriche; versuche, die Melodie rhythmisch zu klopfen, dann zu spielen oder zu summen; dirigiere einen 5/4 Takt, während andere die Melodie spielen oder umgekehrt.

Das Zusammenwirken von Metrum, Takt, Rhythmus und Tempo

Klarinettenkonzert 2. Satz, KV 622
Wolfgang Amadeus Mozart

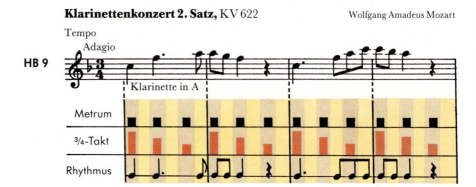

Die holde Kunst (Sprechmotette)

Text und Satz: Jürgen Klenk

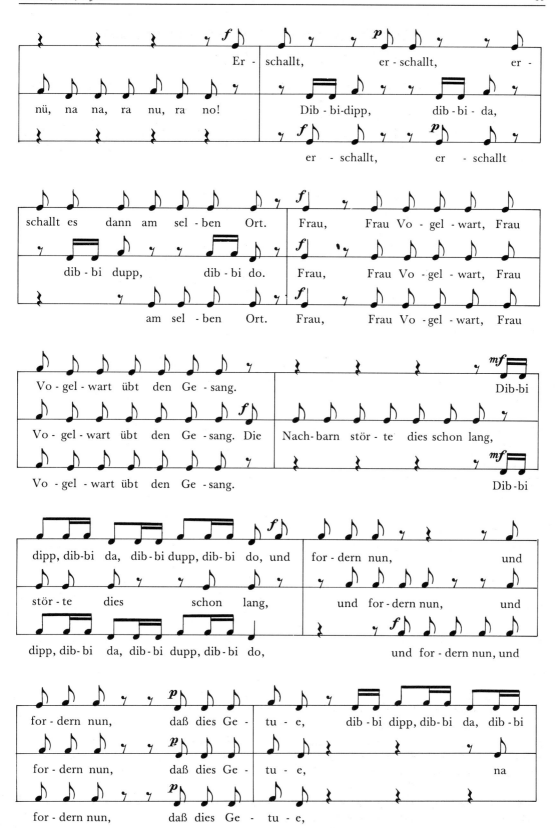

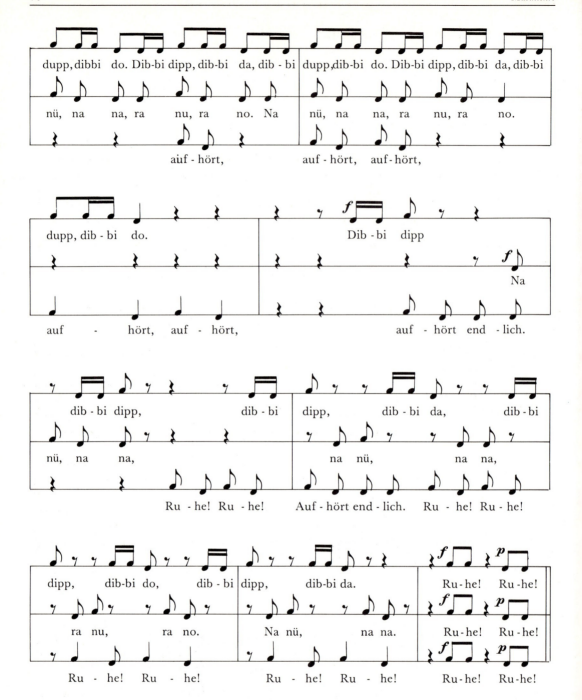

Dibbi dipp, dibbi da, dibbi dub, dibbi do.
So klingt es laut vom Fenster dort.
Na nü, na na, ra nu, ra no,
erschallt es dann am selben Ort.

Frau Vogelwart übt den Gesang.
Die Nachbarn störte dies schon lang
und fordern nun, daß dies Getue
aufhört endlich. Ruhe! Ruhe!

©: J. B. Metzler

Freie und gebundene Rhythmen

Eine besondere Form des Taktwechsels hat der sogenannte Zwiefache. Singe und musiziere den Zwiefachen S. 314 oder auch geeignete Lieder im UL-MUU.

Rhythmische Improvisationen mit Körper-Instrumenten

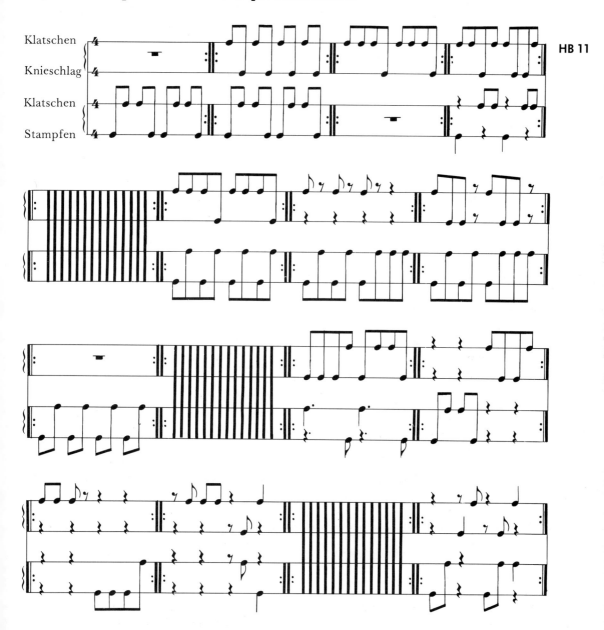

 ≙ 1 Takt mit freier rhythmischer Gestaltung (rhythm. Improvisation) jedoch bei gleichbleibendem Metrum im 4/4 Takt!

Pentatonik – Kirchentonarten – Chromatik – Zwölftonreihe

Ein kleiner Streifzug durch die Geschichte

Pentatonik

In vielen Ländern, sowohl in Europa als auch über die ganze Erde verbreitet, findet sich eine der ältesten Tonordnungen, die Pentatonik = Fünftonreihe; sie vermeidet Halbtonschritte; jeder Ton kann Grundton sein; pentatonische Lieder, dazu zählen viele Kinderlieder, haben einen schwebenden, offenen Charakter.

Stammtöne (weiße Tasten)

Abgeleitete Töne (schwarze Tasten)

Kirchentonarten

Wir begegnen in vielen weltlichen und kirchlichen Liedern des frühen Mittelalters sogenannten Kirchentonarten. Ihre Namen sind griechischer Herkunft. Die acht Kirchentonarten (Modi) unterscheiden sich von Dur- und Moll-Tonarten durch die andere Lage der Halbtonschritte; sie werden in der Regel ohne Vorzeichen notiert. Ihre Grundgestalt findet man leicht auf den weißen Tasten des Klaviers (Stammtöne). Es folgen die fünf häufigsten Modi, verbunden mit Merkliedern.

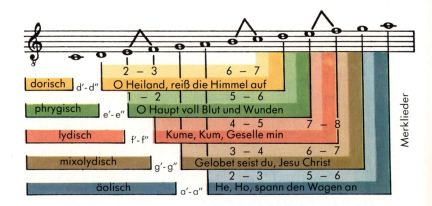

Zusätzliche Merklieder im Buch: *dorisch*, »Es geht ein dunkle Wolk« (s. S. 19); *äolisch*, »Es ist ein Schnitter« (s. S. 22).

Chromatik

Die chromatische Tonleiter kommt durch eine fortlaufende Folge von Halbtonschritten aufwärts oder abwärts zustande. Daher gibt es keinen Grundton mehr; jeder Ton kann Anfang oder Ende sein. Die Halbtonschritte der Töne ohne Versetzungszeichen (z.B. e–f; h–c in C-Dur) nennt man diatonische (∧ oder ∨), solche mit Versetzungszeichen chromatische Halbtonschritte.

(abwärts mit b-Vorzeichen)

<u>Aufgabe:</u>
Schreibe eine chromatische Tonleiter auf e' beginnend.

Das Wort »chromatisch« kommt aus dem Griechischen (chroma = Farbe) und bedeutet in der Musik Einfärbung der diatonischen Dur- oder Molltonleiter.

Chromatik kann eine düstere, gruselige Stimmung erzeugen. Ein Beispiel dafür ist die Wolfsschlucht-Atmosphäre in der Oper »Der Freischütz«, s. S. 225ff.

In Carl Orffs Oper »Die Kluge« tritt gleich zu Beginn ein jammernder Bauer auf, der die folgende Melodie singt:

HB 12

J. S. Bach reicherte seine Themen häufig mit Chromatik an. Hier das sogenannte »königliche Thema« aus dem »Musikalischen Opfer«:

HB 13

<u>Aufgaben:</u>
1. Singe oder spiele das Thema; spiele es auch rückwärts (Krebs).
2. Aus wieviel Tönen der chromatischen Tonleiter besteht dieses c-Moll-Thema?

Musik mit zwölf Tönen – Zwölftonmusik

Bei der Untersuchung des »königlichen Themas« von Bach haben wir festgestellt, daß durch die chromatische Anreicherung nahezu alle Töne der chromatischen Zwölftonleiter vorkamen. Im späten 19. Jahrhundert und zu Beginn des 20. wurde Musik mehr und mehr chromatisiert. Schließlich löste man sich vom Gesetz der Tonalität, bei dem jeder Ton sich auf einen Grundton bezog. Ein neues Ordnungsprinzip wurde gefunden. Der erste Komponist von Werken, denen diese neue Ordnung einer <u>Zwölftonreihe</u> (Atonalität) zugrunde lag, war Arnold Schönberg (1874–1951). Vgl. auch S. 284.

Er legte bei dieser Kompositionsweise seinen Werken jeweils eine andere neu erfundene Zwölftonreihe zugrunde, mit den zwölf verschiedenen Tönen der chromatischen Tonleiter. In einer solchen Reihe darf jeder der zwölf Töne nur einmal vorkommen, damit nicht durch Tonwiederholungen einzelne Töne bevorzugt oder als Zentrum wirken können. Ein Thema ist eine solche Reihe noch keineswegs; sie legt nur die Folge der Intervalle von einem Ton zum andern fest, sie ist das Rohmaterial. Die Reihenfolge der Töne dieser festgelegten Grundreihe darf nicht verändert werden.

Hier eine Reihe zu einem Klavierstück von Hanns Jelinek, das er »Invention« = Erfindung nannte.

Durch Rhythmisierung, Motivgliederung und Verlagerung in mehrere Oktaven ließ der Komponist aus dieser Reihe eine musikalische Gestalt entstehen:

Invention (Takt 1 bis 14)

Hanns Jelinek

HB 14

© Universal Edition Wien, 11898

<u>Aufgaben:</u>
1. Beschreibe den Eindruck, den dieses Stück auf dich macht.
2. Zeige auf, wie die Komposition nach motivisch-thematischen Gesichtspunkten gearbeitet ist.
3. Beschreibe eine andere, in der »Invention« nicht aufgetretene Form der Reihenanwendung im folgenden Beispiel:

Die Dur-Tonleiter

Eine Dur-Tonleiter besteht aus Ganz- und Halbtonschritten. Die Halbtonschritte liegen zwischen der 3. und 4. und der 7. und 8. Stufe. Die Töne der 1. (= 8.) Stufe heißen Tonika (Grundton), der 5. Stufe: Dominante (die »Beherrschende«), der 4. Stufe: Subdominante (Unterdominante).

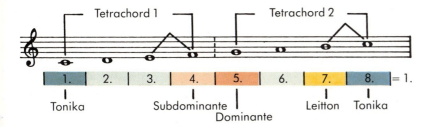

Jede Dur-Tonleiter ist auf dieselbe Art gebaut: gleiche Halbtonschrittstellen, gleiche Tetrachorde (= Hälften).

Wenn man jedoch von einem anderen Grundton als c′ ausgeht, benötigt man Vorzeichen (♯ und ♭), um die richtige Halbtonschritt-Verteilung zwischen 3. und 4. Stufe bzw. 7. und 8. Stufe zu erhalten. Eine Dur-Tonleiter besteht aus zwei gleichen Tetrachorden; daraus ergibt sich eine Gesetzmäßigkeit: Die Erweiterung nach unten oder oben um je ein Tetrachord ergibt eine neue Tonart mit je einem zusätzlichen Vorzeichen.

Tonleitern

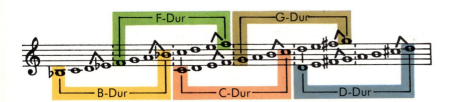

Die Moll-Tonleiter

Dur und Moll sind verschiedene Tongeschlechter, die sich durch eine andere Lage der Halbtonschritte unterscheiden.

Eine parallele Moll-Tonleiter beginnt eine kleine Terz (1½ Tonschritte) tiefer als ihre parallele Dur-Tonleiter; sie benutzt die gleichen Töne und besitzt auch dieselben Vorzeichen.

Moll natürlich = äolisch

a-Moll natürlich

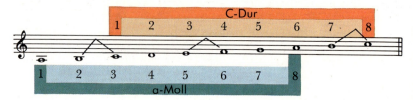

Aufgabe:
Schreibe die parallele natürliche Moll-Tonleiter zu F-Dur und G-Dur

Moll harmonisch

a-Moll harmonisch

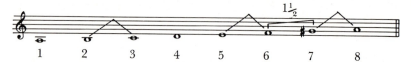

Die harmonische Moll-Tonleiter ist durch drei Halbtonschritte gekennzeichnet. Sie hat im Gegensatz zur natürlichen Moll-Tonleiter einen Leitton (erhöhte 7. Stufe).

Moll melodisch

a-Moll melodisch

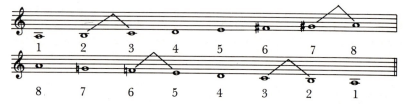

Bei der melodischen Moll-Tonleiter ist der schwer zu singende Sprung, den die harmonische Moll-Tonleiter von der 6. zur 7. Stufe aufweist, beseitigt: auch die 6. Stufe wurde erhöht.
Abwärts werden beide Erhöhungen wieder aufgelöst.

Die Modulation

Eine Liedmelodie ist gewöhnlich auf eine Tonart begrenzt. Es gibt jedoch Melodien, die vorübergehend ihre Grundtonart verlassen und in eine benachbarte Tonart wechseln oder modulieren. Dies nennt man Modulation.

Die Modulation

Wir singen (spielen) die folgende Melodie (wie auch alle weiteren) auf eine Klangsilbe (no, du) und achten auf den Tonartenwechsel.

Modulation

Die folgende, in vier Teile zerschnittene Melodie moduliert ebenfalls quintaufwärts und wieder zurück.

Aufgaben:
1. Versuche durch Singen (Spielen), die vier Teile in einen sinnvollen Ablauf zu bringen.
2. Stelle die Modulationsstellen fest.

Der Baßschlüssel

Damit auch tiefe Töne ohne viel Hilfslinien notiert werden können, verwendet man einen anderen Notenschlüssel: den F- oder Baßschlüssel. Er liegt auf der 4. Linie und bestimmt den Ton f.

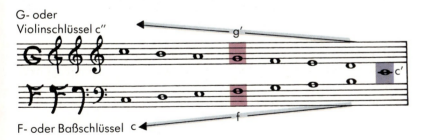

5. Sinfonie, 3. Satz   Ludwig van Beethoven

HB 15

Aufgaben:
1. Übertrage das Beispiel in dein Notenheft und schreibe unter die Noten ihre Namen.
2. Spiele oder singe das Beispiel.
3. Höre es dir in der Orchesterfassung an.

Der Quintenzirkel

Jeder Ton der chromatischen Tonleiter mit 12 Tönen kann Grundton einer Dur- oder Moll-Tonleiter sein: folglich gibt es insgesamt 24 verschiedene Tonarten (ohne Kirchentonarten und ohne verschiedene Arten von Moll).

Hier folgt eine Übersicht, einmal in Form einer Tabelle, das zweite Mal in Kreis- oder Zirkelform als sogenannter »Quintenzirkel«.

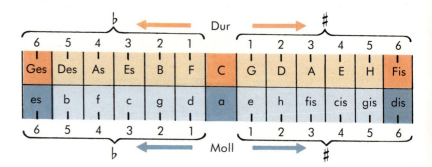

Erläuterungen zum Quintenzirkel

Benachbarte Tonarten stehen im Abstand einer Quinte zueinander. Von C an aufsteigend reihen sich die Kreuztonarten aneinander. Der Leitton (7. Stufe) der neuen Tonart wird stets durch ein ♯ erhöht: bei G-Dur fis, bei D-Dur (fis) und cis usw. Von C an in Quinten absteigend beginnt die Reihe der B-Tonarten. Bei der neuermittelten B-Tonart ist jeweils die 4. Stufe (Gleitton) durch ein ♭ erniedrigt: bei F-Dur b, bei B-Dur (b) und es usw.

<u>Parallele Tonarten:</u> sind in den Skizzen blau gekennzeichnet. Es sind die Dur- und Moll-Tonarten mit denselben Vorzeichen: z. B. G-Dur und e-Moll. Ihre beiden Grundtöne sind, wie erwähnt, eine kleine Terz (1½ Tonschritte) voneinander entfernt.

<u>Gleichnamige Tonarten</u> sind solche mit gleichem Grundton: z. B. E-Dur (4♯) und e-Moll (1♯).

Merksprüche

> Für die Folge der <u>Kreuz-</u> und <u>B-Tonarten</u> im Quintenzirkel
>
> ♯ : <u>G</u>eh <u>D</u>u <u>A</u>lter <u>E</u>sel <u>H</u>ole <u>F</u>ische
>
> ♭ : <u>C</u>ato <u>F</u>and <u>B</u>eim <u>E</u>ssen <u>A</u>stern <u>D</u>es <u>G</u>esandten <u>C</u>(a)esar

Aufgaben:
1. Schreibe die B-Dur-Tonleiter und ihre parallele Moll-Tonleiter in dein Notenheft. Kennzeichne die Halbtonschritte mit spitzer Klammer.
2. Schreibe vom Lied »Horch, was kommt von draußen rein«, S. 12 die ersten vier Takte im gleichnamigen Moll.
3. Singe das Lied »Jenseits des Tales«, S. 18, im gleichnamigen Moll.

Der Quintenzirkel

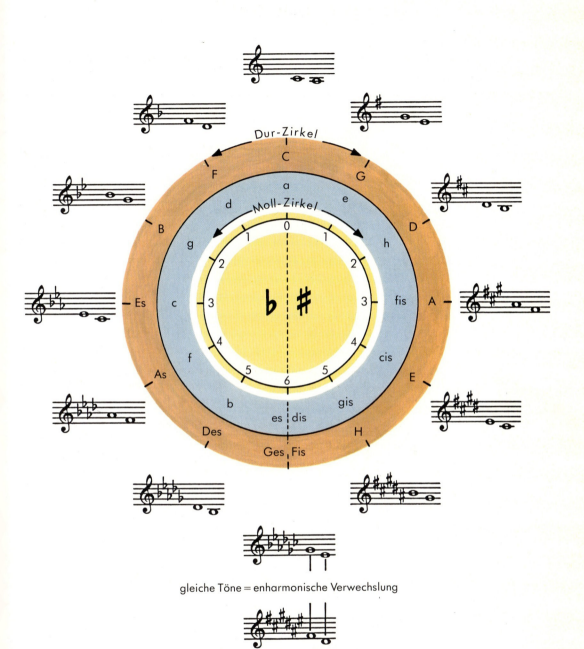

gleiche Töne = enharmonische Verwechslung

Die Intervalle

Intervalle nennt man zwei aufeinanderfolgende oder zwei gleichzeitig erklingende Töne; sie können von unterschiedlicher Spannung zueinander sein.

Hier findest Du eine zusammenfassende Übersicht.

Übermäßige und verminderte Intervalle entstehen durch Erhöhung bzw. Erniedrigung eines Intervalltones:

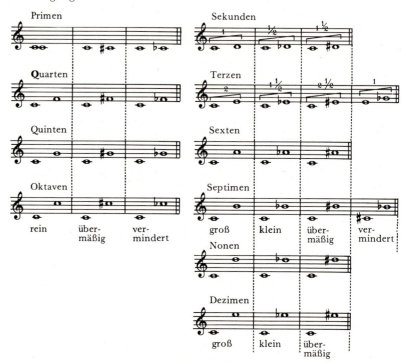

Intervalle kann man leichter vom Gehör her erkennen und singend treffen, wenn man sich entsprechende Liedanfänge dazu einprägt.

Intervall	nach oben ↗	nach unten ↘
kleine Sekunde	–	Ja, mein Schatz ist wunderschön
große Sekunde	We shall overcome	Yesterday
kleine Terz	Es ist ein Schnitter	Kuckucksruf/Little David
große Terz	Oh when the saints	Swing low sweet chariot
reine Quarte	Prinz Eugen	Fährt ein Schifflein langsam
reine Quinte	Es geht ein dunkle Wolk	On a wagon bound for market
kleine Sexte	When Israel was in Egypt's land	–
große Sexte	Es waren zwei Königskinder	Nobody knows
kleine Septime	Kalinka (...zum Schlafen sacht)	–

Die Intervalle

konsonante Intervalle

Prime – Oktave – Quinte – Quarte (rein)
kleine und große Terz – Sexte – Dezime

dissonante Intervalle

Sekunde – Septime – None
verminderte und übermäßige Intervalle

Ruhe und Entspannung **Reibung und Schärfe**

Der Zusammenklang von Intervallen ist von unterschiedlicher Wirkung. Hier der Beginn zweier Stücke mit unterschiedlicher Dissonanz:

The Rhinoceros (Das Nashorn) Cyrill Scott

HB 16

© B. Schott's Söhne, Mainz

Clashing Sounds Béla Bartók

HB 17

© Boosey & Hawkes, Bonn

Aufgaben:
1. Welche Intervalle klingen im ersten Stück dissonant? Entspricht die beabsichtigte Wirkung der Überschrift, die der Komponist dem Stück gab?
2. Welche dissonanten Intervalle herrschen im zweiten Stück durch Überlagerung vor? Übersetze die Überschrift ins Deutsche.

Um Intervalle schnell notieren zu können, bezeichnet man sie mit arabischen Zahlen:

1 = Prime		6 = Sexte	
2 = Sekunde		7 = Septime	
3 = Terz		8 = Oktave	
4 = Quarte		9 = None	
5 = Quinte		10 = Dezime	

Hier die Abkürzungen zur Feinbestimmung der Intervalle:

k = klein   v = vermindert
g = groß   ü = übermäßig
r = rein

Aufgabe:
Musiziere und bestimme die folgenden Intervalle mit den oben gegebenen Bezeichnungen.

Zusammenklänge – Dreiklangsakkorde

Klänge mit mehr als zwei Tönen bezeichnet man als Akkorde. Hier zur Erinnerung nochmals die vier Arten des Dreiklangs:

Dur — r. Quinte / g. Terz   Moll — r. Quinte / k. Terz   vermindert — v. Quinte / k. Terz   übermäßig — ü. Quinte / g. Terz

𝅝 : c' = Grundton; Abkürzungen siehe Seite 81.

Die leitereigenen Dreiklänge über den Stufen einer Dur-Tonleiter:

C-Dur

HB 18

Stufen	I	II	III	IV	V	VI	VII	VIII (I)
Funktion	T	Sp	Dp	S	D	Tp	⌀⁷	T

Römische Zahlen bezeichnen stets leitereigene Dreiklänge über den betreffenden Stufen.

Auf den Stufen 1, 4 und 5 einer Dur-Tonleiter liegen Dur-Dreiklänge; man nennt sie auch <u>Hauptdreiklänge</u>. Ihre Abfolge I – IV – V – I nennt man <u>einfache Kadenz.</u>

Jeder Hauptdreiklang hat seine eigene Funktion:
I = Der Tonikadreiklang (T) ist Ruheklang mit entspannender Wirkung.
IV = Der Subdominantdreiklang (S) bewirkt mäßige Spannung durch den Gleitton (in C-Dur: f).
V = Der Dominantdreiklang (D) bewirkt größere Spannung durch den Leitton (in C-Dur: h).

Auf den Stufen 2, 5 und 6 liegen Moll-Dreiklänge, auf der 7. Stufe ein verminderter Dreiklang. Man nennt diese Dreiklänge auch <u>Nebendreiklänge</u> oder <u>Paralleldreiklänge,</u> da sie mit den Hauptdreiklängen terzverwandt sind und an ihre Stelle treten können.

II = Subdominant-Parallele (Sp)
III = Dominant-Parallele (Dp)
VI = Tonika-Parallele (Tp)
VII = Dominantseptakkord ohne Grundton (verkürzt) (⌀⁷).

Die leitereigenen Dreiklänge über den Stufen einer Moll-Tonleiter. Kleinbuchstaben bedeuten stets Moll-Dreiklänge:

Dur-Dreiklang
Moll-Dreiklang
verminderter Dreiklang
übermäßiger Dreiklang

a-Moll harmonisch

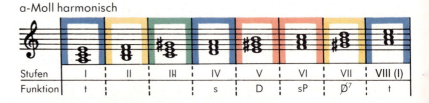

Stufen	I	II	III	IV	V	VI	VII	VIII (I)
Funktion	t			s	D	sP	⌀⁷	t

Die Umkehrungen des Dreiklangs

Der Dreiklang kann in drei Stellungen auftreten:

Die Umkehrungen des Dreiklangs

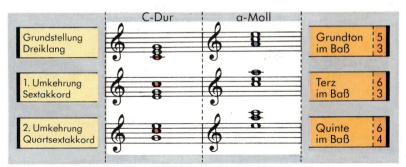

HB 19

Merkregel:

> Der oberste Ton eines Dreiklangs bestimmt seine Lage,
> der unterste Ton eines Dreiklangs bestimmt seine Stellung.
> Quintlage: höchster Ton = Quintton des Dreiklangs (5)
> Terzlage: höchster Ton = Terzton des Dreiklangs (3)
> Oktavlage: höchster Ton = Grundton des Dreiklangs (8)

Beispiele mit Bezeichnungsformen für Dreiklänge (bei Grundstellungen entfällt die Bezifferung, beim Sextakkord $\binom{6}{3}$ schreibt man üblicherweise nur ^{6}):

Die einfache Dur-Kadenz

Die Folge der Hauptdreiklänge I – IV – V – I einer Dur-Tonart nennt man einfache Kadenz.
 Dabei müssen im vierstimmigen Satz gewisse Regeln der Verbindung beziehungsweise Fortschreitung der Akkorde untereinander beachtet werden:
1. Es muß stets der kürzeste Weg von Akkord zu Akkord genommen werden.
2. Gemeinsame Töne bleiben in der gleichen Stimme liegen.
3. Oberstimmen müssen in Gegenbewegung zum Baß geführt werden.
4. Es dürfen keine Oktav- oder Quintparallelen entstehen.

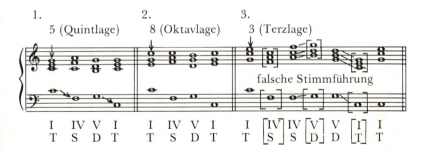

Der zweimalige Quintfall im Kadenzbaß hat (vom lat. »cadere« = fallen) der Akkordfolge den Namen »Kadenz« gegeben.

Aufgaben:
1. Welche Fehler bzw. Verstöße gegen die Regeln liegen im Beispiel 3. vor?
2. Schreibe Kadenzen nach dem Beispiel 1. und 2. in D-Dur, B-Dur und A-Dur.

Die einfache Moll-Kadenz

Alles für die Dur-Kadenz Gesagte gilt ebenso für die Moll-Kadenz.

Der Dominantseptakkord

Fügt man dem Dominantdreiklang einer Dur- oder Moll-Tonart noch eine leitereigene Septime hinzu, so verstärkt man dessen Spannung, da der Gleitton zum Leitton hinzutritt. Seine Abkürzungsschreibweise lautet V^7. Er kann wie die Dreiklänge auch Umkehrungen bilden. Bei deren Benennung wird der Grundton (rot) stets zu den darunterliegenden Tönen in Beziehung gebracht:

HB 21

Der V^7 und seine Umkehrungen sind Spannungsakkorde, die nach Auflösung streben.

Auflösungsregel:
| Die Septime muß stets schrittweise abwärts aufgelöst werden. |

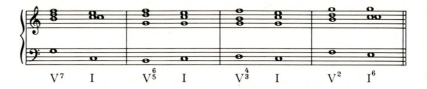

Begleitung einer Melodie

Es waren zwei Kö-nigs - kinder, die hatten einan -der so lieb,

Mit Hauptdreiklängen:

HB 22

Mit Haupt- und Nebendreiklängen:

Aufgaben:
1. *Singe und spiele die beiden Fassungen; verstärke die Baßstimme in jedem Fall durch ein Instrument.*
2. *Versuche, die Verschiedenartigkeit der beiden Fassungen mit Worten zu beschreiben.*

Musikalische Formen (Wiederholung)

Einfachste und kürzeste Musikformen treffen wir in Liedern an, deren Melodien sich durch Wiederholung, Veränderung und Gegensätzlichkeit gliedern.

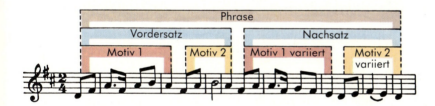

Vorder- und Nachsatz bilden die einteilige Liedform

Einteilige Liedform:	S. 172	A		
Zweiteilige Liedform:	S. 172	A	A'(B)	
Dreiteilige Liedform:	S. 173	A	A'(B)	A(B o. C)

Einteilige Liedform

In der Instrumentalmusik führen solche Motivreihungen zu einem Thema: Es ist ein in sich geschlossener musikalischer Gedanke, ähnlich der einteiligen Liedform (vgl. S. 172).

Violinkonzert op. 61, 3. Satz, Rondo   Ludwig van Beethoven

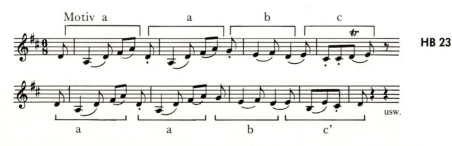

HB 23

Die Variation

Die Variation eines Themas beruht auf alter Improvisationskunst und Kompositionstechnik. Es können Rhythmus, Takt, Melodie, Harmonie oder Tonart und Tongeschlecht verändert werden.

Vier Arten sind weit verbreitet:

<u>Figuralvariation:</u> Auflösung des Themas in Figuren und Verzierungen (Ornamente).

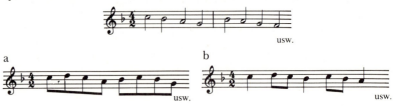

<u>Cantus-firmus-Variation</u> (auch Choralvariation): das unveränderte Thema (= cantus firmus) wird mit immer neu veränderten Begleitstimmen umgeben.

<u>Polyphone Variation</u> (siehe unten): ein ursprünglich homophones Thema wird durch Imitation, Umkehrung oder fugenartige Setzweise der Stimmen in ein polyphones Stimmgeflecht eingewoben.

<u>Charaktervariation:</u> Ausdruck und Stimmung des Themas werden stark verändert.

Das Rondo

Das Rondo hat seinen Ursprung in Kehrreimliedern oder Rundtänzen.

Lieder mit Kehrreim: Little David, S. 44; Nobody knows, S. 33.

Deshalb sind Rondo-Themen wie z. B. das Beethoven-Thema (siehe S. 85) meist tänzerisch, kurz und einprägsam.

Mögliche Formen: A B A C A D A ... = <u>Kettenrondo</u>

            A B A C A B A   = <u>Bogenrondo</u>,
                                   oder
(Näheres s. S. 179)   <u>symmetrisches Rondo</u>

Homophone und Polyphone Setzweise

Homophone und polyphone Setzweise. Bei der Mehrstimmigkeit unterscheiden wir zwei Arten:

Die <u>homophone Setzweise</u> fügt zur Melodie eine oder mehrere harmonisch und rhythmisch abhängige Nebenstimmen:

Lied (S. 15)

Die <u>polyphone Setzweise</u> führt die einzelnen Stimmen melodisch und rhythmisch eigenständig; es herrscht horizontale Stimmführung vor; ein wesentlicher Grundzug ist die Stimmenimitation (Nachahmung).

Lied (S. 15)

Kadenzspiel

Ihr kennt nun die Akkordfolgen I–V, I–IV–V–I, die sogenannte Grundkadenz. Diese liegt einer großen Zahl unserer Lieder, vielen Tanzsätzen, Flötenstücken u.a. zugrunde. Wenn wir in der Lage sind, diese Grundfunktionen in einigen Tonarten auch auf unserem Instrumentarium zu spielen, dann können wir einen Großteil unseres Musizierguts mehrstimmig begleiten, bzw. improvisatorisch ausgestalten. Einige Spielregeln müssen wir jedoch zuvor erarbeiten. (Dabei sollen die Instrumente oft ausgetauscht werden.)

1. Klangmuster (Grundfunktion I–V)   HB 24

Beispiele für 2–4 Spieler:

Diese Akkordfolgen wollen wir mit einigen der gebräuchlichsten Schlagarten rhythmisch und melodisch auflösen, d.h. in Spielfiguren aufspalten. Die Auswahl und die Gestaltung der Spielfiguren hängt davon ab, welchen Charakter die einzelnen Stücke haben und in welcher Taktart sie gesetzt sind. Nicht zuletzt gehört es zu den ersten Aufgaben der Improvisation, verschiedene Begleitsätze zu erfinden und dann die geeignetsten Beispiele genauer zu erarbeiten. Hier einige Schlagarten:

Dreiklangsauflösung durch Wechselschlag   HB 25

(rhythmische Aufspaltung des Dreiklangs)

Doppelschlag

Nachschlag

Synkopischer Doppelschlag

Kreuzschlag

Die Grundfunktionen könnt ihr nun mit diesen Spielfiguren ausgestalten:

HB 26 **2. Klangmuster** (Grundfunktionen I–IV–V^7–I)

Kadenzfolgen für Stabspiele und andere Instrumente

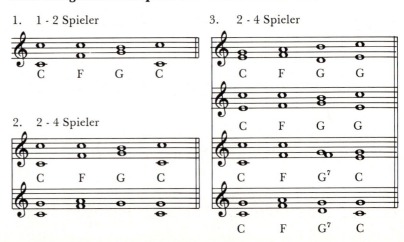

Kadenzspiel

Aufgabe:
Übertragt die angeführten Klangmuster nun auch in andere Tonarten. Wegen des begrenzten Tonumfangs einzelner Instrumente müßt ihr bestimmte Spielfiguren jedoch umgestalten, d.h. ihr verwendet andere Dreiklangslagen der betreffenden Grundfunktionen.

Zwei Beispiele in C-Dur und G-Dur:

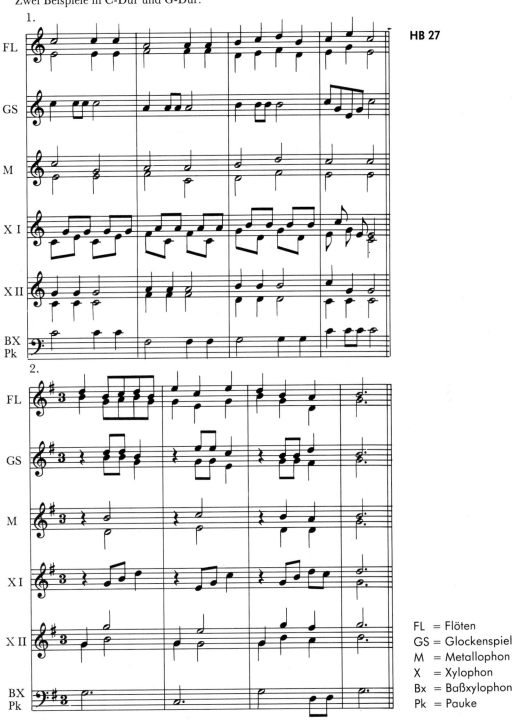

FL = Flöten
GS = Glockenspiel
M = Metallophon
X = Xylophon
Bx = Baßxylophon
Pk = Pauke

Aufgaben:
Die folgenden Spielaufgaben zeichnen euch einen Weg vor, wie ihr, ausgehend von einfachen Akkordfolgen, bald längere Musiziersätze für allerlei Instrumente erfinden könnt.
1. Wir legen eine Kadenzfolge zunächst mit den Grundfunktionen I–V fest. Wir verwenden dazu eine Taktleiste, auf der die metrischen Werte (Grundschlag) wiedergegeben sind. Die Gliederung der Taktleiste veranschaulicht zugleich die Form des Satzes.

Beispiel:

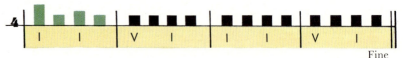

Fine

Da capo al Fine

2. Wir singen die Funktionsstufen auf Klangsilben oder mit den Tonsilben Do und So; das Metrum wird von allen leise dazu geklatscht.
3. Aufteilung der Spielaufgaben in verschiedene Gruppen.
   Gruppe I   überträgt den Grundschlag auf kleines Schlagwerk.
   Gruppe II singt die Funktionsstufen.
4. Gruppe I   erfindet zum Grundschlag eigene rhythmische Motive.
   Gruppe II überträgt die Funktionsstufen auch auf Pauken/Kontrabaß, Cello/Baßxylophon u. a.
5. Rollentausch und:
   Gruppe I   überträgt die Dreiklänge der Grundfunktionen auf Xylophone/Metallophone/Glockenspiele u. a.
   Gruppe II übernimmt Metrum und Rhythmus und achtet zugleich auf klangliche Ausgewogenheit zwischen Harmoniesatz und rhythmischer Begleitung.
6. Gruppe I   Auflösung der Dreiklänge in Spielfiguren (wie oben beschrieben).
   Gruppe II Funktionstöne gegebenenfalls rhythmisch differenzierter, z. B.:

Pauke: 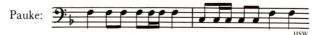 usw.

Gruppe III Rhythmische Begleitung durch Schlagwerk.
7. Die Endfassung kann dann folgende Gruppenaufteilung ergeben:
   Gruppe I   Melodiegruppe mit Blockflöten, Violinen, Glockenspiel/Gesang.
   Gruppe II Harmoniegruppe mit Alt-, Tenorxylophon/Alt-, Tenormetallophon. Auflösung der Grundfunktionen in Spielfiguren, die dem Charakter des Satzes, dem Charakter des Instrumentes, dem Tempo und der Lautstärke angepaßt sind.
   Gruppe III Funktionstöne; Cello, Kontrabaß, Pauken, Baßxylophon geben den Harmoniewechsel deutlich an.
   Gruppe IV »Schlagwerkgruppe« Handtrommel/Tambourin/Bongos/Latin percussion u. a. wird behutsam eingesetzt.
   Gruppe V   Hier können auch Gitarren/Klavier und andere Akkord-Instrumente hinzutreten.

Kadenzspiel

Hier ein Beispiel mit der Kadenzfolge der ersten Spielanleitung:

D. C. al Fine

Kadenzspiel

Aufgabe:
Erfindet nun zu den beiden folgenden Tanzmelodien eigene Begleitsätze. Um die Melodien kennenzulernen, spielen die Melodieinstrumente die einzelnen Stücke mehrmals der gesamten Gruppe vor. Allen Beispielen liegen die Grundfunktionen zugrunde, die ihr zuallererst erkennen und in eine Taktleiste eintragen sollt. Die Akkordfolge sodann singend erarbeiten, so daß ihr möglichst auswendig zur gespielten Melodie die Funktionstöne angeben könnt.

Den Begleitsatz könnt ihr schließlich mit den angegebenen Übungsfolgen (s. o.) zusammen erarbeiten.

Liedbegleitung

Unsere Kadenzübungen und Kadenzspiele wollen wir nun auch zur Begleitung von Lied- und Tanzsätzen, von Instrumentalstücken, Kanons, Quodlibets u. a. einsetzen. Wir wollen dabei wieder Spielregeln beachten, die euch an einigen Liedern veranschaulicht werden sollen.

Aufgaben:
1. *Zunächst müssen wir das Lied singend erarbeiten, und stellen dabei die Akkordfolge, den Harmoniesatz, fest.*

Beispiel: »Rock my soul in the bosom of Abraham« (S. 35)
Kadenzfolge I–V ergibt somit folgende Kadenzleiste:

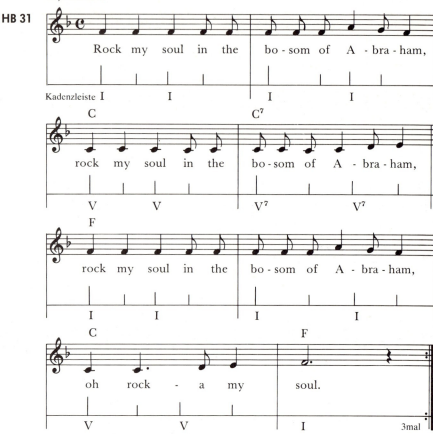

Damit könnten wir den Kanon in einfachster Form bereits begleiten. Seinen rhythmischen Charakter könnt ihr aber noch besser treffen, wenn ihr z. B. den synkopischen Doppelschlag als Form der Begleitung wählt:

X = Xylophon
Bo = Bongos
Kl = Klatschen

2. Nun übernehmen Xylophone, Metallophone, gegebenenfalls auch Glockenspiele das harmonische Geschehen, wie wir dies bereits bei unseren Kadenzübungen erarbeitet haben. Zur Vereinfachung beginnen wir mit einer zweistimmigen Akkordfolge.

Beispiel: »Hamborger Veermaster«

2. Dat Deck weer von Isen, full Schiet* un full Schmeer ...
   Dat weer de Schietgäng ehr schönstes Pläseer ...
3. Dat Soltfleesch weer grön un de Speck weer full Maden ...
   Köhm** gev dat bloß an Wiehnachtsobend ...
4. Un wulln wie mol seiln, ick segg dat jo nur, ...
   denn löp he dree vörut un veer all retur ...

* Dreck ** Kümmel

Worte: engl. Seemannslied vermischt mit Hamburger Platt. Weise: aus einem Negro-Shanty entstanden

3. Die Stabspielgruppen erfinden nun neue Spielvarianten, wobei die Metallophone besser in längeren, die Xylophone auch in bewegteren Notenwerten begleiten können.

Hier einige Figurenvarianten zum Lied: »Hamborger Veermaster«:

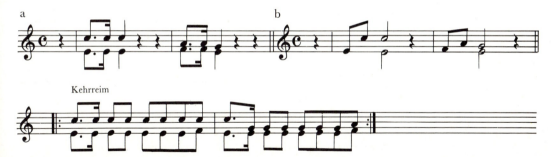

4. *Je nach dem Charakter des ausgewählten Liedsatzes (vgl. S. 56 »Casatschok«), können nun auch kleines Schlagwerk (Handtrommeln, Schellentrommeln, Schellenreifen, Claves, Triangel, Bongos, Congas u.a.) eingesetzt werden. Wo es an geeignetem Schlagwerk fehlt, werden Körperinstrumente (Klatschen, Patschen, Stampfen) zum eigentlichen Begleitinstrumentarium bestimmt:*

»Casatschok«

Tanzvorschlag:

Aufstellung:	Im Frontkreis oder beliebig.
Vorspiel:	Am Platz 2×.
Strophe 1:	T-Position (Arme seitwärts gestreckt, Hände auf Schultern des Nachbarn: Sprung auf links (rechtes Bein vorgestreckt) Sprung auf rechts (linkes Bein vorgestreckt) Sprung auf links (rechtes Bein vorgestreckt) Wiederholung gegengleich.
Strophe 2:	linkes Standbein gebeugt, gestrecktes Spielbein diagonal auf Ferse aufsetzend vorgestreckt, dann dasselbe gegengleich. (Diese Figur wird je nach Kondition mehrmals wiederholt.)
Strophe 3:	siehe 1. Strophe.
Kehrreim:	1. Teil: Mit dem Nachbarn rechts einhaken und mit Laufschritten im Kreis herum. 2. Teil: Mit »Klatschwechsel« links einhaken und gegengleich.

Begleitstimmen:

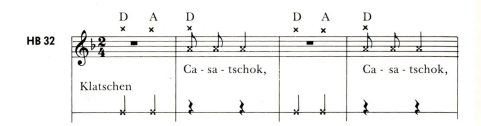

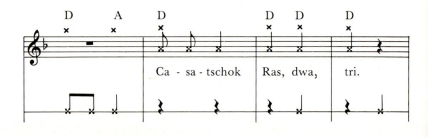

HTR = Handtrommel
BO = Bongos
HB = Holzblock
Pk = Pauke
SR = Schellenring
KL = Klatschen
Pa = Patschen
St = Stampfen

Liedbegleitung

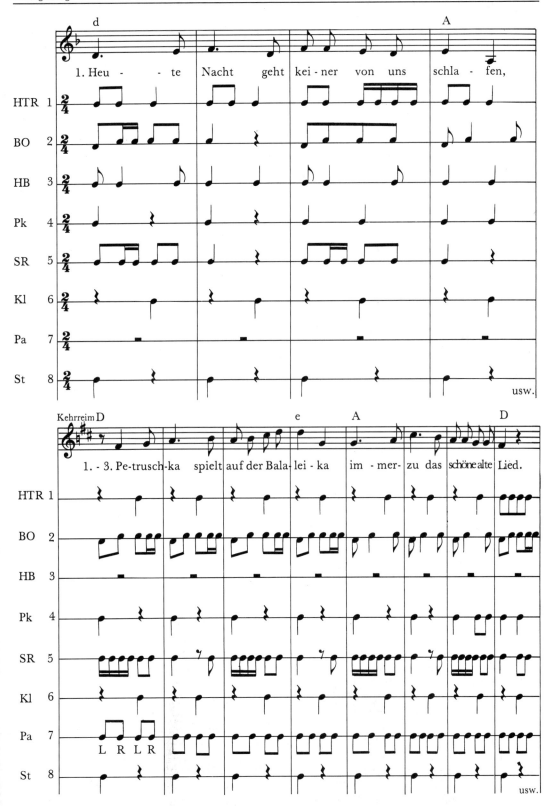

5. Zum Gesamtinstrumentarium können weitere Instrumente mit eingebaut werden, z. B. Cello, Kontrabaß, Klavier, Gitarre.

Weitere Klangmuster zur Liedbegleitung

Pendelklang

Hier pendelt unsere harmonische Begleitung zwischen zwei ausgewählten Akkorden hin und her. Der Charakter des Klangbildes hängt natürlich wesentlich von der Akkordwahl ab. Wir können zwischen Dur und Moll, zwischen Dur und Dur auf verschiedenen Stufen, zwischen Dur und Dur in verschiedenen Lagen, zwischen Drei- und Vierklang u. a. hin und her pendeln. Ihr könnt das Klangpendel ruhig in langen Notenwerten oder rhythmisch sehr bewegt schwingen lassen. All dies ist zu bedenken, wenn wir Melodien selbst gestalten oder einen Liedsatz begleiten wollen.

Bei melodischen Erfindungsübungen beginnen wir damit, daß wir uns den Tonvorrat der betreffenden Akkorde zurechtlegen und zunächst nur diese Tonräume anspielen. Bei einiger Erfahrung sind wir dann auch in der Lage, die benachbarten Tonräume melodisch aufzusuchen.

Um erste Spielerfahrungen sammeln zu können, ist es gut, wenn wir in zwei Gruppen musizieren. Jeder Gruppe ist ein Akkord und der betreffende Tonvorrat zugeordnet. Der Harmoniewechsel wird in ein klares Metrum (Handtrommel ...) eingebunden; es entsteht schließlich ein einfaches Wechselspiel. Dieses kann nun nach verschiedenen Richtungen ausgebaut, beziehungsweise erweitert werden.

1. Erweiterung: Wechsel zwischen 3 bis 4 Akkorden
2. Erweiterung: Die »Akkordgruppen« werden gegensätzlich besetzt (Gruppe I Xylophone und Flöten, Gruppe II Metallophone und Glockenspiel)
3. Erweiterung: Der Akkordwechsel in ungleichen Pendelschlägen (unterschiedliche Dauern der Pendelklänge)

Erfindet weitere Spielregeln!

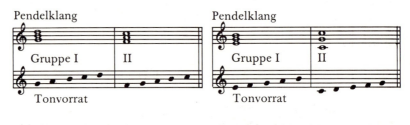

Aufgabe:
Das folgende Liedbeispiel könnt ihr in gleicher Weise verändern, beziehungsweise mit eigenen Begleitstimmen bereichern, wie sie sich aus den beiden Tonräumen entwickeln lassen.

Liedbegleitung

Beispiel: »Lachend, lachend« (S. 13) Melodie: Cesar Bresgen
Satz: Jürgen Klenk

© Voggenreiter Verlag, Bad Godesberg

Mixtursatz

Im folgenden Beispiel werden Mixtursatz und Bordunbegleitung verbunden.

Aufgabe:
Gestaltet eigene Sätze, die metrisch gebunden sind, oder sich auch – z. B. mit Metallophon/ Vibraphon – frei schwebend zu lang nachklingenden Stützklängen (Liegetönen, Bordunquinten ...) entwickeln.

Aktuelle Musik

Rockmusik

Zitate und Stellungnahmen

»Die Wirkung des Rock'n'Roll auf junge Leute ist, sie zu Teufelsanbetern zu wandeln...« (Reverend A. Carter, 1956, nach: Kaiser I, S. 36)*

»Was ist Beat? Für die allzeit ehrlich Entrüsteten ist er, was ihnen ihr Groschenblatt täglich bestätigt: Unartikuliertes Gekreisch, von Verstärkeranlagen zu ohrenbetäubendem Lärm gesteigert, eine unintelligente Hervorbringung schlecht gewaschener und langhaariger Jünglinge, die eben mit Mühe gelernt haben, ein paar Akkorde auf der Gitarre zu greifen, und denen hysterische Teenager ebenso unartikuliert zujubeln...« (Kaiser I, S. 52)

»Beat ist gesetzlich erlaubte Vergewaltigung unschuldiger Instrumente...« (Nach: Baacke, S. 59)

»So wie er mir gefällt, ist der Pop Privateigentum der Teens, und er spiegelt alles, was die Teens in dieser Zeit erleben, in diesem amerikanischen 20. Jahrhundert. Er handelt von Kleidung und Autos und Tänzen, er handelt von den Eltern und Highschool, von den Ketten und wie man sie zerreißt, er hat mit Sex zu tun und damit, wie man reich wird, er handelt von Amerika, von den Großstädten und dem Lärm...« (Cohn, S. 119)

»Es gibt keine andere Musik, die die Gefühle der Jungen heutzutage besser widerspiegelt.« (Pete Townshend von The Who, nach: Hoffmann, S. 36)

»Musik ist bei uns Transportmittel für die Texte, mit denen wir agitieren wollen... (Floh de Cologne, nach: Hoffmann, S. 211)

»Sie sind nichts als Geldhuren, diese elenden Superhelden der Popmusik.« (Bill Graham, Pop-Manager, nach: Musik und Bildung, 1972, Heft 4, S. 165)

»Ich weiß nicht, was ich will, aber ich weiß, wie ich's kriegen kann. Ich möchte kaputtmachen... was heißt Musik? Chaos wollen wir machen.« (Johnny Rotten, Sex Pistols, nach: Lindner, S. 86)

Aufgaben:
1. *Diskutiert den Begriff »aktuell« vor dem Hintergrund unserer schnellebigen Zeit.*
2. *Unter welchem Widerspruch leidet notgedrungen der Versuch, »aktuelle« Musik in einem Buch darzustellen, das für mehrere Jahre Gültigkeit behalten soll?*
3. *Stellt die gegensätzlichen Ansichten und Argumente der Zitate einander direkt gegenüber. Prüft sie auf ihre Stichhaltigkeit hin.*
4. *Welche Gründe (musikalischer oder soziologischer Art) mögen für die unterschiedliche Einstellung maßgebend sein?*

---

* Zu den Literaturangaben in diesem Kapitel siehe S. 125.

Aktuelle Musik

Stammbaum der Rockmusik

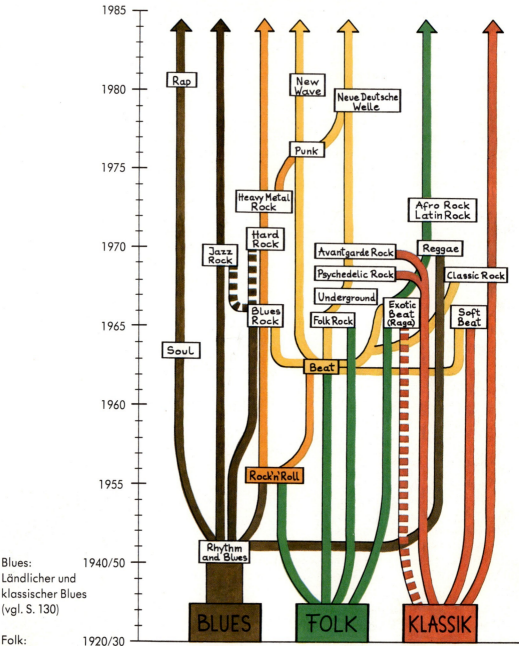

Blues: 1940/50
Ländlicher und klassischer Blues (vgl. S. 130)

Folk: 1920/30
Country & Western, Folk Songs (USA); europäische Folklore

Klassik:
Europäische und außereuropäische »Kunstmusik«

Aufgabe:

a) Bestimmt die »Wurzeln« der einzelnen Popstile vom Blues, von der Folklore, von der europäischen bzw. außereuropäischen »Kunstmusik« her.

b) Welche Stile sind mittelbar oder unmittelbar auseinander hervorgegangen und besitzen gemeinsame Merkmale?

c) Weshalb sind die Rockstile in der Mitte des Stammbaums (Hard Rock, Heavy Metal Rock, Punk, Neue Deutsche Welle usw.) nicht eindeutig »bunt« einzuordnen?

Zur Definition der Begriffe Pop- und Rockmusik

Der Begriff »Popmusik« (von engl. »popular music«) deutet die Popularität, den Bekanntheits- und Beliebtheitsgrad der gemeinten Musik an. In diesem weiten Sinne wird der Begriff auch heute in Deutschland überwiegend gebraucht: Er bedeutet so viel wie »leichte Musik« (U-Musik im Sprachgebrauch der Rundfunkanstalten), kommerzielle Musik – also Schlager, flotte Tanz- und Unterhaltungsmusik, gängige Songs und Chansons. Demgegenüber bezeichnet der Ausdruck »Rockmusik« – in engerem und genauerem Sinne – die vom schwarzen Rhythm & Blues herkommende, vom harten Schlagzeug- »beat« und verzerrten E-Gitarren-Sound bestimmte Musik, die mit dem Rock'n'Roll Mitte der 50er Jahre begonnen hat und für die in den 60er Jahren die Bezeichnung »Beat« üblich war. Von dieser »Rockmusik« ist in den folgenden Kapiteln die Rede.

Aufgabe:
Untersucht verschiedene Pop-Sendungen des Rundfunks und des Fernsehens auf ihre »Pop«- und »Rock«-Definitionen hin. Gilt innerhalb der jeweiligen Anstalt eine bestimmte Definition, oder wechselt sie von Sendereihe zu Sendereihe?

Rockstile

Der Rock'n'Roll

Die moderne Rockmusik beginnt mit dem Rock'n'Roll. Die gefühlsselige Schlager- und Tanzmusik der 30er und 40er Jahre hat sich überlebt, ist fad geworden. So wendet sich die junge Generation um 1954/55 voller Begeisterung den harten Rhythmen und der hemmungslosen Ausgelassenheit des Rock'n'Roll zu – und dies so vehement, daß viele Eltern und Kritiker meinen, »eine Revolution sei ausgebrochen« (Kaiser II, S. 313). Tatsächlich ist der Rock'n'Roll ursprünglich mehr als nur ein neuer Musikstil. Er ist eine Art »Generationssymbol«, das die Teens und Twens der 50er Jahre vereint und mit dem sie gegen die ältere Generation und deren Normen und Lebensvorstellungen protestieren.

Seinen ersten großen Repräsentanten findet der Rock'n'Roll in *Bill Haley*. Sein Titel »Rock around the clock« wird ein weltweiter Hit. Wo Bill Haley auftritt, geraten die jugendlichen Fans außer Rand und Band. Ein Zuhörer berichtet: »... Die Musik ging unter im Kreischen, Pfeifen, Stampfen und Brüllen. Die Galerie bebte so, daß die Leute drunter den Boden sich biegen sahen. Zu hören war nur der Beat, der Verstärkerlärm, das Nonstopgekrache ...« (Cohn, S. 18) – Das »Super-Idol« des Rock'n'Roll aber wird *Elvis Presley*, ein Bauernjunge und Lastwagenfahrer aus den amerikanischen Südstaaten. Mit seiner herausfordernden, »röhrenden« Stimme und seinen erotisierenden Bewegungen bringt er die Bewunderer zur Raserei. »Elvis ist der König«, schreibt Nik Cohn (S. 19) und bringt damit die überschwengliche Verehrung zahlloser Presley-Fans zum Ausdruck.

Musikalisch entwickelt sich der Rock'n'Roll unmittelbar aus dem *Rhythm & Blues*, einer kommerzialisierten, rhythmusbetonten Abart des »klassischen« Blues bei den Negern der amerikanischen Großstädte. Auf diesen »schwarzen« Ursprung verweisen alle wesentlichen Merkmale des Rock'n'Roll: der harte,

Elvis Presley

wenn auch swingende »beat« der Rhythmusgruppe (mit Schlagzeug und Baß), die kehlig-rauhe Stimme des Solisten, die in fast allen Stücken anzutreffende 12-taktige Blues-Form (vgl. S. 130) sowie die Band-Besetzung mit elektrischer Gitarre und Bläsern. Hinzu kommen Einflüsse aus der »weißen« *Country & Western*-Musik (einer der wenigen originalen Formen amerikanischer Volksmusik, von Farmern und Handwerkern gesungen, mit z. T. virtuoser Gitarren- oder Banjobegleitung).

Jailhouse Rock Text und Musik: Leiber/Stoller

© by Elvis Presley Musik Inc. Für Deutschland: Musikverlag Intersong GmbH, Hamburg

Chuck Berry

Aufgaben:
1. Welche Melodietöne des »Jailhouse Rock« stimmen mit der vorgezeichneten Tonart nicht überein? Wie erklärt ihr diese Noten?
2. Wie viele verschiedene Töne kommen vor?
   Wie häufig jeder einzelne?
   Interpretiert das Ergebnis.
3. Untersucht das Stück auf seine Beziehung zum Blues-Schema hin.
4. Welche Erscheinungen weisen auf den Boogie-Woogie (vgl. S. 130) hin?

Hauptvertreter: Elvis Presley, Bill Haley, Chuck Berry, Buddy Bolden, Little Richard.

Der Rock'n'Roll wird Anfang der 60er Jahre vom Beat abgelöst. Trotzdem ist sein Einfluß bis heute lebendig geblieben und bei zahlreichen Bands zu erkennen. Er äußert sich einerseits in einer Art »Rock'n'Roll-Revival« – der genauen Nachahmung des historischen Stils – und andererseits in der freien Weiterentwicklung der ursprünglichen Tendenzen mit neuen Klang- und Stilmitteln, wie sie im *Hard Rock* oder *Heavy Rock* anzutreffen ist (*Ten Years After, Deep Purple*, u. a.).

Der (Liverpool- oder Mersey-) Beat

Die Rock'n'Roll-Welle zieht Ende der 50er Jahre auch Europa in ihren Bann. Gleichsam als ihr Widerhall entsteht Anfang der 60er Jahre in England der Beat.

Außermusikalische Faktoren spielen auch hier eine wichtige Rolle. In der Zeit seiner Entstehung nämlich ist der Beat nicht nur ein Freizeitobjekt wie viele andere; er ist vielmehr für viele Jugendliche eine Art »soziales Ventil«, mit dessen Hilfe seelische und gesellschaftliche Spannungen abreagiert werden, an denen gerade die Hafenstadt Liverpool, die Geburtsstätte des Beat, so reich ist. Beat-Spielen wird um 1962 in England geradezu zur Manie. Allein in Liverpool existieren zu jener Zeit über 400 Beat-Bands. Die meisten Gruppen spielen freilich nur für einen zahlenmäßig beschränkten Fan-Kreis. Einige aber werden überregional oder gar international bekannt: allen voran die Liverpooler *Beatles* (mit *John Lennon, Paul McCartney, George Harrison* und *Ringo Starr*), die erfolgreichste Pop-Band der 60er Jahre überhaupt. Wenige Jahre später treten in London die *Rolling Stones* hervor, deren aggressive Musik den Wurzeln des Rock (Rhythm & Blues) noch näher steht als die der Beatles.

The Beatles

Gegenüber den meist anspruchslosen »Kauderwelsch«-Texten des Rock'n' Roll, die sich nicht selten mit reinen Silbenspielereien (wie »Tutti frutti all rootie ... awopbopaloobop alopbamboom«) begnügen, haben die Beat-Texte oft einen ernst zu nehmenden Inhalt. 90 Prozent handeln von der Liebe, dem Verlangen nach einem »Du«. Beatles: »I need somebody to love« (aus: »A Little Help From My Friends«), »I need you«, »Help! I need somebody« (aus »Help«), »All you need is love«; Rolling Stones: »Everybody needs somebody to love« und viele andere. Während die Texte der Beatles aber bei aller

Spontaneität und Direktheit stets diskret und unaufdringlich bleiben, gehen die Rolling Stones in ihren erotischen Anspielungen entschieden weiter; so etwa wenn es heißt: »Let's spend a night together« oder »I just want to make love to you«.

Musikalisch vereinigt der Beat Elemente des Rhythm and Blues, des Rock'n''Roll und des um 1960 in England überaus beliebten *Skiffle* (einer Mischung aus Rock'n'Roll, Dixieland und irisch-walisischer Folklore, gespielt auf primitivsten Instrumenten, wie Teekisten, Waschbrettern, Mülleimerdeckeln und Blechpfannen). Gestützt auf diese Vorbilder entwickeln die Beatles ihren eigenen Sound. Seine <u>Hauptmerkmale:</u> 2- oder 3-stimmiger Gruppengesang und Beschränkung der erheblich größeren Rock'n'Roll-Besetzung auf drei elektrische Gitarren (Lead-, Rhythmus-, Baßgitarre) und Schlagzeug, das einen gleichmäßig pulsierenden, harten »beat« schlägt. Der Aufbau der frühen Beat-Stücke ist durchweg einfach; er bevorzugt 2- und 3-teilige Liedformen mit Soloversen und Gruppenrefrain, verwendet gelegentlich aber auch das 12-taktige Blues-Schema.

Rockmusik

© 1965 by Northern Songs Ltd., London. Für D/A/CH und Ost-Europa: EMI Songs GmbH, Hamburg

Aufgaben:
1. Aus welchen Einflüssen ist die Note »es« in den Takten 2 und 4 zu erklären?
2. Untersuche die rhythmischen Merkmale von »Help« anhand der Takte 9 bis 16.
3. Die Stelle Takt 33 bis 36 ist für die Stimmführung zahlreicher Beatles-Stücke charakteristisch. Nennt die Merkmale.
4. Bestimmt die formale Anlage von »Help«.
5. Welche instrumentale und vokale Besetzung benutzt die Aufnahme von »Help«?
6. Enthält die Aufnahme nennenswerte Improvisationen?
7. Welche stilistischen Richtungen weist die Beatles-Aufnahme »Sgt. Pepper's« (1967) auf? (vgl. HB 131 oder eigene Plattensammlung).

Mick Jagger (The Stones)

Hauptvertreter: The Beatles, The Rolling Stones, The Animals, The Kinks, The Yardbirds, The Who.

Zur Entwicklung der Rockmusik nach 1965

Jimi Hendrix

Einige Jahre beherrscht der Liverpool- oder Mersey-Beat (auch Hard Beat genannt) unangefochten die Rockszene. Dann aber – seit etwa 1965 – fächert er sich durch die Aufnahme fremder Einflüsse in immer neue Stilarten auf, ein Vorgang, an dem die Beatles maßgeblichen Anteil haben. So entstehen der *Soft Beat*, der *Soul*, der *Blues Rock*, der *Folk Rock*, der *Underground*, der *Psychedelic Rock*, der *Experimentelle Rock (Frank Zappa, Jimi Hendrix)* u.a. – alles Spielarten des Rock, die zwar seine Grundmerkmale gemeinsam haben, durch die übernommenen Fremdeigenschaften aber doch einen eigenen Charakter erhalten. So sehr diese Stile die Rockmusik der ausgehenden 60er und beginnenden 70er Jahre bestimmen, sind sie doch inzwischen zu »historischen Stilen« geworden. Sie sind nicht mehr wirklich »aktuell«. Aus diesem Grunde haben wir sie hier von der Darstellung ausgeschlossen zugunsten der Rockstile, die heute noch lebendig sind oder doch die Rockszene mitbestimmen.

Hard Rock – Heavy Rock – Heavy Metal Rock

Der Hard Rock gehört zu den langlebigsten Rockerscheinungen und tritt immer dann wieder in den Vordergrund, wenn die Rockmusik »soft« oder »artifiziell« zu werden droht. In diesem Sinne ist der Rock'n'Roll um 1955 ebenso ein Vertreter der »harten Welle« wie der Hard Beat der Beatles und Rolling Stones um 1963/64 und der Punk (s. S. 112) um 1978. Als Hard Rock im engeren Sinne bezeichnet man seit etwa 1970 die Musik von *Led Zeppelin*, *Deep Purple* und *Black Sabbath*, für die sich bald auch die Stilbezeichnung Heavy Rock und Heavy Metal Rock einbürgerte. Die letzte Welle rollt seit 1979, getragen von Gruppen wie *AC/DC, Scorpions* und *Iron Maiden*. Allen Heavy Rock-Gruppen musikalisch gemeinsam sind die brutale Lautstärke, die beißende Verzerrung der E-Gitarren, der stampfende, unerbittliche »beat« des Schlagzeugs und der dumpf dröhnende E-Baß. Die Stimme des Sängers ist metallisch, schreiend, dabei – wie der gesungene Text – wegen der Überlautstärke der Instrumente kaum differenziert wahrzunehmen. Da einige Gruppen, wie Black Sabbath, zur »Schwarzen Magie« und zu gewalttätigen Bildern auf Schallplatten-Covern und in ihren Video-Clips neigen, spricht man auch von *Gruselrock*.

<u>Hauptvertreter:</u> Außer den im Text genannten Gruppen Ten Years After, Kiss, Judas Priest, Van Halen.

The Scorpions

Rockmusik

Scorpions »The same thrill«, (Refrain)

Text: Klaus Meine
Musik: Rudolf Schenker

HB 36

© Copyright 1984 Breeze Music, Switzerland.

1. I remember when my teacher said:
   »How you wanna make your life?«
   I said: »I can play guitar
   and it will be al'right listen!«
2. When I came out of school
   they said: »Which way you wanna go?«
   But there was no way strong enough
   compared with rock'n'roll
   to get the same thrill.[1]
3. Anyhow I've found a job
   they tried to break me with their rules
   but they had no chance at all
   'cause I knew what to do
   to get the same thrill like rock'n'roll.
4. I had a feeling they couldn't buy
   still got that feeling they still can't buy,
   they still can't buy,
   they still can't buy.
5. Tell me the alternative[2]
   to what I'm doing, but I guess
   there's no other way of life
   which is strong like this
   to get the same thrill like rock'n'roll.

[1] Erregung   [2] andere Möglichkeit

Aufgaben:
1. *Entspricht der Text(-inhalt) deiner Vorstellung von Heavy Metal Rock?*
   Was sagt er aus?
2. *Beschreibe die musikalischen Mittel des Refrains (»to get the same thrill«) in der*
   Singstimme und in der Begleitung.
3. *Was bringt die »Härte« in dieses Heavy Metal-Stück hinein?*
4. *Wie ist das Lied aufgebaut? Verfolge den Ablauf anhand des Textes.*
   Welche Strophe weicht melodisch und klanglich (harmonisch) von den anderen ab?
   Beachte auch die improvisatorischen Teile! (Welches Instrument improvisiert?)
   Schreibe den Gesamtablauf des Stückes nieder anhand folgender graphischer Symbole:
   Strophen: ● 1, ● 2 usw. abweichende Strophe: ○, Refrain: ■
   improvisierte Teile: /\/\/\/

The Scorpions

5. *Vergleiche dieses Lied der Scorpions inhaltlich und musikalisch mit denen anderer Heavy Metal-Gruppen (wie AC/DC, Iron Maiden, Black Sabbath). Welche Unterschiede – oder Entsprechungen – stellst du fest?*

Jazz Rock.
Siehe Kapitel »Rock Jazz«, S. 142.

Exotic Rock. Der Reggae

Der Sammelbegriff Exotic Rock bezeichnet Stilmischungen, bei denen die Rockmusik Elemente außereuropäischer (d.h. nicht euro-amerikanischer) Musikkulturen aufgenommen hat. Erste Beispiele finden sich bei den Beatles (»Norwegian Wood«, »Within You Without You«, »The Inner Light«), die Raga-Modelle und indische Instrumente, wie Sitar und Tabla, in ihrer Musik verarbeiten (*Raga-Beat* seit 1965). Wenige Jahre später treten lateinamerikanische und afrikanische Einflüsse in der Rockmusik auf; sie äußern sich vor allem in den differenzierten Rhythmen und der verstärkten Verwendung von Percussion-Instrumenten, wie Congas, Bongos, Kuhglocken, Maracas, Schellentrommeln usw.

<u>Hauptvertreter</u>: des Raga-Beat: Beatles; des Latin Rock: Santana; des Afro Rock: Osibisa, Ginger Baker's Airforce.

Zu den neueren Ausprägungen des Exotic Rock gehört der Reggae (seit etwa 1968). Er entstand aus einer Mischung jamaikanischer Folklore, die noch stark von ihren afrikanischen Ursprüngen her geprägt ist, und dem amerikanischen Rhythm & Blues. Die Texte des Reggae drücken die Probleme der schwarzen und mulattischen Slum-Bevölkerung der Insel und vor allem der Hauptstadt Kingston aus: ihre Armut und politische Ohnmacht, die jahrhundertelange Rassendiskriminierung und Unterdrückung durch weiße Herren und die Sehnsucht nach ihrer afrikanischen Urheimat. Dieser Sehnsucht entspringt auch der sog. Rastafarianismus (»ras« = König, Tafari = äthiopischer Name), der in dem verstorbenen Kaiser Haile Selassie von Äthiopien den Messias und Befreier aus der »Knechtschaft Babylons« sieht.

Der musikalische Bereich ist in erster Linie durch seine Rhythmik und Akzentbehandlung gekennzeichnet, die etwa folgende Muster verwenden:

Bob Marley's Geburtshaus

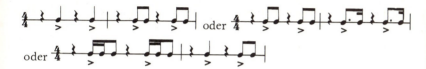

Die Harmonik benutzt Abwandlungen des 12-taktigen Blues-Schemas (vgl. S. 130) oder kurze, ostinate 2- bis 4-taktige Akkordfolgen. Für die Rockmusik ungewöhnlich ist die rhythmisch und melodisch differenzierte Führung des E-Basses. Zur Standardbesetzung gehören: lead-g, rh-g, b-g, dm, Keyboard; Sänger, oft mit kleiner »Back-up-group« (2 oder 3 Sängerinnen); gelegentlich Bläser (tp, tb, sax).

Abkürzungen s. S. 125.

Bob Marley

Roots, Rock, Reggae   Text und Musik: Vincent Ford

© Rondor Musikverlag, Hamburg

Jamaica.
Strand beim
Playboy Club Hotel

Aufgaben:
1. *Der Polyglott-Reiseführer »Karibische Inseln« wirbt für Jamaica mit den Worten: »Jamaica, eine der schönsten und teuersten Inseln Westindiens. Luxuriöse Hotels, viel Eleganz, vornehme ›britische‹ Atmosphäre, prachtvolle Strände, bekanntes Klubleben, Golf- und Reitsport ... Für längeren Aufenthalt gut geeignet, wenn Geld keine Rolle spielt.« Vergleiche diese Beschreibung mit der Abbildung auf Seite 110.*
2. *Inwiefern kommt das religiöse Bewußtsein der »Rastafas« im Titel des abgedruckten Liedes zum Ausdruck? Beschreibe unter dem Gesichtspunkt des »Rastafarianismus« auch das Aussehen Bob Marleys und seiner Anhänger (s. Abbildung S. 111).*
3. *Stelle die in der Melodie des Liedes »Roots, Rock, Reggae« vorkommenden Töne zu einer Tonleiter zusammen. Welche Besonderheiten besitzt diese? Kannst du melodische »Formeln« erkennen?*
4. *Achte auf die Harmonik (die Akkordfolge) des Liedes. Welches Akkordmodell liegt ihm zugrunde?*
5. *Vergleiche die Noten des Liedes »Roots, Rock, Reggae« mit seiner Ausführung durch Bob Marley & The Wailers im Hörbeispiel. Welche Unterschiede kannst du in der rhythmischen Gestaltung des E-Basses und der Melodie feststellen?*
6. *Auf welchen Zählzeiten liegen die Akzente der Band?*
7. *Charakterisiere die Stimme Bob Marleys. Welche »Wurzeln« kommen in ihr zum Ausdruck?*
8. *Erkläre das sog. »call and response«-Prinzip an der (vokalen) Ausführung des Liedes anhand des Hörbeispieles. (Vgl. auch S. 131)*

<u>Hauptvertreter</u> des Reggae: Bob Marley & The Wailers, Jimmy Cliff, Burning Spear, Toots & The Maytals, Third World.

Punk – New Wave – Rap

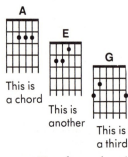

A
This is a chord

E
This is another

G
This is a third

Now form a band

Das englische Wort »punk« bedeutet so viel wie Dreck, Abfall, Schund, wertloses Zeug, im übertragenen Sinne auch großmäuliger Halbstarker. Und wie »Abfall«, wie der »Abschaum« der Gesellschaft empfanden sich die Punk-Rocker Ende der 70er Jahre, und so wurden sie auch von den »Gutbürgerlichen« gesehen. Dazu trugen nicht zuletzt ihre ungewöhnliche Aufmachung und ihr provozierendes Auftreten bei (siehe Abbildung). Herausfordernd und aggressiv sind auch ihre Texte, in denen sie die Frustration der »blank generation« (der »leeren Generation«) herausschreien und auf die Probleme der Arbeitslosigkeit und ihre Hoffnungs- und Perspektivelosigkeit überhaupt aufmerksam machen. Auch die Musik will provozieren. Sie setzt sich bewußt von der »artifiziellen« Rockmusik der frühen 70er Jahre *(Genesis, Pink Floyd, Yes)* ab und will wieder »back to the street«; will knallhart, laut, ja primitiv sein. Manche Gruppen, wie die Damned, sind stolz darauf, nur drei Akkorde spielen zu können. Die E-Gitarren sind schrill und verzerrt, das Schlagzeug und der E-Baß hämmern atemlos abgehackte Achtelketten; die Stimmen und »Melodien« sind ungehobelt, unkultiviert, vulgär. Aber gerade so wollen die Punk-Fans ihre Musik; mit diesem »Primitiv-Rock« und seinem »negative point of view« können sie sich identifizieren.

Vielsagend sind auch die Namen, die sich die Punk-Bands geben: *The Damned* (die Verdammten), *The Stranglers* (die Würger), *Clash* (Zertrümmerer), *Sex Pistols*.

Der Begriff Punk ist inzwischen in der weiteren Bezeichnung New Wave aufgegangen. New Wave ist die Fortsetzung, zugleich aber auch die Überwin-

Punker

dung des Punk. Was sich ursprünglich in ungeschminkter Brutalität und Primitivität äußerte, ist in der »Neuen Welle« – nicht zuletzt aus kommerziellem Interesse sowohl der Schallplattenkonzerne als auch der Gruppen selbst – inhaltlich geglättet und auch musikalisch auf ein annehmbares Niveau gebracht worden.

<u>Hauptvertreter:</u> des Punk: Siehe die im Text genannten Gruppen; der New Wave: X-Ray Spex, Siouxsie And The Banshees, XTC, Talking Heads, Television.

Anarchy in the U. K. Text und Musik: Johnny Rotten, Paul Cook, Steve Jones, Glen Mattlock

© Copyright 1978 by Glitterbest Limited/Warner Bros. Music Limited.
Für Deutschland: Neue Welt Musikverlag GmbH, München

Punker

Aufgaben:
1. *Wie drückt sich äußerlich die provozierende Haltung der Punks aus? Beschreibe anhand der Abbildungen.*
2. *Welches sind die »Schlüsselwörter« des Textes »Anarchy in the U.K.«? Was sagen sie aus? Welche »Lebensphilosophie«, welche politische und moralische Haltung steht dahinter?*
3. *Welche Notenwerte beherrschen die Rhythmik des Liedes? (Siehe Notentext) Welche Wirkung geht von dieser Art »Rhythmik« auf den Hörer aus? (Vgl. Hörbeispiel 38)*
4. *Untersuche die Harmonik des Liedes. Liste die vorkommenden Akkorde auf und notiere für jeden die Häufigkeit seines Auftretens (in Viertel- und Achtelnoten). Welche Akkorde überwiegen deutlich? Vergleiche das Ergebnis mit den spieltechnischen Vorstellungen der Damned (s. Abbildung S.112).*
5. *Vergleiche anhand von »Anarchy in the U.K.« den Singstil der Sex Pistols mit dem der europäischen Tradition oder auch der seitherigen Rockmusik. Nenne die Unterschiede.*
6. *Welcher Ausdruckswille steht hinter der Singweise der Sex Pistols?*
7. *Wie werden die mit ↯ markierten (»Melodie«-)Stellen des Notentextes in der Sex Pistols-Aufnahme ausgeführt?*
8. *Wie ist deine Reaktion auf das Lied (inhaltlich und musikalisch)? Glaubst du, daß es in der Gesellschaft etwas »bewirken« kann?*

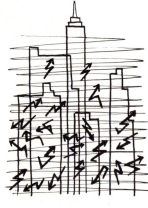

Als jüngste Rockschöpfung kommt aus New York der *Rap* (engl. »rap« = leichter Schlag, Klaps). Sein Merkmal ist der atemlos schnelle, dabei rhythmisch verblüffend präzise »Sprechgesang« des »Sängers«, der quasi aus dem Stegreif frech anzügliche Wortspiele oder sozialkritische Texte über die Situation der Schwarzen in den amerikanischen Großstadt-Ghettos »abspult«. Die Aufgabe der Band beschränkt sich auf (gesprochene) Einwürfe und einen z. T. allerdings minuziös (sehr genau) durchgearbeiteten rhythmisch-klanglichen *funky*-Background (E-Gitarren, Schlagzeug, viel Percussion, gelegentlich Klavier). (*Funky* nennt man eine Spielweise, bei der sich die rhythmischen Einzelimpulse verschiedener Instrumente im Zusammenspiel zu einem höchst differenzierten Gesamtbild ergänzen.) Eine Besonderheit des Rap ist das sog. »scratching«, bei dem der Diskjockey durch geschicktes Vor- und Zurückbewegen der Schallplatte mit der Hand bei aufliegendem Tonarm interessante Effekte erzeugt.

<u>Hauptvertreter:</u> Grandmaster Flash & The Furious Five; Kurtis Blow.

Deutschrock. Neue Deutsche Welle

Die Rockmusik der 60er Jahre in der Bundesrepublik Deutschland kann nicht als Deutschrock, sondern bestenfalls als Rock oder Beat in Deutschland bezeichnet werden. Es handelt sich nämlich fast ausschließlich um Nachahmungen (sog. Cover-Versionen) des amerikanischen Rock'n'Roll und des englischen Beat durch deutsche Interpreten *(Peter Kraus, The Rattles, The Lords)*. Um 1970 zeigen sich Ansätze zu einer nationalen Rockmusik, die allerdings durch mancherlei rockfremde Elemente (Free Jazz, Avantgarde) geprägt ist. Charakteristisch ist der massive Einsatz elektronischer Instrumente und Geräte und dementsprechend die Vorliebe für breit strömende Klang-»Meditationen« (bei *Tangerine Dream* und *Amon Düül II*) und maschinenhafte Computerrhythmen *(Kraftwerk)*. Ein Problem des deutschen Rock ist von jeher die Sprache: Sie war – wie international üblich – weithin englisch. Lediglich die

Rockmusik 115

politisch engagierten Gruppen *(Floh de Cologne, Lokomotive Kreuzberg, Ton Steine Scherben)* hatten deutschsprachige Texte, weil sie so ihre Zuhörer – Schüler, Lehrlinge, Arbeiter – besser erreichen und aktivieren konnten; ebenso *Udo Lindenberg* mit seinen teils schnoddrigen, teils gesellschaftskritischen Songs sowie einige Gruppen, die alte deutsche Lieder und Tänze in rockigem Gewand wieder attraktiv machen wollten *(Ougenweide, Zupfgeigenhansel)*.

Frischer Wind kommt Ende der 70er Jahre mit der Punk-Welle nach Deutschland. Aus anfänglichen Kopierversuchen entwickelten sich eigenständige Rockgruppen *(Ideal; Trio; Fehlfarben; DAF; Palais Schaumburg; Hans-a-Plast)*, die unter dem Sammeletikett »Neue Deutsche Welle« (N.D.W.) zusammengefaßt werden. Musikalisch ist sie verwirrend uneinheitlich. Schriller, hämmernder »street punk« nach englischem Vorbild hat unter diesem weiten stilistischen Dach ebenso Platz wie anspruchsvoller Elektronik-Rock und Teile der »neuen deutschen Schlagerwelle« *(Nena)*. Was die Gruppen der N.D.W. locker zusammenhält, ist dagegen ihre inhaltliche Ausrichtung – ihre nonkonformistische (nicht angepaßte) Haltung und ihre aggressiven, beißend ironischen oder auch blödelnden Texte – und die Verwendung der deutschen Sprache.

Trio

Inzwischen hat sich in der Bundesrepublik ein dichtes Netz von Rockzentren mit teilweise mundartlich gefärbten Rockprägungen gebildet: so der *Wall-City-Rock* in Berlin *(Ätztussis; Betoncombo; Einstürzende Neubauten)*, der *Schwobarock* in Stuttgart *(Schwoißfuß; Kriwanek)*, der *»Kölsch Rock«* in Köln *(BAP)* sowie vielerlei »Rock Regional«-Richtungen in Hamburg, Hannover (u.a. Scorpions), Düsseldorf, Frankfurt und zahlreichen kleineren Städten.

<u>Hauptvertreter:</u> Siehe die im Text genannten Interpreten und Gruppen.

Das folgende Lied der Gruppe *Trio* stieg 1982 bis auf den 1. Platz der deutschen Hitliste.

Da Da Da ... Text und Musik: Stefan Remmler/Gert Kralle

HB 39

© 1982 Francis, Day & Hunter GmbH, Hamburg

Aufgaben:
1. *Beschreibe die musikalischen Mittel des Liedes »DaDaDa« in bezug auf Besetzung, Rhythmik, »Melodik«, Harmonik, Stimme(n).*
2. *Verfolge den instrumentalen Hintergrund im Verlauf des Liedes. Ändert er sich rhythmisch oder klanglich?*
3. *Welche Aussage macht der Text? Gehört das Lied zu den sog. Schnulzen? Begründe.*
4. *Man hat die Musik der Gruppe Trio als »Minimal-Kunst« bezeichnet. Erkläre den Begriff im Zusammenhang mit dem Lied »DaDaDa«.*

Classic Rock

Ian Anderson
(Jethro Tull)

Auch Einflüsse der »klassischen« Musik verarbeitet die Rockmusik. Dabei überwiegen Stücke, die auf Kompositionen von Johann Sebastian Bach zurückgehen; doch auch bei Ludwig van Beethoven, Peter Tschaikowsky, Modest Mussorgsky und anderen haben Popmusiker Anleihen gemacht.

Eine der frühesten Aufnahmen mit klassischer Vorlage ist »Spicks and Specks« von den *Bee Gees,* das auf dem ostinaten Baßthema einer Komposition von Johann Pachelbel (»Kanon und Gigue«) beruht. *The Nice* versuchen sich in ihrer Aufnahme »Brandenburger« am 1. Satz des 3. Brandenburgischen Konzerts von Bach. Die holländische Gruppe *Ekseption,* die sich fast ausschließlich auf Classic Rock spezialisiert hat, »interpretiert« den 1. Satz aus Beethovens 5. Sinfonie (»The Fifth«), Bachs »Air« aus der 3. Orchestersuite, Mozarts »Türkischen Marsch« aus der Klaviersonate A-Dur, K.V. 331 (»A la Turca«) und viele andere klassische Vorlagen. *Emerson, Lake & Palmer* bearbeiten Mussorgskys »Bilder einer Ausstellung« (»Pictures At An Exhibition«) auf ihre Weise. Eine gelungene Classic Rock-Version ist die »Bourée« von *Jethro Tull,* die auf die Bourrée aus der Suite für Laute in e-Moll (BWV 996) von Johann Sebastian Bach zurückgeht. Das Original lautet (transponiert nach d-Moll):

HB 40

Die Rock-Fassung von Jethro Tull:

HB 41

© 1970 by Chrysalis Music Ltd., London. Für Deutschland: Global Musikverlag, München

Erwähnenswert sind darüber hinaus die Versuche, traditionelle Großformen, wie Oper, Oratorium und Messe, für die Popmusik nutzbar zu machen. Man vergleiche z. B. für die Oper: *The Who*, »Tommy«, *The Kinks*, »Arthur«, *Webber/Rice*, »Jesus Christ Superstar«; für das Oratorium: *Magna Carta*, »Seasons«, *Mothers of Invention*, »Absolutely free«; für die Messe: *Spooky Tooth/Pierre Henry*, »Ceremony, an electronic Mass«. – In die Kategorie des Classic Rock gehört auch das Experiment von *Deep Purple*, mit einem Sinfonieorchester zu konzertieren: LP »Deep Purple in Concert«.

Aufgaben:
1. *Vergleiche den Melodieverlauf der beiden Stimmen bei Bach und Jethro Tull. Ist er notengetreu gleich oder kannst du Unterschiede feststellen?*
2. *Beachte die rhythmischen Veränderungen bei Jethro Tull. Welches »Prinzip« liegt ihnen zugrunde? Welche Wirkung rufen sie hervor?*
3. *Verfolge den Verlauf der »Bourée« von Jethro Tull. a) Welche »Großgliederung« besitzt das Stück? b) Versuche eine »Detailgliederung« nach folgenden Gesichtspunkten: Welche Teile entsprechen dem Bachschen Original? Welche lassen die Vorlage noch erkennen (inwiefern)? Welche Abschnitte sind frei improvisiert? c) Reihe die Einzelteile nacheinander auf (möglichst mit Angabe ihrer Länge in Taktzahlen! Mitzählen!) und gib einen zusammenfassenden Überblick über die formale Anlage der Bourée. Kommentiere das Bauprinzip.*
4. *Welche rock-typischen Eigenschaften (Besetzung, musikalische Mittel) bringt die Gruppe Jethro Tull in die Bearbeitung ein?*
5. *Vergleiche die Spielweise Ian Andersons mit der »klassischer« Flötisten. Welche klanglichen und spieltechnischen Unterschiede kannst du feststellen? Weshalb spielt Ian Anderson »anders«?*
6. *Informiere dich über die barocke Bourrée (mit Doppel-»r«!). Welche Merkmale hat sie? Werden diese von Jethro Tull beibehalten?*
7. *Handelt es sich bei der »Bourée« von Jethro Tull um »Rock Classic« oder um »Classic Rock«? Herrscht eine der beiden Seiten vor? Welche Gründe mögen Jethro Tull und andere Gruppen dazu bewegen, klassische Vorlagen zu ver-rocken? Suche Begründungen dafür und dagegen, und nimm selbst dazu Stellung.*

Switched on Bach

Aktuelle Musik

Anlage der Gruppe...

Außermusikalische Aspekte der Rockmusik. Rock, Pop und Geschäft

In den vorherigen Abschnitten wurde mehrmals deutlich, daß die Rockmusik eine vielschichtige Erscheinung ist, die von ihrer musikalischen Seite her allein nicht voll erfaßt werden kann. Als Musik der Jugend, von Jugendlichen für Jugendliche, spiegelt sie die vielfältigen Wirkkräfte wider, die auf die junge Generation einstürmen, bzw. von ihr ausgehen: ihre Auseinandersetzung mit dem Elternhaus, ihr Aufbegehren gegen die Inhalte und Forderungen der »etablierten« Gesellschaft, ihre Zweifel an der geltenden politischen und sozialen Ordnung, ihr Suchen nach einem neuen Lebensstil ohne Bevormundung und Zwang, nach sinnvolleren Werten und Zielen. Je mehr die Erwachsenen die Rockmusik ablehnen, um so mehr wird sie von den Jugendlichen als *ihr* Eigentum, als *ihr* Selbstausdruck empfunden und als Mittel der Abgrenzung gegen die Älteren und deren »Welt« benutzt. Abweichende Mode in Kleidung und Frisur, Mißachtung moralischer und sexueller Normen, Sich-Absondern in Rock-Keller und Diskotheken, Ausbruch aus der »genormten« Gesellschaft in andersartige Lebensformen der »Freiheit« (Gammler und Hippies, Beatniks, Punks usw.) sind »Signale«, die diese Abgrenzung verdeutlichen. Die Soziologen haben für diesen speziellen Jugendbereich, der gleichsam eine kleine Welt für sich innerhalb der gesellschaftlichen Gesamtkultur darstellt, den Begriff »jugendliche Teilkultur« oder »Subkultur« geprägt.

Dabei spielt in der Rockmusik das »bürgerliche« Geld eine erstaunlich große Rolle. Denn gerade diese »Kultmusik« verschlingt riesige Ausgaben, wenn sie erfolgreich an den Konsumenten gebracht werden soll. Eine gute, professionelle Verstärkeranlage kostet immerhin 10 000 bis 20 000 DM, eine Spitzenanlage mehrere 100 000 Mark. Auch für das elektronische Instrumentarium muß man hohe Summen ausgeben: für ein leistungsstarkes, transportables Keyboard zwischen 10 000 und 15 000 Mark, für einen mehrstimmigen Studio-Synthesizer (Poly-Synthesizer) 50 000 bis 100 000 DM. Von *Tangerine Dream* wird berichtet, daß sie seit Beginn der 70er Jahre mehr als 1 Million Mark in ihre elektronischen Apparate investiert haben. Der Transport der elektrischen Anlagen erfordert einen Bus. Hinzu kommen Ausgaben für die Organisation und Durchführung von Konzerten und Tourneen (Saalmiete, Reisekosten, Kosten für Plakate und Anzeigen in Zeitungen), für die Produktion von Werbeschallplatten (tägliche Miete für ein Studio ca. 2000 DM!) und Video-Clips, ohne die eine unbekannte Band heute selten mehr in die Fernseh-Hitparaden vordringen kann.

Andererseits zeigt die Rockgeschichte, daß viele Gruppen nur so lange die Ideale der Jugend vertreten, bis sie selbst am großen Geschäft teilnehmen. Nach den ersten finanziellen Erfolgen wird aus dem Protest gegen die Gesellschaft nur allzu oft der »run auf das große Geld«. Man begehrt wie zuvor gegen Bourgeoisie und Kapitalismus auf – und ruht sich auf seinen Millionen aus. Viele Jugendliche durchschauen diese Zusammenhänge nicht. Sie glauben, in der Rockmusik ein »Reservat« gefunden zu haben, in dem sie ohne fremde Beeinflussung und Manipulation ihre Wünsche und Lebensvorstellungen verwirklichen und ihre musikalischen Bedürfnisse befriedigen können. Sie erkennen oft nicht, daß das, was sie für ihre »ureigensten Bedürfnisse« halten, nichts anderes ist als eine durch raffinierte Werbung künstlich erzeugte Kauf- und Konsumbereitschaft. Das beweisen die Zahlen der Wirtschaftsberichte, die der Verband der Phonographischen Wirtschaft (Hamburg) alljährlich herausgibt.

Danach beträgt der Gesamtumsatz für Schallplatten und Toncassetten pro Jahr etwa 2,5 Milliarden DM, von denen ca. 90% (also 2,25 Milliarden DM) auf die Popmusik (vor allem Rock und Schlager) entfallen. Da die Pop-Schallplatten zu 88 Prozent von Kunden unter 25 Jahren gekauft werden, macht die Pop-Branche also mit der jugendlichen Käuferschicht einen Jahresumsatz von fast 2 Milliarden DM! Für dieses Geschäft lohnt sich die aufwendige Werbung, die nicht nur direkt von den Schallplattenkonzernen selbst, sondern indirekt von zahlreichen anderen Branchen – wie Pop-Zeitschriften, Fernsehen und Rundfunk (mit dem Diskjockey als zentraler Figur für die Werbung), Modeindustrie usw. – betrieben wird. Damit entpuppt sich das Rock- und Pop-Reservat als sein genaues Gegenteil: als ein Bereich, der um so gezielter von außen gelenkt (»manipuliert«) und ausgebeutet werden kann, als man die Jugendlichen selbst im guten Glauben an ihre scheinbare Entscheidungsfreiheit und Selbstbestimmung beläßt.

Aufgaben:
1. *Bei einer Umfrage an einem Frankfurter Gymnasium (1984) ergab sich, daß 95% der Schülerinnen und Schüler zwischen 10 und 19 Jahren am liebsten Musik der Sparte Rock/ Pop/Schlager/Folk hören. (Die restlichen 5% teilten sich die Musiksparten Klassik, Jazz, Volksmusik, Operette/Musical, Neue Musik/Avantgarde). Wie sieht das in eurer Klasse aus? Führt eine Umfrage durch. Beziehet möglichst auch euere Parallelklassen und die höhere und tiefere Klassenstufe mit ein.*
2. *Welche Musik-Fernseh-/Hörfunk-Sendungen siehst/hörst du regelmäßig? Welche ab und zu? Liste sie nach deiner persönlichen »Einschaltquote« auf. Führe wiederum eine Fragebogenaktion in deiner Klasse durch und mache eine Aufstellung über die Beliebtheit der gängigen Musik-Fernseh-/Hörfunksendungen.*
3. *Was hältst du von Video-Clips? Erhöhen sie das musikalische Erlebnis? Begründe. Beeinflussen sie dich beim Kauf von Schallplatten?*
4. *Was verdient eine lokale Amateur-Band pro Abend? Wie viele Engagements hat sie pro Monat? Decken die finanziellen Einnahmen die Aufwendungen? Oder werden Gewinne gemacht? Erkundige dich – nach Möglichkeit – bei einer in deiner Stadt ansässigen Band.*
5. *Diskutiert die Behauptung: »Die Rockmusik als Kristallisationspunkt der Jugendkultur, als Kommunikationskanal von Teens und Twens in aller Welt, als Ausdrucksmittel der Wünsche und Sehnsüchte von Millionen Jugendlicher, ist tot ... Wir befinden uns heute in einer Periode des großen Ausverkaufs.« (Schmidt-Joos, 1972.)*

... »Pink Floyd«

Das kritische Lied

Das kritische Lied – je nach Inhalt und Schärfe auch politisches Chanson oder Protestsong genannt – ist keine Erfindung unserer Zeit. Seine Tradition reicht bis ins Mittelalter zurück, wo sich (vor allem in Frankreich) entsprechend der feudalen Gesellschaftsordnung zwei Arten des politischen Liedes bildeten: das von königstreuen Rittern verfaßte, überwiegend regierungsfreundliche »höfische Lied« und das bissig-spöttische Vagantenlied, das von fahrenden Sängern auf Marktplätzen und Festen gesungen wurde und als Barometer für die politische Stimmung des Volkes angesehen werden kann. Auch in späteren Jahrhunderten, vor allem in so turbulenten Zeiten wie denen der Bauernkriege (16. Jahrhundert), der Französischen Revolution (1789) und der industriellen

Revolution (um 1830/40) lebte das politische Chanson immer wieder auf. Seit dem 19. Jahrhundert gewann es einen neuen Akzent: Es berichtete und glossierte nicht mehr nur die Ereignisse, sondern wurde zum Propagandamittel, um das Volk für oder gegen eine Sache aufzuwiegeln. Diese agitatorische Komponente ist auch ein wesentliches Merkmal des zeitgenössischen politischen Chansons.

Wie in den USA Pete Seeger (vgl. S. 46 und 121), Joan Baez und Bob Dylan, (vgl. S. 47), so begehren auch in der Bundesrepublik immer wieder engagierte Sänger gegen die wirtschaftlichen, sozialen und politischen Verhältnisse auf. Der »liebenswürdigste« unter ihnen ist *Reinhard Mey*, dessen vielseitiges Repertoire neben grotesken Moritaten und zarten Liebesliedern auch sozial- und umweltkritische Lieder umfaßt, wie »Kaspar«, »Abscheuliches Lied für abscheuliche Leute« und »Heute noch«.

Einer der aggressivsten Vertreter des kritischen Liedes ist *Franz Josef Degenhardt*. War er zunächst mehr der »Bänkelsänger« skurriler Geschichten und der Sozialkritiker bundesdeutscher »Kleinbürgerwelt« (»Spiel nicht mit den Schmuddelkindern«, »Tonio Schiawo«), so wurde er seit Ende der 60er Jahre zum linksradikalen Agitator, dessen Lieder sich nicht mehr schmunzelnd „goutieren" lassen, sondern unmißverständlich zum Klassenkampf, ja zur gewaltsamen Aktion aufrufen (»Progressiv dynamisch«, »Monopoly« u.a.). Nicht minder scharf in seiner Kritik ist *Wolf Biermann*, der gegen Kernkraftwerke und atomare Aufrüstung hüben wie drüben singt und politische Gewalt und (rechte) Diktatur (Chile) anprangert. Zu seinen bekanntesten Liedern gehören: »Wann ist denn endlich Frieden« und »Ermutigung« (vgl. S. 324).

In den 70er und 80er Jahren ist eine große Zahl neuer kritischer Lieder entstanden, die zum Teil direkt aus dem »Volk«, aus Bürgerinitiativen und Interessengruppen hervorgegangen sind. Sie machen auf Probleme aufmerksam, welche die Menschen heute besonders bewegen: die Zerstörung der Umwelt, den sauren Regen, die Verschmutzung der Flüsse und der Luft; die Ängste um Atomkraftwerke, Wettrüsten und atomare Waffenlager; Drogen, Alkohol und Arbeitslosigkeit; den Kampf der Frauen um Gleichberechtigung.

Es gehört zur Natur des kritischen Liedes, daß es einseitig und tendenziös ist und die Zuhörer für *seine* Sicht der Dinge gewinnen will. Dieser Absicht dient auch die musikalische Gestaltung. Hier lassen sich vor allem zwei (Extrem-) Typen unterscheiden:

– das betont volkstümlich-einfache Lied, das sich mit eingängigen Melodien (zum Teil aus bekannten Kinderliedern) und geschmeidigen Harmonien beim Hörer einschmeichelt oder ihm mit Charme und Witz sein Anliegen »unterjubelt« (Möglichkeiten der Manipulation!). Musik und Text bilden hier eine ausgewogene Einheit. (Beispiel: R. Mey, »Abscheuliches Lied für abscheuliche Leute«.)

– das aggressiv-agitatorische Lied, bei dem der Text eindeutig im Vordergrund steht und in kurzatmigen Melodiefloskeln gesungen oder nur noch gesprochen wird. Die Begleitung (in beiden Liedtypen meist die akustische Gitarre) beschränkt sich auf wenige (Stütz-)Akkorde oder gar eine einzige ostinate Dreiklangsbrechung (über der der Text rezitiert wird). Die Musik ist nur noch »Transportmittel« für die agitatorische Aussage. Auch hier ist die Gefahr der Manipulation vorhanden. (Beispiele: F. J. Degenhardt, »Vatis Argumente«, »Wenn der Senator erzählt«, u.a.)

Viele der neuen kritischen Lieder sind mundartlich abgefaßt, nicht wenige benutzen ältere Protestsongs (vor allem aus den USA) als Vorlage.

Umweltverschmutzung

Little boxes – Kloene Kischdla

Malvina Reynolds
mundartliche Fassung: Thomas Felder

1. Litt-le box-es on the hill-side,[1] litt-le box-es made of tick-y-
(1.) Kloe-ne Kischd-la auf-am Sonna-berg, kloe-ne Kischd-la aus Bed-do-

tack-y[2] litt-le box-es, litt-le box-es, litt-le box-es all the
ba-ba,[3] kloe-ne Kischd-la, kloe-ne Kischd-la, kloe-ne Kischd-la äl-le

same. There's a green one and a pink one and a blue one and a yel-low
gleich. S geit grää-ne ond blao-e ond rao-de ond li-la-

one and they're all made out of tick-y-tack-y and they all look just the same.
ne ond äl-le send-se aus Bed-do-ba-ba ond aus-säa dand-se gleich.

2. And the people in the houses
   all go to the university
   and they all get put in boxes
   little boxes all the same.
   And there's doctors and there's lawyers
   and business executives[4]
   and they're all made out of ticky-tacky
   and they all look just the same.

3. And they all play on the golf course
   and drink their Martini dry
   and they all have pretty children
   and the children go to school.
   And the children go to summer camp[5]
   and then to the university
   and they all get put in boxes
   and they all come out the same.

4. And the boys go into business
   and marry and raise a family
   and they all get put in boxes
   little boxes all the same.
   There's a green one and a pink one
   and a blue one and a yellow one
   and they're all made out of ticky-tacky
   and they all look just the same.

2. Ond dia Leit en danne Heiser
   hand älle mol iir Abi gmacht
   ond ma schdecktse en dia Kischdla
   en dia Kischdla älle gleich.
   S geit Beamde ond Gschäftsleit
   ond Dokdr ond Akademikr
   älle sendse aus Beddobabba[3]
   ond aussäa dandse gleich.

3. Ond se faarad ibrs Wochanend
   zo iram Heisle ens Engadin
   ond se hand nädde liabe Kendr
   ond dia Kendr kommat end Schual.
   Ond se kommat end Obrschual
   ond schbäädr aufd Uni no
   ond ma schberrts älle en dia Kischdla
   wenn se rauskommat sendse gleich.

4. Ond dia Buaba hand Beruf ond
   se schaffat wiidr Frao und Kendr a
   älle kommat se en sälla Kischdla
   en dia Kischdla älle gleich.
   S geit gräana ond blaoe
   ond raode ond lilane
   älle sendse aus Beddobabba
   ond aussäa dandse gleich.

[1] Hang [2] billiges Baumaterial [3] Betonpapp (minderwertiges Betongemisch) [4] [igˈzekjutiv] Leitender Angestellter [5] Ferienlager

Transcription: Ulrich Prinz
Essex Musikvertrieb GmbH, Köln

Aufgaben:
1. *Welchem der oben genannten Liedtypen kann man die »Little boxes/Kloene Kischdla« am ehesten zuordnen?*
   Begründe von der melodischen und harmonischen Anlage des Liedes her. Achte auch auf den formalen Aufbau.
2. *Welches gesellschaftskritische Anliegen hat das Lied? Welche Bilder verwendet der Text, was wollen sie aussagen? Trifft die (ursprünglich amerikanische) Kritik auch auf unsere deutsche Verhältnisse zu?*
3. *Vergleiche die »deutsche« Textfassung mit der amerikanischen. Welche Abweichungen stellst du fest? Wie sind sie zu begründen?*
4. *Zum HB 42: Vergleiche den gedruckten Notentext mit den gesungenen Fassungen. Welche Varianten erkennst du? Weshalb ist es schwierig, ein solches Lied in Noten wiederzugeben?*

Der Schlager

»Erfinde eine Refrain-›Zeile‹ mit knalligem Text und eingängiger Melodie, dazu einen flotten Rhythmus und denk dir noch zwei oder drei Strophen aus…« So oder ähnlich lauten in der Regel die Rezepte, nach denen man einen Schlager »machen« kann. Ganz so einfach aber scheint das selbst für Fachleute nicht zu sein. Denn nur eine kleine Zahl von Schlagern »schlägt« wirklich »ein«, wenige werden ein »Hit«, und nur einer alle paar Jahre wird ein »Evergreen«, ein »Dauerbrenner« über Jahrzehnte hin. Tatsächlich ist der Schlager das kurzlebigste Erzeugnis der aktuellen Musik, ein »Modeprodukt« sozusagen, das für eine Saison hergestellt und danach bald vergessen wird wie eine alte Zeitung.

Die Schlagertexte drehen sich durchweg um einige wenige Stoffkreise: um Liebe, Liebesglück und Liebesleid, Einsamkeit, Sehnsucht nach der Ferne, dem großen Abenteuer, dem Land der Träume; in den letzten Jahren sind noch ein paar aktuelle Themen hinzugekommen, die Probleme unserer Zeit aufgreifen: Umweltschutz, die Gefahr eines Atomkrieges, die Faszination der modernen (Computer-)Technik und Raumfahrt.

Für fast alle Schlagertexte gilt: Sie wollen die Realität des Lebens vergessen machen; sie bauen eine Illusionswelt der Träume auf, die zwar eine vorübergehende Flucht aus der Wirklichkeit, nicht aber die Lösung der Probleme ermöglicht.

Jenseits von Eden

Musik: D. Deutscher/C. Evans
Interpret: Nino de Angelo
Deutscher Spezialtext: H.-J. Horn-Berges

1. Wenn selbst ein Kind nicht mehr lacht wie ein Kind,
dann sind wir jenseits von Eden.
Wenn wir nicht fühlen, die Erde, sie weint wie kein and'rer Planet,
dann haben wir umsonst gelebt.
2. Wenn eine Träne nur Wasser noch ist, dann sind wir jenseits von Eden.
Wenn man für Liebe bezahlen muß, nur um einmal zärtlich zu sein,
dann haben wir umsonst gelebt.
3. Laßt uns jeden Tag das Leben endlos spür'n
und uns niemals uns're Ehrlichkeit verlier'n,
wenn uns gar nichts mehr zusammenhält
verlöscht vielleicht das letzte Licht der Welt.
4. Wenn unser Glaube nicht mehr siegen kann,
dann sind wir jenseits von Eden.
Wenn jede Hoffnung nur ein Horizont ist, den man niemals erreicht,
dann haben wir umsonst gelebt, dann haben wir umsonst gelebt.
5. Ich will mit dir eine neue Liebe spür'n,
wenn wir uns auch in Gedanken nur berühr'n.
Irgendwann muß ich für immer gehn, dann will ich sagen:
Diese Welt war schön.
6. Wenn selbst ein Kind nicht mehr lacht wie ein Kind, ...
dann haben wir umsonst gelebt, dann haben wir umsonst gelebt.

© 1983 by Hanseatic Musikverlag GmbH, Hamburg

Aufgaben:
1. Beurteilst du »Jenseits von Eden« als umweltkritisches Lied oder als »Schnulze«? Welche aktuellen Probleme und zwischenmenschlichen Beziehungen werden angesprochen?
2. Hört den Schlager. Wie passen das instrumentale Arrangement und der Ausdruck der Stimme Nino de Angelos zu der Aussage des Textes?

Auch im musikalischen Bereich vermeidet der Schlager Experimente. Altvertraute Melodiewendungen und modische Rhythmusformeln schaffen den Schein des Vertrauten und »Modernen« zugleich. Denn: Aktive Hörarbeit kann vom Hörer nicht erwartet werden. Auf der folgenden Seite ein Beispiel, das in den letzten Jahren lange Zeit die Hitlisten im Inland (und z. T. im Ausland) anführte.

Neunundneunzig Luftballons, gesungen von Nena

Text: Carlo Karges
Musik: J. U. Fahrenkrog-Petersen

HB 43

Hast du et - was Zeit für mich, — dann sin - ge ich — ein Lied für dich, — von neun und neun - zig Luft - ballons — auf ih - rem Weg — zum Ho - ri - zont. — Denkst du viel - leicht — grad an mich, — dann sin - ge ich — ein Lied für dich — von neun und neun - zig Luft - ballons — und daß so - was — von so - was kommt.

© 1982 Edition Hate, SBK Songs GmbH, Frankfurt/Main

Stereotyp ist auch die formale Anlage der Schlager, die durchweg aus Refrain plus Strophen oder einer Reihung von 8- oder 16-taktigen Perioden besteht. Eine harmonische Besonderheit ist die Rückung um einen halben oder ganzen Ton (ohne Modulation), die klanglich Neues bei in Wirklichkeit notengetreu Gleichem vortäuscht. Beliebt ist weiterhin das »fade out«, das Ausblenden am Schluß, das den Schlager sozusagen in die Unendlichkeit weiterklingen läßt.

Von größter Bedeutung für den Erfolg eines Schlagers ist seine klangliche Aufmachung, das »Arrangement«, das von den elektroakustischen Möglichkeiten und Tricks des Aufnahmestudios lebt. Dazu gehören vor allem:
– die Erhöhung der Klangqualität der Stimme des Sängers durch die »Anhebung« (Verstärkung) schwacher Frequenzbereiche;
– die Herstellung eines »weiten Klangraumes« durch die Beimischung von künstlichem Hall (Nachhallplatte);
– die Regulierung der »Klangentfernung« des Sängers vom Mikrophon (z. B. scheinbare »Nähe« des Stars zum Hörer durch leises Singen oder Flüstern ins Mikrophon = »akustische Großaufnahme«);
– die Verfremdung der natürlichen Klangfarben der Instrumente durch den Eingriff in das Frequenzspektrum;

Nena

– das »Overdubbing« (Aufnahme der beteiligten Stimmen und Instrumente auf getrennte Tonbandspuren), welches die nachträgliche Regulierung der einzelnen Gruppen je nach dem gewünschten Klangcharakter erlaubt (z. B. Sänger in »akustischer Großaufnahme«, Hintergrundchor mit »weitem Hall-Klangraum«, Rhythmusgruppe »trocken«, d. h. ohne Hall).

Aufgaben:
1. *Die Melodik der Schlager liebt formelhafte Wendungen. Untersucht die »Neunundneunzig Luftballons« darauf hin. Wieviele Melodiemotive kommen vor? Kennzeichnet sie jeweils mit entsprechenden Markierungsfarben.*
2. *Stellt die in der Melodie vorkommenen Töne zu einer Tonleiter zusammen. Welcher Ton »fehlt«? Wie wirkt sich dies auf den Charakter der Melodie aus?*
3. *Untersucht die Harmonik (Akkordfolge) des Liedes. Welches Akkordmodell liegt hier zugrunde? (vgl. Hörbeispiel, auch zu Aufgaben 4 bis 8)*
4. *Verfolgt die Aneinanderreihung der Melodiemotive (s. o. Aufgabe 1) in den verschiedenen Strophen. Stellt mit Hilfe der gewählten Markierungsfarben oder graphischer Symbole ein Motiv-»Puzzle« für das ganze Lied zusammen. Welche Motive bleiben unverändert, welche werden leicht variiert und gegeneinander ausgetauscht?*
5. *Achtet auf die formale Anlage des Liedes. Mit welchen Mitteln wird eine »geschlossene« Form erreicht? Welche psychologische Wirkung erzielt die klangliche Gestaltung der 1. und letzten Strophe?*
6. *Erarbeitet die »Rhythmusformel«; führt sie in Gruppen aus. Verfolgt ihr Auftreten im Lied.*
7. *Welche formale Anlage besitzt der (Gesamt-)Text des Liedes? Wie wird diese Form erreicht?*
8. *Setze den Inhalt in Bezug zur atomaren Aufrüstung der Bundesrepublik in der Zeit der Entstehung des Liedes. Welche Problemlösung schlägt Nena vor?*

Literaturangaben (mit den im Text verwendeten Abkürzungen)

1. Rockmusik

D. BAACKE: Beat – die sprachlose Opposition, München 1972 (= Baacke)
N. COHN: A Wop Bopa Loo Bop, Pop History, Rowohlt Taschenbuch Verlag, Reinbek bei Hamburg 1971 (= Cohn)
G. EHNERT/D. KINSLER: »Rock in Deutschland, Lexikon deutscher Rockgruppen und Interpreten«, Taurus Press, Hamburg 1984
H. HARING: »Rock aus Deutschland (West)«, rororo 7697, Reinbek bei Hamburg 1984
R. HOFFMANN: Zwischen Galaxis und Underground, Deutscher Taschenbuch Verlag, München 1971 (= Hoffmann)
R. U. KAISER: Das Buch der neuen Popmusik, Düsseldorf und Wien 1970^2 (= Kaiser I)
ders.: Rockzeit, Düsseldorf 1972 (= Kaiser II)
T. KNEIF: Sachlexikon Rockmusik, Rowohlt Taschenbuch Verlag, Reinbek bei Hamburg 1978
B. KÖNIG (Hrsg.): »Jazz Rock«, rororo, Reinbek bei Hamburg 1983
R. LINDNER (Hrsg.): Punk Rock, Verlag Freie Gesellschaft, Frankfurt 1978 (= Lindner)
F. NIERMANN: »Rockmusik und Unterricht«, J. B. Metzlersche Verlagsbuchhandlung, Stuttgart 1987
»Rock Session. Magazin der populären Musik«, rororo – Sachbücher, Reinbek bei Hamburg, seit 1977
S. SCHMIDT-JOOS in: Musik und Bildung, Heft 4, 1972, S. 165 und 167

2. Kritisches Lied

E. KLUSEN/W. HEIMANN (Hrsg.): »Kritische Lieder der 70er Jahre«, Fischer Taschenbuch Verlag, Frankfurt/M. 1981
A. LIPPING/B. GRABENDORFF (Hrsg.): »Friedenslieder«, Fischer Taschenbuch Verlag, Frankfurt/M. 1982
TH. ROTHSCHILD: »Liedermacher. 23 Portraits«, Fischer Taschenbuch Verlag, Frankfurt/M. 1980

Zu den Abkürzungen
rh-g = Rhythmusgitarre, b-g = Baßgitarre, dm = Schlagzeug, tp = Trompete, tb = Posaune, sax = Saxophon.

Der Jazz

Die Hintergründe: Sklaverei und afrikanisches Erbe. Negergottesdienst

Die Entstehung des Jazz und seiner Vorformen ist eng mit der Sklaverei und ihren Folgeerscheinungen verbunden. Nur vor diesem Hintergrund sind die geistlichen und weltlichen Gesänge der Neger zu verstehen, nur vor ihm auch Wesen und Aussage des Jazz selbst.

Unauslöschlich sind die furchtbaren Erlebnisse der vielen Millionen, die seit dem 17. Jahrhundert aus Westafrika (vor allem dem Senegal, der Guineaküste, dem Niger- und Kongogebiet) in die Neue Welt verschleppt werden. Kaum ein Drittel der in ihren afrikanischen Dörfern Überfallenen soll den Marsch durch den Urwald und die monatelange Überfahrt überlebt haben.

»Man trieb die Gefangenen – oft genug mit Peitschen- und Stockhieben – auf die Sklavenschiffe. ›Ihr Schluchzen und ihre leidvollen Lieder‹, so gestand der Kapitän eines solchen Schiffes, ›haben meine Seele oft sehr in Unruhe versetzt. Ich erhob mich dann und versuchte sie wieder zu beruhigen. Aber oft waren meine Bemühungen vergeblich ... und einige blieben bei der Vorstellung, man wolle sie schlachten‹. ›Nicht wenige‹, so berichtet ein Augenzeuge, ›erdolchten, erhängten oder ertränkten sich‹. – ›In der Enge der dicht beieinanderliegenden Schiffsdecks‹, so beschreibt es *Ernst Bornemann* in seinem Buch ›American Negro Music‹, ›hatten die Sklaven nicht mehr als 1,20 bis 1,50 Meter an Länge und 60 bis 90 Zentimeter an Höhe, so daß sie weder ausgestreckt liegen noch aufrecht sitzen konnten. Sie waren gefesselt – die rechte Hand an das linke Bein – jeweils in Reihen an lange Eisenstangen angeschlossen. In dieser Lage verbrachten sie die Monate ihrer qualvollen Reise. Sie kamen nur einmal täglich für weniger als eine Minute an Deck, um ihre Bedürfnisse zu verrichten. Die gedrängte Dichte von so vielen nackten menschlichen Lebewesen, ihr zerschlagenes, schwärendes Fleisch, die grassierende Ruhr und die ständige Ansammlung von Schmutz machten es für jeden Europäer unmöglich, sich länger als einige Minuten in den Sklavenräumen aufzuhalten, ohne ohnmächtig zu werden. Die Neger aber wurden ohnmächtig und erholten sich; oder sie wurden ohnmächtig und starben ...« (Nach: Zenetti, S. 12f.)*

Wehrlos sind die Sklaven auch auf den Sklavenmärkten und Plantagen der amerikanischen Südstaaten der Willkür ihrer weißen Herren ausgeliefert, wie zahllose zeitgenössische Berichte bezeugen. Zwar erhalten sie 1863 formell die Freiheit; doch beweisen die Auseinandersetzungen noch in unserer Gegenwart, daß das Rassenproblem bis heute nicht voll gelöst ist.

Die Musik, die die Neger aus ihrer Heimat nach Amerika mitbringen, ist durch einen außerordentlich vitalen und vielschichtigen Rhythmus bestimmt und wird überwiegend auf Schlaginstrumenten ausgeführt (vgl. MUU 11–13).

* zu den Literaturangaben in diesem Kapitel siehe S. 147.

Sklaventransport zu Lande

Sie dient vor allem der Anrufung der zahlreichen guten und bösen Götter und Dämonen, an der die ganze Dorfgemeinschaft durch Trommeln, Klatschen, Stampfen, Singen und Tanzen teilnimmt.

Überreste afrikanischer Kulte haben sich bei den amerikanischen Negern bis ins 20. Jahrhundert erhalten (z. B. Voodoo-Kult). Im Neger-Gottesdienst vermischen sie sich mit christlichem Glaubensgut.

HB 44 »Der Pfarrer läßt den Bibelvers aufschlagen und trägt drei oder vier Sätze vor. Das geschieht bisweilen sehr frei, oft schon hymnisch ... Die Leute in der Kirche gehen mit, und die Augen in ihren schwarzen Gesichtern beginnen zu leuchten. Sie nicken und schnalzen mit der Zunge: ›That's right – well – o yes, my Lord!‹ murmeln sie und bestätigen jeden Satz wie ein Echo: ›Amen, halleluja!‹ Immer emphatischer deklamiert der Prediger, immer mehr rhythmisiert er seine Worte ... Eine seltsame Erregung hat sich der Zuhörer bemächtigt, immer häufiger werden die Zwischenrufe und Aufschreie: ›Amen, halleluja!‹ Viele haben die Augen geschlossen und folgen bebend und zitternd dem Predigtwort. Die Zurufe, die die Rede akzentuieren, werden immer heftiger und drängender. Manchmal sind sie nur noch Schreie ... Mehr und mehr geht das akzentuierte, gesprochene Wort in Singen über, indem die Rede ständig in einen hohen, schrillen Ton umschlägt. Das Wort des Predigers ist zum Schrei geworden, zum Funken, den er ins Pulverfaß schleudert. Und dann bricht der Gesang los, eine ekstatische Litanei der Freude ...« (Nach: Zenetti, S. 166)

Aufgaben:
1. *Ergänzt die Ausführungen über die Versklavung von Negern nach Möglichkeit durch zeitgenössische Berichte (etwa aus »Onkel Toms Hütte«).*
2. *Welche Erscheinungen des Negergottesdienstes deuten auf den afrikanischen Kult zurück?*
3. *Vergleicht den hierzulande üblichen Gottesdienst mit dem der amerikanischen Neger. Welche Unterschiede (und Gemeinsamkeiten) stellt ihr fest?*
4. *Sammelt und diskutiert Gründe, die für oder gegen den sog. »Jazz-Gottesdienst« sprechen.*

Sklaventransport auf dem Schiff

Die vokalen und instrumentalen Vorformen des Jazz:
Negro Spiritual, Gospelsong, Blues, Worksong, Ragtime

Negro Spiritual und Blues haben denselben Erlebnishintergrund: die Sklaverei und ihre sozialen Probleme. Während aber das Spiritual *(geistliches Lied)* aus dem Glauben Trost und Hoffnung gewinnt, verharrt der Blues (»blue« = traurig, niedergeschlagen) im Bewußtsein der Ausweglosigkeit und Ohnmacht.

Negro Spiritual und Gospelsong

Die Spirituals beschreiben in ihrer Mehrzahl Situationen des Alten und Neuen Testaments, die denen der Neger ähnlich sind. Diese Entsprechung der Begebenheiten (z. B. die Gefangenschaft der Israeliten in Ägypten oder Babylon – die Sklaverei der Neger in den amerikanischen Südstaaten) bringt es mit sich, daß der Neger in den Spiritual-Texten häufig mehrere »Sinn- (oder Bedeutungs-)Ebenen« empfindet. So drückt sich etwa in dem Lied »Deep river, my home is over Jordan« (vgl. S. 40) nicht nur seine Sehnsucht nach Erlösung im religiösen, sondern auch im weltlichen Bereich aus. Im Singen sucht er den »tiefen Fluß«, der ihn vom »gelobten Land«, der »Heimat«, der Freiheit trennt, zu überwinden.

Mahalia Jackson

Beispiel:

»deep river«	»my home«
Jordan	Palästina
Atlantik	(West-)Afrika
Ohio	freiere Nordstaaten
Tod	Himmel

    Die Melodik der Spirituals ist im allgemeinen pentatonisch. Ihr Aufbau bevorzugt die dreiteilige Da-capo-Form.
    Die neuere Form des geistlichen Negergesangs nennt man Gospelsong. Er unterscheidet sich vom traditionellen Spritual vor allem durch seine größere Vitalität und die Verwendung moderner Tanzrhythmen. Auch gewährt er improvisatorischen Elementen, wie Ruf- und Antwortformen (Vorsänger – Chor oder Gemeinde) und spontanen Einwürfen, größeren Raum.

<u>Blütezeit</u> des Spirituals: Bereits in der Sklavenzeit unter den Negern weit verbreitet. Seit etwa 1880 gesammelt und nach und nach auch von den Weißen übernommen.
<u>Hauptvertreter:</u> Bishop Kelsey, Mahalia Jackson, Sister Rosetta Tharpe, Golden Gate Quartet, Louis Armstrong.

Aufgaben:
1. *Interpretiert den »Sinnebenen« entsprechend das Spiritual »Swing low, sweet chariot« (s. S. 39).*
2. *Deutet die Begriffe »sweet chariot« und »a band of angels« anhand der Bibelstellen 2. Könige 2, Vers 1,8 und 11 bis 12, bzw. Lukas 16, Vers 19 bis 22.*
3. *Erklärt Personen und Begebenheiten anderer Spirituals anhand der dazugehörigen Bibelstellen (z.B. »Go down, Moses«, s. S. 36).*
  Übertragt die Aussage der Vorlagen auf die Situation der Neger.
4. *Welche musikalische Form haben die Spirituals »Swing low« und »Nobody knows«, welche »When the saints« und »Down by the riverside« (s. S. 39, 33, 34, 37).*
5. *Untersucht die Melodik der im Liedteil abgedruckten Spirituals. Welche sind rein pentatonisch, welche quasi-pentatonisch, welche nicht-pentatonisch? (Notiert die jeweils vorkommenden Töne und stellt sie zu einer Tonleiter zusammen.)*

Blues und Worksong

HB 45 Der Blues spricht aus, was der Neger in seinem Alltag erlebt: Armut und Not, Naturkatastrophen, Todesfälle, Liebe und Untreue, Kriminalität, soziale Ungerechtigkeiten, Rassendiskriminierung. »Die Blues sind Lieder der Verzweiflung«, sagt die Gospelsängerin *Mahalia Jackson*. »Jeder, der den Blues singt, ist in einer tiefen Höhle und ruft um Hilfe.«

Viele Blues weisen die gleiche harmonische und formale Anlage auf: das 12-taktige Bluesschema. Es ist in drei Viertaktgruppen gegliedert und besitzt eine bestimmte Akkordfolge. Den typischen Ablauf und Wechsel von gesungenen Abschnitten und instrumentalen Einwürfen (»Kommentaren«) könnt ihr dem folgenden Standard-Schema entnehmen:

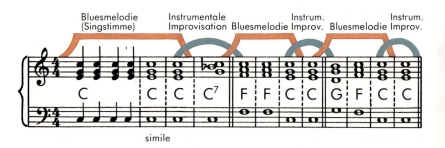

Für die Melodik des Blues sind die »blue notes« charakteristisch: ihrem afrikanischen Ursprung nach »neutrale« Intervalle, die im Blues als kleine Terz, kleine Septime und verminderte Quint (»flatted fifth«) in die Dur-Harmonik eingefügt werden. In den 20er und 30er Jahren wird der Blues als *Boogie-Woogie* auch auf dem Klavier beliebt. Seine Merkmale sind die »rollenden« ostinaten Baßformeln in der linken und die scharf rhythmisierten, meist punktierten oder triolierten Spielfiguren in der rechten Hand. Darüber hinaus ist der Blues als Formschema und Ausdrucksmittel (Blues-»feeling«) in allen Jazzstilen bis in die Gegenwart wirksam gewesen. Auch die Popmusik (seit 1955) verdankt ihm viel. (Vgl. S. 104).

Blütezeit des Blues: Wie das Spiritual bereits während der Sklavenzeit weit verbreitet. Seit etwa 1870 Aufspaltung in ländlichen (»archaischen«) und

städtischen (»klassischen«, überwiegend 12-taktigen) Blues. Blütezeit in den 20er und 30er Jahren.
<u>Hauptvertreter</u> des Blues: Ma Rainey, Bessie Smith, H. Ledbetter (genannt *Leadbelly*), Big Bill Broonzy, Louis Armstrong; des Boogie-Woogie: Pete Johnson, Meade Lux Lewis.

H. Ledbetter
»Leadbelly«

Aufgaben:
1. *Interpretiert die Texte von »Blues and trouble« und »Backwater blues« (S. 45 und 43).*
2. *Untersucht die Melodie des »Backwater blues« auf motivische Übereinstimmungen hin. Gebt ihren Aufbau in Buchstaben wieder und vergleicht ihn mit dem des Textes.*
3. *Zeichnet den Melodieverlauf desselben Blues nach. Welche Richtung (auf- oder abwärts) überwiegt? Wie interpretiert ihr diese Erscheinung vom Textinhalt her?*
4. *Wie heißen die »blue notes« in »Blues and trouble« und im »Backwater blues«?*
5. *Untersucht Blues-Plattenaufnahmen: a) Welche Aufgabe haben die begleitenden Instrumente an den Stellen, an denen die Melodie pausiert? b) Welche Bedeutung haben die Instrumente darüber hinaus für die Interpretation?*

»Wenn die Bäume gefällt werden sollen, mußt du singen. Ohne Gesang ist das Buschmesser stumpf«, sagt ein nigerianisches Sprichwort, und diese enge Verbindung von Arbeit und Musik war auch bei den amerikanischen Negersklaven lebendig. Sie sangen, wenn sie sich auf den Plantagen über weite Strecken verständigen oder einander Nachrichten übermitteln wollten (calls); vor allem aber sangen sie, um kollektive Bewegungsabläufe bei der Arbeit zu koordinieren: beim Straßenbau, beim Verlegen von Eisenbahnschienen, beim Holzfällen, beim Rudern usw. (Work Songs). Dazu waren die Ruf- und Antwortformen besonders geeignet, die die Neger aus ihrer afrikanischen Heimat kannten: Ein Vorsänger intonierte eine kurze Ruf-Phrase, auf die die Gruppe mit einer gleichen oder leicht abgewandelten Formel antwortete (»call and response«-Prinzip).

Ein Beispiel dafür ist »This ol' hammer« (s. UL-MUU).

Der Ragtime

Der Ragtime (rag = zerrissen, synkopiert; time = Takteinheit) gehört – wie das Spiritual und der frühe, gesungene Blues – in das Vorfeld des Jazz, da ihm noch zwei wesentliche Jazzeigenschaften fehlen: die Improvisation und die Band-Besetzung. Er ist eine *auskomponierte Klaviermusik*, die sich von der europäischen Salonmusik des späten 19. Jahrhunderts lediglich durch den härteren »beat« der linken und die stark punktierten und synkopierten (»schwarzen«) Rhythmen der rechten Hand unterscheidet, z. B.:

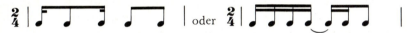

Oft werden mehrere 16- oder 32-taktige Teile zu längeren Reihungsformen zusammengesetzt. Ragtime-Melodien wurden nach 1900 häufig in den New Orleans-Jazz übernommen. Ein Nachfahre des Ragtime in den 20er Jahren ist der Charleston.

<u>Blütezeit</u> des Ragtime: 1880–1900.
<u>Hauptvertreter</u>: Scott Joplin und Jelly Roll Morton, beide p.

The Entertainer — Scott Joplin (Arrang. E. A. Quelle)

HB 46

© 1974 by BZ-Musik, Birnbach und Zimmerhansl, München

Aufgaben:
1. Zeige die rhythmischen Merkmale des Ragtime am Notenbeispiel auf. Zähle das Metrum ($\frac{2}{4}$) und klopfe dazu den Rhythmus des »Entertainer«.
2. Beschreibe die sog. »stride-bass«-Technik der linken Hand am Notenbeispiel.
3. Verfolge den Ablauf des »Entertainer« anhand des Hörbeispiels. Schreibe seinen formalen Aufbau (die Abfolge der »Teile«) in Großbuchstaben nieder. Kennst du europäische Formen (bzw. Gattungen), die entsprechend aufgebaut sind?

Jazzmusiker und ihre Stile

Louis Armstrong – der New Orleans-Jazz

Louis Armstrong

Der Jazz entsteht, als die amerikanischen Neger nach dem Vorbild der »weißen« Militär- und Straßenkapellen eigene Bands gründen und die musikalischen Eigentümlichkeiten ihrer vokalen Musik auf die Instrumente, bzw. die Band übertragen.

Zu diesen »schwarzen« Merkmalen gehören vor allem:
- die »blue notes« (s. o. S. 130),
- die kehlig-gepreßte, »schmutzige« Tonfärbung (»dirty tones«),
- die kraftvolle, explosive Tongebung (»hot«-Intonation),
- die vom Grundschlag (»beat«) wegzielenden Rhythmen und Akzente (»off beat«), die als »swing« empfunden werden, und
- die überragende Bedeutung der Improvisation, der Ausgestaltung einer Vorlage (einer Melodie oder Harmoniefolge) aus dem Stegreif.

Zentrum dieser Entwicklung ist New Orleans, um die Jahrhundertwende ein Schmelztiegel der Rassen und Völker und ihrer Kulturen, eine Stadt voll quirligen Lebens und überschäumender Vitalität – eine »Stadt voll Musik...«, wie zahllose Zeitgenossen berichten. Ob in Kneipen (»honky tonks«) oder feinen Hotels, ob bei Parties, Picknicks, Reklameumzügen, Dampferausflügen oder Beerdigungen: Musik ist immer dabei.

»Storyville! Ein schönes Leben hatte ich dort! An allen Straßenecken hörte ich Musik, und was für Musik!« (Armstrong, S. 110)

»Die Straße runter, auf einem Leiterwagen, kam die Jazzband aus dem einen Lokal; die Straße rauf, auf einem anderen Leiterwagen, kam die Kapelle aus einem anderen Lokal. In beiden Läden sollte am gleichen Abend für den gleichen Eintritt Tanz sein. Und die Musiker spielten, was sie konnten, denn die Menge merkte sich die Band, die ihr am besten gefallen hatte, und ging später am Abend da zum Tanz, wo sie spielte.« (Shapiro/Hentoff, S. 28)

Louis Armstrong and the »Hot Five«

»Wenn an einer Straßenecke zwei Kapellen aufeinanderstießen, band man die Wagenräder fest; so konnte vor Ausgang des Wettkampfes keine Kapelle entwischen.« (Armstrong, S. 79)

»Auf dem Weg zum Friedhof gingen alle langsam und folgten dem Kornettspieler. Der Kornettspieler war der Boß. Manchmal brauchten sie vier Stunden, um zum Friedhof zu kommen. Den ganzen Weg klagten sie laut und wiegten sich zum Takt der Musik in den Hüften ... Wenn dann die Leiche begraben war, gingen alle zurück in die Stadt, und jetzt fing die Band an, richtig loszulegen. Die Musik swingte, daß ihnen beinahe die Instrumente um die Ohren flogen. Sie spielten die heißeste Musik der Welt.« (Shapiro/Hentoff, S. 22)

In dieser bunten und musikalisch anregenden Atmosphäre, mitten im berühmt-berüchtigten Vergnügungsviertel »Storyville«, wird im Jahr 1900 *Louis Armstrong*, der Inbegriff des New Orleans-Jazz, geboren. Schon als kleiner Junge liebäugelt er mit dem Kornett. Doch erst als er mit 13 Jahren in eine Jugendfürsorgeanstalt eingeliefert wird, erhält er die Gelegenheit, sein Lieblingsinstrument zu spielen. Zwei Jahre später ist er bereits einer der besten Kornettisten von New Orleans. Tagsüber arbeitet er als Kohlenträger, Lumpensammler oder Milchmann, abends spielt er mit den »heißesten« Bands in den Tanzlokalen der Stadt. – Als Storyville 1917 wegen des Eintritts der USA in den 1. Weltkrieg geschlossen wird und New Orleans seine Stellung als Jazz-Zentrum immer mehr verliert, wandert auch Louis Armstrong, wie viele seiner Kollegen vor ihm, nach Chicago ab. Hier gründet er Mitte der 20er Jahre die »Hot Five« und die »Hot Seven«, mit denen er den New Orleans-Stil zu seiner höchsten Vollendung führt. – Die 30er Jahre sehen Armstrong – dem allgemeinen Stilwandel folgend – als den gefeierten Solo-Trompeter und Sänger, den Star und »Showman«, für den die begleitende Band nur noch Hintergrund ist. Erst mit dem Wiederaufleben des New Orleans-Jazz (»New Orleans-Revival«) um 1940 kehrt er zu seinem ursprünglichen Stil zurück (Gründung der »All Stars« 1944).

Die musikalischen Merkmale des New Orleans-Jazz:

Die New Orleans-Band geht aus der »weißen« Blaskapelle hervor. Sie besteht in der Regel aus drei »Melodieinstrumenten« (tp, cl, tb – Erklärung der Abkürzungen s. S. 147) und einer Reihe von »Rhythmusinstrumenten« (p, dm, bj oder g, tu oder b). Innerhalb der Gruppe der Melodieinstrumente besitzt die tp als Melodieträgerin die Führungsrolle. Sie wird von der cl in unermüdlichen Arabesken umspielt, während die tb eine ruhigere Gegenstimme ausführt. Die Rhythmusgruppe gibt den »beat« und bietet gleichzeitig die harmonische Stütze für das polyphone Spiel der Melodieinstrumente.

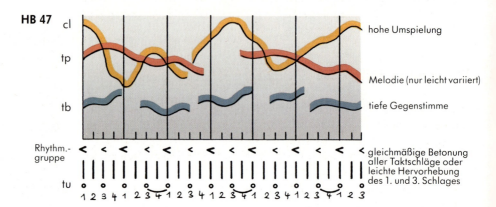

HB 47

Wurde der Ragtime noch Note für Note aufgeschrieben und wiedergegeben, so wird der New Orleans-Jazz bereits durchgehend improvisiert. Die Improvisation, d. h. die mehr oder weniger weitgehende Veränderung einer Vorlage aus dem Stegreif, gehört seither zu den Hauptkennzeichen des Jazz überhaupt. Für den New Orleans-Stil ist vor allem die »Kollektivimprovisation« charakteristisch, bei der alle Instrumente gleichzeitig improvisieren. Ihr steht die »Soloimprovisation« gegenüber, die ein einzelnes Instrument in den Vordergrund stellt. – Wie selbstverständlich die kollektive Improvisation für die New Orleans-Musiker ist, geht aus dem folgenden Zitat hervor:

»Als ich mich ans Klavier setzte, fragte ich nach den Noten. Die waren vielleicht überrascht! Sie sagten mir in aller Höflichkeit, sie hätten keine Noten und würden auch nie welche gebrauchen. Ich fragte dann nach der Tonart der ersten Nummer. Ganz offenbar redete ich in einer fremden Sprache, denn der Chef *(King Oliver)* der Band sagte zu mir: ›Wenn du zweimal klopfen hörst, spielst du einfach los.‹« (Shapiro/Hentoff, S. 83)

Blütezeit des New Orleans-Jazz: ca. 1900–1925. Seit etwa 1910 Nachahmung des New Orleans-Stils durch weiße Musiker und Bands (Dixieland). Seit Anfang der 40er Jahre New Orleans-Revival.
Hauptvertreter: Buddy Bolden (tp); Bunk Johnson (tp); Joe »King« Oliver (tp) mit seiner »Creole Jazz-Band«; Louis Armstrong (tp) mit den »Hot Five« und »Hot Seven«; Johnny Dodds und Jimmy Noone (beide cl); Kid Ory (tb) und seine »Olympia Band«; Jelly Roll Morton (p) und die »Red Hot Peppers«; Lil Hardin (p); Johnny St. Cyr (bj); »Baby« Dodds (dm). Weiße Bands: »Original Dixieland Jazz Band«, »New Orleans Rhythm Kings«.

Aufgaben:
1. Das Zitat zur Improvisation lehnt Noten ab. Welche Voraussetzungen aber müssen für das Zusammenspiel von fünf oder mehr Musikern immerhin gegeben sein?
2. Untersucht New Orleans-Aufnahmen: a) Welche Instrumente bestreiten die Soloimprovisationen? b) Welche Instrumente begleiten dabei das Soloinstrument? c) An welchen

Stellen treten Kollektivimprovisationen auf? d) Welcher formale Aufbau ergibt sich aus dem Wechsel von Kollektiv- und Soloimprovisationen?
3. Vergleicht Armstrong-Aufnahmen aus den 20er und den 50er bis 60er Jahren. Bestimmt die Unterschiede.
4. Versucht alte (»weiße«) Dixieland-Aufnahmen aufzutreiben. Hört sie an und vergleicht sie mit (»schwarzen«) New Orleans-Stücken. Lassen sich stilistische Unterschiede ausmachen? Achtet auf Einzelheiten, wie z. B. Tongebung, Spieltechnik, rhythmische Eigenschaften (»off beat«), Gestaltung der Improvisation.

Die Austin High School Gang – der Chicago-Jazz

Der New Orleans-Jazz bleibt in Chicago nicht auf die »Southside« (das Negerviertel) beschränkt. Immer mehr Weiße – vor allem Schüler und Studenten – werden von der neuen Musik ergriffen. Einige versuchen, sie nachzunahmen. So auch eine Gruppe junger Mittelschüler, die ihre Kapelle nach dem Namen ihrer Schule »Austin High School Gang« nennen.

Die <u>musikalischen Merkmale</u> des Chicago-Jazz: 1. die vertikal-homophone Spielweise innerhalb der Melodie-Gruppe; 2. die wachsende Bedeutung der Soloimprovisation gegenüber dem Tuttispiel; 3. die zunehmende Verwendung der g anstelle des bj, des b anstelle der tu sowie des sax (häufig anstelle der tb); 4. der leichte und federnde (»schwingende«) »beat« mit leichter Hervorhebung des 2. und 4. Schlages.

<u>Blütezeit</u> des Chicago-Jazz: ca. 1925–1930.
<u>Hauptvertreter:</u> Austin High School Gang (u.a. mit Jimmy McPartland, tp, Frank Teschemacher, cl, Bud Freeman, ten-sax), McKenzie & Condon's Chicagoans und der überragende, allerdings noch weitgehend vom New Orleans-Stil bestimmte Bix Beiderbecke (tp) mit seinen Wolverines.

Bix Beiderbecke

HB 48

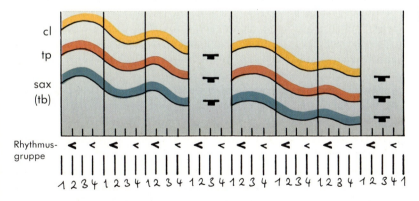

Aufgaben:
1. Vergleicht die Stimmführung des Chicago-Jazz mit der des New Orleans-Jazz (s. graphische Darstellungen). Welche Stellen wären so im New Orleans-Jazz undenkbar? Wie würde ein New Orleans-Klarinettist hier etwa verfahren?
2. Fertigt anhand von Schallplatten-Aufnahmen den »Grundriß« von Chicago-Stücken an (Wechsel von Tutti- und Solo-Stellen mit Instrumentenangabe).

Benny Goodman – der Swing-Jazz

Unter den jungen Weißen, die sich um 1925 dem Jazz verschreiben, ist auch Benny Goodman. Als Zehnjähriger erhält er eine Klarinette, mit 12 Jahren spielt er bereits im Theaterorchester und in verschiedenen Tanzkapellen der Stadt. Seine Jazz-Lehrmeister sind die großen Solisten und Bands der 20er Jahre: *Leon Rappolo* (von den *New Orleans Rhythm Kings*), *Buster Bailey, Jimmy Noone, Johnny Dodds* (alle cl) und *King Olivers Creole Jazz Band* mit Louis Armstrong. Doch nicht der »kammermusikalische« New Orleans-Jazz ist es, der ihn auf die Dauer fesselt. Ihm schwebt eine größere Formation, ein Jazz-Orchester, eine *Big Band* vor. Damit entspricht er nicht nur einer Entwicklung der späten 20er Jahre, sondern auch den Erfordernissen der wirtschaftlich schwierigen Zeit um 1930 (Weltwirtschaftskrise), die kleine Kapellen arbeitslos werden läßt und zum Zusammenschluß in größere Jazz- oder Tanzorchester zwingt. 1934 gründet Goodman eine eigene Big Band, die zum ersten Mal weiße und schwarze Musiker vereint. Mit ihrer ungewöhnlichen Perfektion und Vitalität erringt sie innerhalb weniger Jahre die Anerkennung nicht nur der Jazz-Fans, sondern auch zahlreicher Musikliebhaber außerhalb des Jazz-Bereichs. – Benny Goodman ist auch als Interpret klassischer Musik (vor allem des Klarinettenkonzerts von Mozart) hervorgetreten. Hindemith und Bartók haben ihm Kompositionen gewidmet.

Die musikalischen Merkmale des Swing-Jazz sind vor allem durch die Big Band bestimmt. Sie entsteht durch die mehrfache Besetzung der Melodiegruppe: 4 bis 5 sax, 3 bis 4 tp und 2 bis 3 tb; die cl verschwindet aus der Band, soweit sie nicht (wie etwa bei Benny Goodman) solistisch verwendet wird. Die Rhythmusgruppe (p, g, b, dm) bleibt einzeln besetzt. Für die Spielweise der Big Band ist charakteristisch, daß die Instrumentengruppen (»sections«) stets in geschlossener Formation eingesetzt werden und ihre Funktion als Melodie- oder Begleitgruppe von Abschnitt zu Abschnitt wechseln: Spielt die sax-section die Melodie, so begnügen sich die tp- und tb-sections mit kurzen, rhythmisch verschobenen (synkopierten) Einwürfen – und umgekehrt. Baß und große Trommel spielen unentwegt alle vier Schläge. – Die Improvisation ist stark eingeschränkt, sie ist nur noch dem jeweiligen Soloinstrument gestattet. Die Tuttistellen und die Begleitung der Soloimprovisationen werden vorher aufgeschrieben oder genau abgesprochen (»arrangiert«). Das Phänomen des *swing* (s.o. S. 132), das im New Orleans-Jazz jeder einzelnen (Melodie-)Stimme ihre jazztypische rhythmische Eigenschaft verlieh, wird jetzt auf den gesamten Big-Band-Satz (der Melodiegruppe) übertragen. Dadurch wird die Swing-Wirkung so stark, daß sie dem Jazz der 30er Jahre den Namen gegeben hat.

Duke Ellington

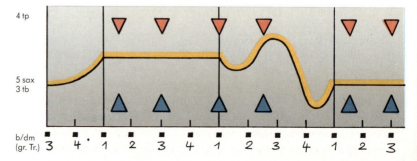

Benny Goodman

Blütezeit des Swing-Jazz: ca. 1930–1945.
Hauptvertreter: Benny Goodman (cl), Duke Ellington (p) und Count Basie (p), jeweils mit ihren Big Bands; Ella Fitzgerald und Billy Holyday (voc.), Harry James und Roy Eldridge (beide tp), Coleman Hawkins und Lester Young (beide sax), Glenn Miller (tb) mit seiner Big Band, Teddy Wilson und Art Tatum (beide p), Gene Krupa (dm).

Aufgaben:
1. *Weshalb wird die Kollektivimprovisation in der Big Band durch das »Arrangement« ersetzt?*
2. *Verfolgt und analysiert Swing-Aufnahmen: a) Welcher Aufbau ergibt sich aus dem Funktionswechsel der »sections« für das Eingangstutti? b) Welche Instrumente treten im Verlauf der Stücke solistisch hervor? c) Welche »section« wird als »background« für Soloimprovisationen bevorzugt? Weshalb? d) Notiert den formalen Aufbau eines Swing-Stückes.*
3. *Welche Art Musik zeigt noch heute deutliche Einflüsse des Swing-Jazz? Wie erklärt ihr die Tatsache?*

Charlie Parker – der Bebop

Während der Swing-Jazz noch in voller Blüte steht und zu einem riesigen Geschäft wird, stößt er bei einer Reihe von jungen schwarzen Musikern auf wachsende Ablehnung. Sie sehen in ihm eine Gefahr für den »echten« Jazz und versuchen, ihn auf seine ursprünglichen, »schwarzen« Elemente zurückzuführen. Einer der bedeutendsten unter ihnen ist Charlie Parker. In Kansas City geboren und unter ärmlichsten und unglücklichsten Verhältnissen aufgewach-

Charlie Parker

sen, verdient er schon als Junge mit dem Jazz seinen Lebensunterhalt. Jazz-Vorbilder findet er in seiner Heimatstadt genug – unter ihnen so bekannte wie *Count Basie* (s.o.), *Lester Young* (s.o.) und *Marry Lou Williams* (p). Doch hat sein Spiel von Anfang an einen eigenen, ungewöhnlichen Charakter: Sein Ton gilt als hart und aufreizend, seine Harmonien werden als »modern«, seine Tempi als verwirrend schnell geschildert. Seine Bandkollegen verstehen ihn nicht; sie verlachen ihn – einer wirft gar ein Schlagzeugbecken nach ihm, als er wieder einmal allzu eigenwillig improvisiert. Erst als Charlie Parker 1941 mit dem Swing-Orchester *McShann* nach New York kommt, trifft er auf gleichgesinnte Musiker: *»Dizzy« Gillespie* (tp), *Thelonius Monk* (p), *Kenny Clarke* (dm) und einige andere. Unermüdlich sind sie bald an der Arbeit; Nacht für Nacht – nachdem sie tagsüber, zum Gelderwerb, in professionellen Big Bands gearbeitet haben – kommen sie in kleinen Jazz-Lokalen (vor allem in »Minton's Playhouse«) zusammen und improvisieren und experimentieren. Das Ergebnis ist ein Stil von so verwirrender, schockierender Neuartigkeit, daß sich viele traditionell gesinnte Jazzmusiker und -liebhaber entschieden von ihm abwenden und Schallplatten- und Rundfunkgesellschaften sich noch Jahre lang weigern, ihn aufzunehmen bzw. zu senden. 1945 stellt Charlie Parker seine erste eigene Band (u.a. mit *Miles Davis*, tp) zusammen. Diesem Quintett sowie anderen Gruppen mit Dizzy Gillespie und Thelonius Monk verdanken wir die »klassischen« Bebop-Aufnahmen.

Die musikalischen Merkmale des Bebop: An die Stelle der Big Band tritt wieder fast ausschließlich die »Combo«, die solistisch besetzte Band, vor allem mit sax, tp, p, b und dm. Das Tutti ist durch das »Unisono« von sax und tp bestimmt. Das p gibt einzelne, rhythmisch verschobene harmonische Stützakkorde. Das dm hat seine Funktion als »beat«-Instrument weitgehend an den b abgetreten und konzentriert sich in erster Linie auf stimulierende Gegenakzente.

HB 50

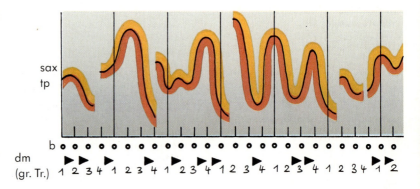

Seinen neuartigen Charakter erhält der Bebop vor allem durch die komplizierte Harmonik, die zu bis dahin im Jazz unbekannten Akkorden (übermäßige und verminderte Akkorde, alterierte Sept-Non- und Undezim-Akkorde u.a.) und Harmoniefortschreitungen führt. In der Melodik fällt die häufige Verwendung der (fallenden) verminderten Quint auf, die dem Bebop seinen lautmalenden Namen eingetragen haben soll. Die Themen wirken »zerrissen« und haben oft bereits improvisatorischen Charakter. Die Improvisationen selbst bevorzugen rasende Achtel- und Sechzehntelketten und bestimmen den hektischen Gesamteindruck des Bebop.

Kenny Clarke erklärt zum neuen Schlagzeugstil:
»Ich versuchte, das Schlagzeug zu einem musikalischen Instrument zu machen. Damals gab es nur das sture Taktschlagen. Ich wollte damit aufhören, denn für mein Gefühl war es ziemlich eintönig geworden ... Ich fing an, den Grundrhythmus auf dem großen Becken zu schlagen und mit der linken Hand selbständige rhythmische Figuren dagegen zu setzen.« (Shapiro/Hentoff, S. 272f.) Und Teddy Hill ergänzt: »Kenny Clarke setzte immer wieder die überraschendsten Akzente. Seine Spezialität waren kleine rhythmische Tricks auf der großen Trommel.« (Shapiro/Hentoff, S. 374)

»Dizzy« Gillespie

<u>Blütezeit</u> des Bebop: ca. 1940–1955.
<u>Hauptvertreter:</u> Charlie Parker (a-sax), John »Dizzy« Gillespie und Miles Davis (beide tp), Thelonius Monk und Bud Powell (beide p), Milt Jackson (vib), Oscar Pettiford und Charlie Mingus (beide b), Charlie Christian (g), Kenny Clarke und Max Roach (beide dm).

Aufgaben:
1. *Wiederholt und vergleicht die Besetzung a) des New Orleans-Jazz, b) des Chicago-Jazz, c) des Swing und d) des Bebop. Weshalb bevorzugen die Musiker des Bebop wieder die Combo?*
2. *Vergleicht die Spielweise des Bebop-Kollektivs mit der einer New Orleans-, Chicago- und Swing-Band.*
3. *Schallplatten-Analyse: a) Untersucht die Spielweise des dm: Welche Aufgabe kommt dem Becken, welche der großen Trommel zu? Vgl. dazu auch die Zitate von Kenny Clarke und Teddy Hill. b) Welche Instrumente bestreiten vor allem die Soloimprovisationen? Zählt die von jedem Instrument improvisierten Chorusse. c) Notiert den Aufbau eines Bebop-Stückes. Unterscheidet dabei wieder zwischen Tutti- und Solostellen (mit Instrumentenangabe). d) Sammelt Adjektive, die den Charakter des Bebop kennzeichnen (Tempo; Länge, Anlage und Ausdruck der Melodiephrasen; Akzentbehandlung; Tongebung).*
4. *Welche politischen Ereignisse könnten sich im Charakter des Bebop widerspiegeln?*
5. *Wie erklärt ihr Armstrongs Ablehnung des Bebop?*

Zeitlich parallel zum Bebop entwickelt sich der ›Progressive Jazz‹, eine weitgehend symphonische Big-Band-Musik, die in ihrer harmonischen Freizügigkeit und experimentellen Anlage (Verwendung von Streichern, Holzbläsern und Hörnern) der zeitgenössischen »ernsten« Musik nahekommt – freilich nicht ohne Verlust an elementar jazzmäßigen Elementen.

<u>Hauptvertreter:</u> Stan Kenton und seine Big Band.

Miles Davis, das Modern Jazz Quartet – der Cool Jazz

1945 endet der 2. Weltkrieg. Die unerträgliche Spannung der Kriegsjahre weicht einer tiefen Erschlaffung, ja Depression. Viele Hoffnungen, für die Farbige und Weiße Seite an Seite gekämpft haben, sind nicht erfüllt. Die Welt ist wiederum in zwei feindliche Blöcke gespalten, der Friede weiterhin unsicher; die Rassenauseinandersetzungen in den USA flammen erneut und verschärft auf. – Zu den Musikern, die die Enttäuschung und Resignation der

Miles Davis

Nachkriegszeit am deutlichsten erleben und in ihrer Musik widerspiegeln, gehört Miles Davis. 1945 noch einer der wichtigsten Bebop-Repräsentanten um Charlie Parker (s.o.), ist er zehn Jahre später der Mittelpunkt des Cool-Jazz. Die Merkmale seines Spiels: 1. die vibratolose, undynamische, verhauchte und gedämpfte Tongebung; 2. die meist gleitende Melodiebewegung (»relaxed«) mit langgezogenen Tönen und oft »verschleppten« Phraseneinsätzen; 3. der melancholische, resignierte Ausdruck; 4. die Bevorzugung der Combo (vor allem mit tp, sax, p, g, b, dm).

Zur gleichen Zeit lassen andere Gruppen eine deutliche Anlehnung an historisch bewährte »Ordnungen«, an »klassische« Kompositionstechniken und Formen erkennen. Inbegriff dieser Bestrebungen ist das Modern Jazz Quartet. Eines seiner bekanntesten und aufschlußreichsten Stücke ist »Vendôme«.

Blütezeit des Cool Jazz: ca. 1950–1960.
Hauptvertreter: Miles Davis (tp), Lee Konitz (a-sax), Lennie Tristano und Dave Brubeck (beide p), Modern Jazz Quartet (mit John Lewis, p, Milt Jackson, vib, Percy Heath, b, Kenny Clarke, später Connie Kay, dm).

Aufgaben:

HB 51
1. *Sammelt anhand der Aufnahme von »Round Midnight« Adjektive, die den Charakter der Stücke von Miles Davis kennzeichnen, und stellt sie den Bebop-Adjektiven (s.o.) gegenüber.*
2. *Welche Übersetzungen für »cool« bietet das Wörterbuch? Welche erscheinen euch nach den gehörten Aufnahmen am passendsten?*

Vendôme — Modern Jazz Quartet

HB 52

Transkription: Marlies Klar. Aus: Musik im Unterricht, Ausgabe 1967/4

Jazzmusiker und ihre Stile

Aufgaben:
1. *Untersucht nach Hören der Aufnahme des »Modern Jazz Quartet« das »Vendôme«-Thema: a) Welchem Stil der klassischen Musik steht es nahe? b) Welche Stelle zeigt am ehesten Jazz-Charakter? Inwiefern?*
2. *Welche Kompositionstechnik (homophon-akkordisch oder polyphon-imitatorisch) zeigt der oben wiedergegebene Anfang des Stückes? Auf welche Form (Gattung) läßt er schließen? (Beachtet vor allem vib und p!)*
3. *Zur Plattenaufnahme von »Vendôme«: a) Notiert die Themeneinsätze (mit Instrumentenangabe und ungefährer Tonhöhe, z. B. Sopran/Alt/Tenor/Baß). Wieviele Einsätze und wieviele »Durchführungen« liegen vor? b) Charakterisiert die »Zwischenspiele«. Wodurch erhalten sie ihren, von den Durchführungen unterschiedenen, Jazz-Charakter? c) Durch welche Mittel wird die Schlußsteigerung erreicht? Beachtet sowohl das Zusammenspiel von vib und p als auch den b. (Vgl. auch das Notenbeispiel b) oben.)*
4. *Analysiert entsprechend der »Vendôme«-Aufnahme andere Stücke des »MJQ«, wie »Concorde« und »Versailles«.*

Percy Heath

Als eine Reaktion auf die »weißen« Einflüsse im Cool Jazz ist der *Hard Bop* zu verstehen – Fortsetzung des Bebop und Rückbesinnung auf die »schwarzen« Merkmale des Jazz. Diese äußern sich in der rauhen, explosiven Tongebung, in dem hart zupackenden Schlagzeug, in der einfachen, aber ausdrucksstarken Melodik und vor allem der Vitalität und Ursprünglichkeit, die an den Blues und das Gospel erinnern.

<u>Blütezeit des Hard Bop:</u> 2. Hälfte der 50er Jahre, parallel zum Cool Jazz.
<u>Hauptvertreter:</u> Art Blakey (dm) und seine Jazz Messengers, Cannonball Adderley (sax), Sonny Rollins (sax), Max Roach (dm), Horace Silver (p).

Lennie Tristano, Ornette Coleman – der Free Jazz

1949 verwenden der blinde (weiße) Cool-Pianist <u>Lennie Tristano</u> und sein Sextett zum ersten Mal in Jazz-Aufnahmen harmonische Mittel, die sich radikal über die Gesetze der Tonalität hinwegsetzen: polytonale, sich aus der Überlagerung mehrerer selbständig geführter Melodielinien ergebende Klangschichtungen und dissonante Akkordfolgen, die den meisten Jazzmusikern jener Zeit unverständlich, ja »falsch« erscheinen. Die Aufnahmeleiter der Schallplattenfirma »Capitol« sind so verwirrt, daß sie zwei der vier Bänder sogleich wieder löschen. Erst zwei Jahre später werden die restlichen beiden (»Intuition« und »Digression«) veröffentlicht.

HB 53

Seit Ende der 50er Jahre arbeiten neben weißen auch junge schwarze Jazzmusiker – allen voran <u>Ornette Coleman</u> und John Coltrane (beide sax) – mit entsprechenden harmonischen Mitteln. Die Entwicklung neuer Spieltechniken und klanglicher Möglichkeiten (z.B. schrille, »schreiende« oder »quäkende« Töne durch die Ausnutzung extrem hoher oder tiefer Tonlagen der Instrumente; harte, explosive Tongebung; Geräuscheffekte, Verwendung von exotischen Instrumenten außereuropäischer Kulturen) und der Rückgriff auf elementar afrikanische Ausdruckselemente geben ihrer Musik außerdem eine Spontaneität (Unmittelbarkeit) und ekstatische Wildheit, wie sie der Jazz in diesem Ausmaß bisher nicht kannte. Zweifellos ist die Härte und Aggressivität auch als Herausforderung zu verstehen, als Ausdruck des Protestes der jungen

HB 54

Archie Shepp

schwarzen Generation gegen die weiterhin andauernde Rassenungleichheit und soziale Ungerechtigkeit.

Der Name Free Jazz verweist auf <u>die Hauptmerkmale</u> des Stils: Loslösung von allen herkömmlichen Bindungen und Ordnungsprinzipien, äußerste Freiheit der Improvisation und uneingeschränkte Verwirklichung des individuellen Ausdruckswillens. Wie der Free Jazz aber dem Einzel-Musiker fast unbegrenzte subjektive Spielmöglichkeiten bietet, so fordert er auch ein in früheren Stilen nicht gekanntes Maß an Aufeinander-Hören und -Eingehen. Die Qualität der »Interaktion«, des Aufeinander-Reagierens, ist eines der Hauptkriterien für die Qualität des Free Jazz.

<u>Blütezeit</u> des Free Jazz: Seit 1960.
<u>Hauptvertreter:</u> Lennie Tristano (p), Ornette Coleman, John Coltrane (beide sax), Eric Dolphy (fl, bar-sax), Don Cherry (tp), Charlie Mingus (b), Archie Shepp (sax).

Aufgaben:
1. *Welche »Ordnungselemente« der traditionellen Musik werden im Free Jazz außer Kraft gesetzt?*
2. *Der Jazz-Schriftsteller Schmidt-Joos schreibt: »15 Jahre nach der Geburt des Free Jazz ... muß gefragt werden, ob sich die Pforten zur Freiheit nicht vielmehr als Falltüren für die Musikanten erwiesen, ob der Fortschritt des Free Jazz kein Schritt ins Abseits war ...« (Nach: Musik und Bildung 1973, Heft 4, S. 170). Nehmt Stellung zu dieser Äußerung.*

Rock Jazz

Wolfgang Dauner

Die jüngste Jazz-Entwicklung ist durch die Verbindung der beiden »Vettern« Jazz und Rock bestimmt, deren gemeinsamer Stammvater der Blues ist. Verschmelzungen (»Fusionen«) zwischen Jazz und Rock gibt es bereits seit Ende der 60er Jahre bei *Blood, Sweat & Tears* (1968) und *Chicago* (1969); doch gelang der eigentliche Durchbruch erst zu Beginn der 70er Jahre mit Miles Davis' Doppelalbum »Bitches Brew« (1970) und *John McLaughlins* LP »The Inner Mounting Flame« (1972). Das revolutionär Neue ist die Verwendung elektrisch verstärkter oder voll elektronischer Instrumente (E-Gitarren, E-Baß, E-Piano; Keyboards, Synthesizer), die das »natürliche« Jazz-Instrumentarium ergänzen oder gar ersetzen. Rock-Power verbindet sich mit der hochentwickelten Harmonik des Jazz und seiner kunstvollen Improvisationspraxis. Die Jazz-Kritiker sprechen von *Electric Jazz, Fusion Music, Crossover Music* oder allgemein verständlich von Rock Jazz.

Auffallend stark ist die Abwendung des Rock Jazz von den Prinzipien des Free Jazz, der als elitär und esoterisch (d. h. nur für Eingeweihte verständlich) empfunden wird. So kennt der Rock Jazz wieder den verbindlich durchlaufenden »beat« und bevorzugt mit der »modalen Spielweise« (Konzentration auf eine einzige Tonleiter als »tonales Zentrum«, das ausimprovisiert wird) traditionelle, konsonante Zusammenklänge. Allerdings ist der Rock Jazz nicht an die Stelle des Free Jazz getreten; beide leben nebeneinander.

<u>Blütezeit:</u> Seit ca. 1970.

Hauptvertreter: Die Musiker des Rock Jazz kommen überwiegend aus dem Jazzbereich. Es sind dies vor allem Miles Davis (tp), John McLaughlin (e-g) und sein »Mahavishnu Orchestra«, Chick Corea, Herbie Hancock und Joe Zawinul (alle e-p) sowie die Gruppen Weather Report und The United Jazz + Rock Ensemble (u. a. mit Wolfgang Dauner, p und synth, Volker Kriegel, e-g, Albert Mangelsdorf, tb).

The dance of maya John McLaughlin

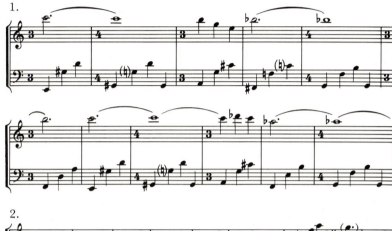

HB 55

John McLaughlin

© 1973 by Warner-Tamerlane Publ. Corp. & Chinmoy Music, Inc. Alle Rechte für D/A/CH und Ost-Europa: Neue Welt Musikverlag GmbH, München

Aufgaben:
1. *Untersuche das Taktartengefüge der beiden Notenbeispiele 1. und 2. Welche »Unregelmäßigkeiten« stellst du fest? Welche metrische Ordnung herrscht sonst durchweg im Jazz und in der Rockmusik?*
2. *Untersuche die Baßlinie von Teil 1. Welche Intervalle kommen vor? Welche überwiegen? Inwiefern ist die Tonfolge für Jazz oder Rock ungewöhnlich?*
3. *Untersuche den Teil 1 von »The Dance of Maya« im einzelnen. Versuche mit Hilfe des Notenbildes und durch intensives Hören das Taktartenmodell herauszufinden, das ihm zugrunde liegt. Wie oft kommt dieses Modell im Teil 1 vor? Wodurch erfährt der letzte Durchgang gegenüber den vorherigen eine klangliche Bereicherung?*
4. *Dem gesamten Teil 2 liegt das Taktarten-Modell ‖ 3 | 3 | 3 | 3 | 3 | 3 | 2 ‖ zugrunde (vgl. Notenbeispiel 2). Überprüfe beim Hören, wie oft es vorkommt. Wieso wird der 2. Teil trotz der ostinaten Wiederholung des metrischen Modells nicht eintönig?*
5. *Höre nun das Stück ganz und gib seinen formalen Aufbau in Buchstaben wieder. Weist die Anlage symmetrische Entsprechungen auf?*
6. *Welche Merkmale des »Dance of Maya« verweisen auf die Rockmusik? Welche auf den Jazz? Hältst du das Stück für eine geglückte »Fusion« von Jazz und Rock? Begründe deine Meinung.*

Beziehungen zwischen Jazz und klassischer Musik des 20. Jahrhunderts

Jazz und klassische Musik des 20. Jahrhunderts haben sich nicht völlig getrennt voneinander entwickelt. Zwischen beiden gibt es wechselseitige Beeinflussungen. Als Beispiele aus dem Bereich der »ernsten« Musik des 20. Jahrhunderts seien genannt: Igor Strawinsky, »Ragtime für elf Instrumente«, »Piano Rag Music«, »Ebony Concerto«; Paul Hindemith, »Ragtime« (aus der Klaviersuite »1922«) und Darius Milhaud, »La Création du Monde«.

Jazz-Improvisation

HB 56 Das weite Feld der Jazz-Improvisation müßte eigentlich ein ganzes Buch füllen. Hier wollen wir deshalb nur einen Einstieg in die wohl verbreitetste Form der gebundenen Improvisation versuchen. Am besten gelingt diese Hinführung mit einem erfahrenen Leader, einem Kenner aus der Jazz-Szene. Obwohl der Jazz in seiner ursprünglichen Form immer von einer kleineren Gruppe ausgeführt wurde, wollen wir dennoch einige Übungen mit der gesamten Gruppe veranstalten, um einen Einblick in die Improvisationstechnik zu erhalten.

Wie ihr schon erfahren habt, gehören zu den wichtigsten Elementen der *Jazz-Rhythmik* der »swing«, »drive« und »beat«. Wir können diese mit einfachen Klatschübungen (»Clap hands«) erarbeiten, wobei der Leader euch auf die jazztypischen »Abweichungen« vom vorgegebenen Rhythmus hinweisen wird.

Bei den folgenden Schlagfolgen (»patterns«) müßt ihr vor allem die unterschiedlichen Akzentuierungsmöglichkeiten beachten. Den »beat« markieren wir mit dem Fuß. Diese Rhythmen können wir auf der Tischplatte, einzelne auf Bongos/Trommel u. ä. ausführen.

Hier eine 12-taktige Rhythmuszeile, die aus bekannten Patterns zusammengesetzt ist und die wir später in unseren Spielstücken einsetzen können.

Aufgaben:
1. Erarbeitet das o. a. Beispiel genau mit den vorgegebenen Rhythmen.
2. Sodann spielt der Leader oder ein erfahrener Pianist aus eurer Gruppe dazu eine 12-taktige Harmoniefolge, wobei die Akkorde nur auf der 1. Schlagzeit erklingen.
3. Bei den folgenden Durchgängen (Chorus) werden die Akkordfolgen auch auf anderen Taktzeiten angeschlagen, bzw. in denselben Patterns der Clap hands-Gruppe.
4. Übertragt nun auch eure Patterns auf vorhandenes Schlagzeug; restliche Gruppenmitglieder begleiten weiterhin mit Clap hands.

Auch die *Jazz-Harmonik* ist ein umfangreiches Kapitel, und es bedarf eines kundigen Leaders, wenn ihr über die einfachsten Akkordfortschreitungen hinauskommen wollt. Aber das Grundmuster können wir uns erarbeiten und auch damit improvisieren.

Zu den gebräuchlichen Formen des improvisierten Jazz gehört auch heute noch das 12-taktige Bluesschema. Es besteht aus vier Takten Tonika, zwei Takten Subdominante, zwei Takten Tonika, zwei Takten Dominante und zwei Takte Tonika. Dieses Grundmuster wird jedoch immer wieder abgewandelt (vgl. S. 130).

HB 57

Aufgaben:
1. Spielt das 12-taktige Bluesschema (wie oben angegeben) auf vorhandenen Stabspielen zunächst in der Bewegung einer Ganzen Note, sodann in Halben, schließlich in Viertelnoten.
2. Erarbeitet ein einfaches Pattern und übertragt dieses auf die Harmoniefolge.
3. Nun spielen wir diese Grundakkorde mit jazz-typischen »Verfremdungen«:
    1. Hinzufügen der Septime $C^7 / F^7 / G^7$
    2. Hinzufügen des Sexte $C^6 / F^6 / G^6$

    Diese Akkorde können von einem Spieler in der Vierklangtechnik auf Stabspielen wiedergegeben werden.
4. Musiziert nun in dieser Harmoniefolge mit verschiedenen Patterns.
5. Nun können Rhythmusgruppe und Harmoniegruppe zusammenspielen.

Die *Melodik* des Jazz ist aufgrund der historischen Entwicklung ebenfalls stark vom Blues bestimmt. Ein wesentliches Merkmal der Blues-Melodik sind die »blue notes«, die als tief intonierte Terz und Septime gut zu hören sind. Als typisch erweist sich vor allem das Wechselspiel zwischen diatonischer Skala und Blues-Tonleiter.

Hier die Blues-Skala auf C:

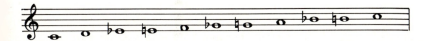

Wenn wir nun das 12-taktige Bluesschema unseren melodischen Erfindungsübungen zugrundelegen, dann müssen wir zuerst den Tonvorrat, also die Blues-Skala der betreffenden Stufe, bewußt machen. Den Tonvorrat wollen wir jeweils einer Gruppe zuordnen.

Aufgaben:
Gruppe I bis III richten sich die jeweilige Skala auf ihrem Instrumentarium ein, z. B.:

Gruppe I   auf C

Gruppe II   auf F

Gruppe III   auf G

Musiziert nun mit diesen 3 Tonräumen – die ersten Durchgänge mit nur jeweils 1 Spieler – in einfachen Patterns (z. B. nur Viertel- oder Achtelbewegung). Das 12-taktige Blues-Schema gibt euch die Abfolge des Gruppenspiels an! (Schwarze Noten werden bevorzugt angespielt.)

Die folgenden Spielfiguren für die Melodieinstrumente sind oft gebrauchte Floskeln; je nach vorhandenem Tonvorrat müssen sie entsprechend abgeändert werden:

Die folgenden Baßfiguren sind ebenfalls typische Begleitfloskeln des Blues. Ihr könnt sie auf Baßxylophon, auf Vibraphon und natürlich auf dem Klavier wiedergeben.

Jazz-Improvisation

Das Zusammenspiel aller Teilgruppen ist Ziel unserer Spielaufgaben. Hier nochmals eine Übersicht der Einzelgruppen. Wesentliche Erfahrungen sammelt ihr natürlich beim Rollentausch innerhalb der »Big Band«.

Gruppe A	(Melodiegruppe) + Baßlinie	Tonvorrat der Blues-Skalen auf C/F/G
Gruppe B	(Harmoniegruppe)	Akkordvorrat mit C^7 F^7 G^7 12-taktiges Blues-Schema
Gruppe C	(Rhythmusgruppe) Schlagzeug + Clap hands	Rhythmische Patterns (in der 12-taktigen Zeile)

Die eigentliche Gestaltungsaufgabe besteht nun in der Abwandlung unserer erarbeiteten Vorlage in den nachfolgenden Durchgängen. Diese Verwandlung, improvisatorische Umgestaltung eines Blues-Themas in den nachfolgenden Chorussen, bestimmt die Spielfreude des Jazz-Musikers.

Literaturangaben (mit den im Text verwendeten Abkürzungen)

L. ARMSTRONG: Mein Leben – Mein New Orleans, Rowohlt Taschenbuch Verlag, Reinbek bei Hamburg 1962 (= Armstrong)
A. ASRIEL: Jazz, VEB Lieder der Zeit, (Ost-)Berlin 1966
J. E. BERENDT: Das Jazzbuch. Vom Rag bis Rock, Fischerbücherei (Nr. 6246), Frankfurt/M. 1973
ders.: Blues, München 1960
ders.: Spirituals, München 1955 und 1962
A. M. DAUER: Der Jazz. Sein Ursprung und seine Entwicklung, Kassel 1977
ders.: Blues aus 100 Jahren, Fischer Taschenbuch Verlag, Frankfurt/M. 1983
H. W. HEISTER: »Jazz«, Bärenreiter Verlag, Kassel, Basel 1983 (mit 1 LP)
W. SANDNER (Hrsg.): »Jazz« (in der Reihe »Opus musicum« mit 3 LP's), Arno Volk Verlag, Hans Gerig KG, Köln 1980
N. SHAPIRO/N. HENTOFF: Jazz erzählt, München 1959 (auch: dtv Wissen Bd. 69) (= Shapiro/Hentoff)
L. ZENETTI: Peitsche und Psalm. München 1963 (= Zenetti)

Zu den Abkürzungen

b	= Baß,	p	= Klavier,	tb	= Posaune,
bj	= Banjo,	sax	= Saxophon,	tp	= Trompete,
cl	= Klarinette,	a-sax	= Alt-Saxophon,	tu	= Tuba,
dm	= Schlagzeug,	ten-sax	= Tenor-Saxophon,	vib	= Vibraphon,
fl	= Flöte,	bar-sax	= Bariton-Saxophon,	voc	= Gesang.
g	= Gitarre,	synth	= Synthesizer,		

Instrumente, Klangfarben, Ensembles

Akustische Grundlagen

Musik ist Schall

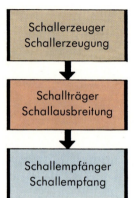

Die Lehre vom Schall nennt man Akustik.

Aufgabe:
In der Klasse herrscht völlige Stille. (Gibt es das?) Ein Instrument beginnt leise zu spielen, andere fallen ein, dazu kommen Singstimmen, Sprechen, In-die-Hände-Klatschen, Stampfen, die Schallereignisse werden immer lauter: aus der Stille entsteht Lärm.

Ihr habt eine große Anzahl der verschiedenartigsten Schallereignisse hervorgebracht und gehört. In der Reihe Schallerzeugung – Schallempfang fehlt noch ein Glied. Ein Flugzeug, das in 10000 m Höhe fliegt, ist über diese große Entfernung zu hören. Die Motoren erzeugen ein Geräusch, unsere Ohren empfangen es. Ein Schallträger leitet den Schall weiter und breitet ihn aus. Dieser Schallträger ist in unserem Falle die Luft.

Schallerzeugung, Schallquellen

Aufgabe:
Schlagt eine Stimmgabel an, haltet sie ins Wasser oder berührt ganz leicht eure Nasenspitze. Beobachtet eine angezupfte Gitarrensaite. Berührt die Membrane eines Lautsprechers und die Klangplatte eines Metallophons.

Wir stellen fest: Feste Körper beginnen zu zittern, bewegen sich schnell hin und her, wenn man sie dazu anregt: sie schwingen. Diese Schwingungen erzeugen den Schall.

Schwingungen

Stimmgabel

Die Enden der Stimmgabel schwingen wie ein Uhrpendel hin und her, nur eben viel schneller. Die Bewegung geht von der Mitte aus ganz nach links, über die Mitte hinweg ganz nach rechts und wieder zur Mitte zurück. Damit ist *eine* Schwingung vollendet. Schwingungen kann man auf einem Oszilloskop sichtbar machen. Die auf dem Bildschirm erscheinenden Figuren und Kurven heißen Oszillogramm. Die Schwingungen einer Zinke der Stimmgabel erscheinen auf dem Oszilloskop als Kurven. Was beim Pendel und bei der Stimmgabel eine Schwingung nach rechts und links ist, erscheint jetzt als Kurve mit dem Ausschlag nach oben und nach unten. Die aufgezeichnete Mittellinie gibt dazu noch die relative Zeit an, die eine Schwingung dauert.

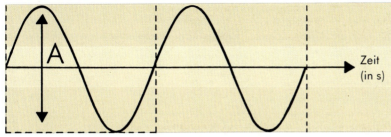

Ganze Schwingung (Periode)   A = Amplitude

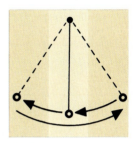

Pendel

Für die Musik und die Instrumentenkunde wichtige Begriffe:

Die Amplitude: Größte Auslenkung, Ausschlag der Schwingung. Sie ist entscheidend für die *Lautstärke*. Je größer der Ausschlag, desto lauter der Schall.

Frequenz: Anzahl der Schwingungen in einer Sekunde. Sie bestimmt die *Tonhöhe*. Je höher die Frequenz, desto höher der Ton. Die Frequenz wird gemessen in *Hertz* (Heinrich Hertz, Physiker).

1 Hertz (Hz)   = 1 ganze Schwingung pro Sekunde
1 Kilohertz (kHz)   = 1000 Hz
1 Megahertz (MHz)   = 1 Million Hz

Aufgaben:
1. *Überlegt und stellt fest, wo euch die Maßeinheit Hertz im täglichen Leben begegnet.*
2. *Wie ist das Verhältnis von Tonhöhe und Größe der Instrumente? Was ist der Grund für die besondere Form eines Flügels?*
3. *Welcher Zusammenhang besteht zwischen Saitenspannung und Tonhöhe?*
4. *Vergleicht die Tonqualität sehr alter mit der heutiger Schallplatten. Beschreibt und erklärt den Unterschied.*

Ausbreitung des Schalls

Aufgabe:
Stellt zwei Tamburine jeweils mit den Fellen nach außen einander gegenüber, Abstand etwa 1 m. Haltet ein an einer Schnur aufgehängtes Kügelchen so, daß es die Mitte des Fells gerade berührt oder befühlt dieses Fell ganz leicht mit der Hand. Klopft dann mit einem Schlegel gegen das andere Fell.

Obwohl die Tamburine sich nicht berühren, erregt das Fell des angeschlagenen Tamburins das Fell des anderen. Die Schwingung wird durch die Luft übertragen. Schall breitet sich u. a. in Luft aus. Die Übertragung des Schalls durch die Luft geschieht so, daß Luftteilchen (oder bei Metall feste Teilchen), die durch eine Schwingung angeregt werden, sich anstoßen und so die Störung von Teilchen zu Teilchen weitergetragen wird, ohne daß die Teilchen sich selbst von der Stelle bewegen. Im Rhythmus der schwingenden Stimmgabel oder Saite wird die Luft verdichtet und verdünnt. Diese regelmäßig aufeinanderfolgenden Verdichtungen und Verdünnungen bilden eine Schallwelle.

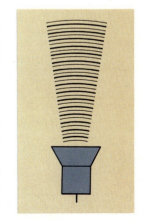

Schallwelle

Schallgeschwindigkeit

Du hast bestimmt bei sehr schnell und hoch fliegenden Flugzeugen schon beobachtet, daß die Richtung, aus der der Düsenlärm kommt, und der augenblickliche Standort der Maschine am Himmel nicht übereinstimmen. Das Flugzeug ist sozusagen schon weitergeflogen, ehe der Schall dich erreicht. Schall braucht also Zeit zur Ausbreitung. Die Schallgeschwindigkeit in der Luft beträgt etwa 340 m/s.

Aufgaben:
1. *Wie entsteht ein Echo?*
2. *Nach welcher Faustregel kann man die Entfernung eines Gewitters feststellen?*
3. *Welche Schwierigkeiten ergeben sich für einen Dirigenten, der ein Ensemble leiten soll, das viel Raum beansprucht (großes Orchester mit Chor)?*

Schallempfang

Empfänger beim Tamburinversuch war das Fell des Tamburins, das durch Schallschwingungen angeregt wurde. Der Empfänger, mit dem wir es in der Musik zunächst hauptsächlich zu tun haben, ist unser Ohr.

Aufgabe:
Was wißt ihr aus dem Biologieunterricht über das Ohr und das Hören? Der Hörbereich eines jungen Menschen liegt zwischen 16 Hz und 20 kHz. Mit zunehmendem Alter verringert er sich.

Ton – Klang – Geräusch

Aufgabe:
Vergleicht den Höreindruck, den ihr von einer Stimmgabel, einer Trompete, von Kastagnetten habt und versucht, die Unterschiede zu beschreiben.

Klarinette

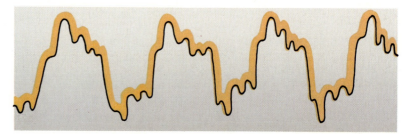

HB 58

Die Stimmgabel schwingt einfach und regelmäßig. Man nennt das eine *Sinusschwingung*. Man kann diese auch elektronisch mit einem Sinus- oder Tongenerator erzeugen. Der Höreindruck dabei wird als *Ton* bezeichnet. Beim Oszillogramm der Klarinette ist die einfache Grundschwingung zwar noch zu erkennen, die Linien sind aber ausgebuchtet, ausgezackt, unregelmäßig. Der Grundton wird von anderen Tönen mit höherer Frequenz überlagert, den Obertönen. Dadurch entsteht ein *Klang*. Musikinstrumente, auch die menschliche Stimme, erzeugen also keine Töne, sondern Klänge. Sie klingen interessanter und abwechslungsreicher als reine Sinustöne. Sind die Schwingungen völlig unregelmäßig, empfinden wir sie als *Geräusch*.

Die Obertöne

Aufgaben:
1. Drückt die Tasten g - c' - e' des Klaviers stumm nieder. (Dadurch werden die Dämpfer von den Saiten abgehoben.) Schlagt dann die Tasten C und c kräftig und kurz an. Dasselbe umgekehrt. Dann wie beim ersten Versuch, aber in der rechten Hand den Akkord as - des' - f'.
2. Blast über die Öffnung einer Flasche – leicht, stärker, stark. Versucht, auf einer Trompete mit unterschiedlicher Lippenspannung Töne hervorzubringen. Notiert diese.

Weil beim angeschlagenen Ton C nicht nur der Grundton erklingt, sondern seine Obertöne mitschwingen, werden auch die Saiten des Akkords zum Mitschwingen angeregt. Dagegen enthält C die Töne des Des-Dur-Dreiklangs nicht. Auf der Trompete kann der Bläser ohne Ventile nur Obertöne spielen. (So seltsam es klingt, der Grundton ist auf der Trompete und anderen Instrumenten gar nicht vorhanden.) Das Anblasen der Obertöne nennt man bei Blasinstrumenten Überblasen.

Die Obertonreihe:

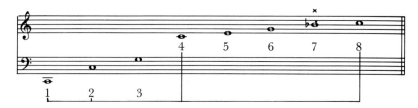

(× kein reines b, sondern etwas tiefer)

Die Obertöne sind entscheidend für den jeweils eigenen Klang der Instrumente. Ihre Anzahl und Stärke ist von Instrument zu Instrument verschieden, und das gibt ihm die charakteristische *Klangfarbe*.

Die Intervalle

Für das Gehör sind Intervalle Tonabstände. Da verschieden hohe Töne auch unterschiedliche Frequenzen haben, kann man die Intervalle auch als Verhältnisse von Frequenzen bezeichnen.

Aufgabe:
Fragt einen eurer Physiklehrer, ob die Schule ein Monochord besitzt. Ist das nicht der Fall, so könnt ihr den folgenden Versuch auch zur Not mit einer Saite der Gitarre machen. Halbiert die Saite durch Unterlegen eines keilförmigen Klötzchens. (Es darf nicht zu hoch sein, damit die Saite nicht stärker angespannt wird.) Welcher Ton erklingt im Vergleich zur ganzen Saite? Teilt die Saite in drei, in vier Teile. Experimentiert: Welches Intervall im Verhältnis zum Grundton hört man, wenn $1/3$, $1/4$ und wenn $2/3$, $3/4$ der Saite angezupft werden? Versehet die Töne mit Verhältniszahlen. Vergleicht dazu die Obertonreihe (s.o.).

Es ergeben sich folgende Frequenzverhältnisse:
Oktav $2:1$, Quint $3:2$, Quart $4:3$, große Terz $5:4$, kleine Terz $6:5$.

Klangerzeugung bei Instrumenten

Saiten werden angestrichen, angeschlagen, angezupft. Bogen, Finger, Klavierhammer sind die Erreger der Schwingung, die Saite ist der schwingende Körper. Bei den Blasinstrumenten schwingt die Luft im Rohr des Instruments.

Aufgaben:
1. Warum pfeift der Wind um die Ecken des Hauses und in der Takelage eines Segelschiffes?
2. Setzt eine Flaschenöffnung an die Unterlippe und blast flach über die Kante. Drückt das dünnere Ende eines Löwenzahnstengels zusammen und blast hinein. Preßt Luft durch die fest geschlossenen Lippen; macht dasselbe bei einer Trompete.

Blasinstrumente

Die in der zweiten Aufgabe gemachten Versuche entsprechen den drei Arten, mit denen die Luft in Blasinstrumenten zum Schwingen gebracht wird.

Flöte, Blockflöte: Ein Luftstrom wird gegen eine scharfe *Kante* geblasen. Ein Teil der Luft entweicht, der andere bricht sich an der Kante, es bilden sich Luftwirbel, die die Luft im Rohr zum Schwingen bringen.

Oboe, Fagott: Ein zusammengedrücktes Rohr, genannt *Doppelrohrblatt*, durch das Luft gepreßt wird, öffnet und schließt sich in sehr rascher Folge, es vibriert sozusagen. Dies erregt die Schwingungen im Instrument.

Der Klang wird also mit den Lippen und der Atemluft geformt.

Klarinette, Saxophon: Ein *einfaches Rohrblatt* wird am festen Schnabel befestigt. Der Vorgang ist dann ähnlich wie beim Doppelrohrblattinstrument.

Trompete, Horn: Bei den Blechbläsern vibrieren die Lippen, wenn die Atemluft hindurchgedrückt wird, die Vibration der Luft erregt die Schwingungen der Luft im Rohr. Der Ansatz des Bläsers ist entscheidend für die Qualität des Tones.

Eine besondere Art, die Luft zum Schwingen zu bringen, finden wir bei manchen *Pfeifen* der *Orgel*, beim *Akkordeon* und der Mundharmonika: Ein Metallplättchen schwingt durch Anblasen frei hin und her und teilt diese Bewegung der Luft mit. Man nennt diese Plättchen *Zungen*.

Trommeln, Glockenspiel, Holzblock: Man schlägt mit einem Schlegel auf Fell, Metall, Holz und bringt dadurch diese Materialien zum Schwingen. Manche schwingen länger und geben einen Klang, andere nur ganz kurz und geben ein Geräusch.

Aufgabe:
Feuchtet den Mittelfinger an, und gleitet sacht in kreisender Bewegung über den Rand eines dünnwandigen Glases.

Die Resonanz

Erinnere dich an den Versuch mit den beiden Tamburinen (S. 149). Schwingende Körper oder Luft können andere Körper unter bestimmten Umständen zum Mitschwingen anregen. Diesen Vorgang nennt man Resonanz. Sie macht Schwingungen besser hörbar, indem sie sie verstärkt.

Die Verstärkung durch Resonanz wird bei den folgenden Aufgaben untersucht. Die Frage ist, unter welchen Bedingungen dies geschieht.

Aufgaben:
1. Schlage eine Stimmgabel an, halte sie von dir weg in die Luft. Führe sie ans Ohr, setze ihren Fuß auf das Nasenbein, den Backenknochen, den Kopf, auf Wolle, auf ein Buch, auf die Tischplatte.
2. Prüfe den Klang einer Saite oder einer Metallophonplatte, wenn diese nicht auf dem Instrument aufgelegt bzw. aufgespannt sind.
3. Singe kräftig auf einem nicht zu niedrigen Ton »simm«, und summe das m ebenso kräftig weiter. Berühre dabei Nasenbein, Schädeldecke. (Was spürst du an den Lippen?)

Bei der Violine beispielsweise überträgt zum großen Teil der Steg die Schwingungen der Saite auf den <u>Resonanzkasten.</u> Er schwingt also mit. Dadurch ist die Abstrahlfläche, die den Klang an die Luft weitergibt, viel größer geworden im Verhältnis zur dünnen Saite. Vor allem gelangen aus den F-Löchern in der Decke des Instrumentes noch Luftschwingungen an die umgebende Luft.

Die Funktion der Klangverstärkung haben auch der Kessel der Kesselpauke, der Resonanzboden des Flügels, die Röhren unter den Klangplatten des Vibraphons, die Hohlräume im Schädelbereich und die Knochen.

Resonanzkasten

Tabellen

Die Tabellen orientieren über die *Namen*, die *Familien* (mit einigen ihrer Merkmale), den *Tonumfang* und die *Stimmung* der Instrumente.

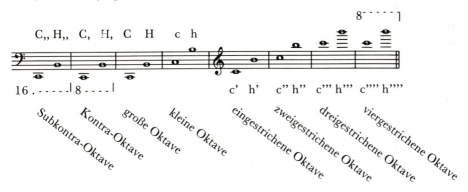

Aufgaben:
1. Zeichne eine Klaviatur oder eine Notenskala (auch beides) von $C_{,,}$ bis c'''', und klebe sie oben auf die Längsseite eines rechteckigen Pappkartons. Ziehe zur Einteilung Striche vom oberen zum unteren Rand z. B. so, daß die Noten c jeweils direkt rechts vom Strich stehen. Schneide schmale Streifen von festem Papier, deren Länge dem Tonumfang der Instrumente entspricht. (Eigene Farbe für jede Familie oder Instrumentengruppe.) Legst du dann die Streifen unter die entsprechenden Noten der Klaviatur, kannst du dir die Tonumfänge besser vorstellen und sie miteinander vergleichen.
2. Vergleiche die Umfänge der Holz-, der Blechblasinstrumente und der Streicher mit ihrer Anordnung in Partituren.

Indianer
mit Ujusinis-Flöte
(Bolivien)

A Blasinstrumente (<u>Aero</u>phone bzw. Luftklinger)

Erklärungen zu dieser Tabelle auf S. 156 im Text.

I Holzblasinstrumente

1. Kante		
a) *Blockflöten* (k)		
Sopran (Grundskala c)	(N: Oktave tiefer)	c″ – c″″
Alt (Grundskala f)		f′ – g‴
Tenor (Grundskala c)		c′ – c‴
Baß (Grundskala f)		f – f″
b) *Querflöte* (z)		c – c″″
Pikkolo	(N: Oktave tiefer)	d″ – c″″″

2. Doppelrohrblatt		
a) *Oboe* (k)		b – f‴
Oboe d'amore*	(N: kleine Terz höher)	.gis – d‴
Englisch Horn*	(N: Quinte höher)	e – b″
b) *Fagott* (k)		B, – es″
Kontrafagott	(N: Oktave höher)	C, – b′

3. einfaches Rohrblatt		
a) *Klarinette* (z) in B*		d – f‴
Baßklarinette in B*	(N: im 𝄞)	D – f″
b) *Saxophon* (k)		
Sopran in B*		as – des‴
Alt in Es*		des – ges″
Tenor in B*		As – es″
Bariton in Es*		Des – as′

II Blechblasinstrumente

1. Kesselmundstück (Zylindrisches Rohr)	
a) *Trompete* *	g – c‴
b) *Posaune*	B, – b′

2. Konisches Mundstück (Mehr oder weniger konisches Rohr)		
a) *Horn* in F*	(N: Quinte höher)	B, – f″
b) *Kornett* in B*		f – c‴
c) *Tenorhorn* in B*		E – c″
d) *Tuba* in F*		H, – g′

Horn- und
Trommelspieler
(Argentinien)

k = konisch; z = zylindrisch; N = Notierung.
* = transponierende Instrumente, (vgl. hierzu S. 156 f.)

B Saiteninstrumente (Chordophone bzw. Saitenklinger)

1. Streichinstrumente		
a) Violine		g – g''''
b) Viola (Bratsche)		c – c'''
c) Violoncello		C – e''
d) Kontrabaß	(N: Oktave höher)	E, – g''

2. Zupfinstrumente		
a) Gitarre (Laute)	(N: Oktave höher)	E – a''
b) Banjo		
c) Harfe		C, – gis''''
d) Zither		F, – d''''
e) Hackbrett		

C Gemischte Instrumente (besondere Aerophone – Chordophone)

1. Tasten-Blas-Instrumente *(Aerophone)*	
a) *Orgel*	C,, – g'''''
b) Mundharmonika	
c) *Akkordeon*	

2. Tasten-Saiten-Instrumente *(Chordophone)*	
a) Klavier	A,, – c'''''
b) Cembalo	C, – f'''

Spießgeige (Türkei)

D Schlaginstrumente (Membranophone bzw. Fellklinger sowie Idiophone bzw. Selbstklinger)

I Bestimmte Tonhöhe (Klänge)

1. Fell	2. Metall	3. Holz
a) Pauken (M)	a) Stahlspiel-Glockenspiel (I)	a) Xylophon, (I)
b) Tom-Tom (M)	b) Celesta (I)	Marimbaphon (I)
c) Bongo (M)	c) Metallophon, Vibraphon (I)	
	d) Gong (I)	
	e) Röhren (-Glocken) (I)	M = Membranophon
	f) Kuhglocken (I)	I = Idiophon

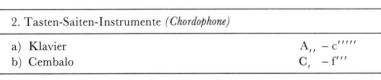

Winkelharfe (Gabun)

II Unbestimmte Tonhöhe (Geräusche)

1. Fell	2. Metall	3. Holz
a) Kleine Trommel (M)	a) Triangel (I)	a) Kastagnetten (I)
b) Große Trommel (M)	b) Becken (I)	b) Schlagstäbe (I)
c) Tamburin (M)	c) Tamtam (I)	c) Peitsche (I)
		d) Holzblock (I)
		e) Rasseln (I)
		f) Schraper (I)

Rasseln (Kongo)

Einfelltrommel (Somalia)

E Elektronische Instrumente (Elektrophone bzw. Stromklinger; vgl. S. 170 und S. 287 ff.)

Transponierende Instrumente

klingen höher oder tiefer als sie notiert werden. Sie sind in den Tabellen mit einem * gekennzeichnet. Einige Instrumente, z. B. die Sopranblockflöte oder der Kontrabaß, werden aus Gründen der Lesbarkeit eine Oktave tiefer bzw. höher notiert, zählen aber nicht zu den transponierenden Instrumenten.

Die Trompete in B, auch kurz B-Trompete genannt,

notiert:

klingt:

Ein Glockenspiel, die Sopranblockflöte, das Klavier haben als Grundskala die C-Dur-Tonleiter. Die Trompete in unserem Beispiel hat dagegen den Grundton b und die entsprechenden Obertöne (vgl. S. 151). Man spricht dabei von der *Stimmung* des Instrumentes. Dasselbe Instrument kann in verschiedenen Stimmungen vorkommen, z. B. Klarinette in A, B, Es oder Saxophon in F, Es. Dazu ist entweder das Instrument etwas anders gebaut, oder man kann Teile des Rohres auswechseln und so seine Länge verändern. In den Tabellen werden nur die wichtigsten Stimmungen genannt. N = notiert.

Zur Bauweise

Die Buchstaben z und k bedeuten »zylindrisch« und »konisch« und beziehen sich auf die Bohrung der Holzblasinstrumente bzw. auf das Rohr der Blechblasinstrumente. Der Durchmesser der Bohrung bzw. der Rohrumfang heißen *Mensur*. Bei den konischen Instrumenten erweitert sich normalerweise die Mensur von der Anblasstelle bis zum Schalltrichter. Bei den zylindrischen öffnet sich das Rohr erst vor dem Schalltrichter, der sog. Stürze. Uralte Erfahrungen und immer neue Versuche haben zu den heute gebräuchlichen Mensuren geführt.

Blockflötenensemble

Bau, Spielweise und Klangeigenschaften der Instrumente sowie Hinweise auf ihre Geschichte

Holzblasinstrumente (A I)

Als Material für Holzblasinstrumente (kurz: das Holz) verwenden die Instrumentenbauer teils einheimische Hölzer wie Ahorn, Birne, Buchsbaum, teils exotische und überseeische wie rotes Ebenholz (Grenadill) oder Holz der Kokospalme. Es gibt auch schon Instrumente aus Kunststoff.

HB 59

Aufgabe:
Querflöten bestehen fast durchweg, Saxophone immer aus Metall (A I 1b, A I 3b). Überlegt, warum sie trotzdem zu den Holzblasinstrumenten gezählt werden.

Für Flöten und Saxophone wird eine vergoldete, versilberte oder vernickelte Metallegierung gebraucht. Alle Holzblasinstrumente haben Grifflöcher. Das Öffnen oder Schließen der Grifflöcher verändert die Schwingungen der Luftsäule im Rohr und damit die Frequenzen. Der Ton wird höher oder tiefer. Ursprünglich gab es nur diese Grifflöcher. Die Griffe mancher Töne waren kompliziert, bei tiefen Instrumenten lagen die Grifflöcher zu weit auseinander, die Töne kamen nicht ganz rein und die Geläufigkeit hatte deutliche Grenzen. Mit der Zeit entwickelten Instrumentenbauer Systeme, in unserem Falle technische Hilfen, die die eben genannten Mängel beseitigten oder verminderten. Vor allem das System von Theobald Boehm (1794–1881), das er zunächst für die Flöte entwickelte (Boehm-Flöte), setzte sich durch und wurde auch auf andere Holzblasinstrumente übertragen. Der Klang der Flöte wurde kräftiger, die Tonreinheit und das Ansprechen der Töne zuverlässiger.

Aufgaben:
1. Vergleicht die Mensuren der Blockflöte, der Querflöte und des Saxophons.
2. Früher bestanden die Holzblasinstrumente aus einem Stück. Könnt ihr euch denken, warum man sie später so baute, daß sie in mehrere Teile zerlegt werden können?
3. Orientiert euch bei den folgenden Einzeldarstellungen der Instrumente immer an den Tabellen (S. 154f). Die Buchstaben und Zahlen geben an, wo ihr sie dort findet.

Die Blockflöte (A I 1a)

Im schnabelförmigen Mundstück sitzt ein Block, daher der Name. Sie war im 17. und der ersten Hälfte des 18. Jahrhunderts (Johann Sebastian Bach, Georg Friedrich Händel) sehr beliebt, wurde dann durch die Querflöte verdrängt und geriet in Vergessenheit, bis man sie zu Beginn unseres Jahrhunderts wieder »entdeckte«. Ihr Bau ist im wesentlichen gleich geblieben, sie besitzt kaum technische Spielhilfen. Deswegen muß der Spieler vor allem für chromatische Töne (die nicht zur Grundskala gehören) sog. Gabelgriffe beherrschen, die zum Teil schwer zu greifen sind. Trotzdem ist die Blockflöte ein wendiges Instrument. Ihr Klang ist zart, weich, ziemlich obertonarm.

Brandenburgisches Konzert Nr. 4, G-Dur, 2. Satz Johann Sebastian Bach

HB 60

Querflöte   Pikkolo

HB 61

Aufgaben:
1. Ihr hört ein Wechselspiel zwischen einer Solistengruppe und Tutti (Solisten und Orchester). Stellt den Wechsel graphisch dar, und achtet darauf, ob die eine Gruppe das Motiv der anderen wiederholt. Welches sind die Instrumente der Solisten?
2. Warum versucht ein Blockflötenspieler, der in einem kalten Raum musizieren soll, sein Instrument vorher anzuwärmen?

Die Querflöte, die Pikkoloflöte (A I 1 b)

Sie heißt so, weil sie quer vor dem Körper gehalten wird. Meist wird sie, beispielsweise in der Partitur, abgekürzt als Flöte bezeichnet.

Sie ist ein außerordentlich bewegliches Instrument; Läufe und Figuren, Sprünge, Triller, Legato und Staccato gelingen gleich gut. Besondere Wirkung erzielen die Doppelzunge und die Flatterzunge (schnelles Vor und Zurück der Zunge wie bei »de ke de ke« und Flattern der Vorderzunge wie beim rollenden »dr«). Der Klang ist in der Mittellage rund und sanft, in der Höhe hell und zum Teil scharf, in der Tiefe verhaucht. Im Mittelalter war sie als »Schweizer Pfeife« ein Söldnerinstrument und wurde zusammen mit der Kleinen Trommel gespielt. Zur Zeit Friedrichs II., der selbst ein guter Flötist war und komponierte, stieg die Flöte zum Modeinstrument des Adels auf.

Die Pikkoloflöte, kurz Pikkolo, ist halb so groß wie die Flöte und wird wie diese gespielt. Ihr Klang ist sehr hell, oben scharf und schrill. Sie schneidet sozusagen »wie ein Messer« durch den Klang des Orchesters. Ihr durchdringender Klang wird auch in der Blas- (Militär-)Musik verwendet.

Aufgabe:
Vergleicht den Klang der Flöte in den Hörbeispielen 41, 60, 61, 96, 166.

Die Oboe (A I 2a)

Oboe   Oboe d'amore

Die Oboe (haut bois, frz. = hohes Holz) mündet in einen Schalltrichter, während die tieferen Instrumente, die Oboe d'amore und das Englisch Horn, sofort an ihrem birnenförmigen Fuß erkennbar sind. Dieser Fuß hat unten eine verhältnismäßig kleine Öffnung, die nur einen Teil des Klanges austreten läßt. Beides dämpft den Klang. Durch das Doppelrohrblatt wird wenig Luft verbraucht, die Oboe kann lange Melodiebögen spielen. Sie kann aber auch heiter, lustig wirken. Der Klang der Oboe ist typisch durch seine »zarte Schärfe«, etwas näselnd, in der Tiefe fülliger, in der Höhe ziemlich dünn. Die Oboe d'amore (Liebesoboe) klingt verhaltener, dunkler und gedeckter als die Oboe. Dasselbe gilt für das Englisch Horn (vgl. dazu das Horn A II 2a, weshalb?).

Doppelrohrblattinstrumente sind schon auf Vasenbildern der Griechen zu finden (Aulos). Man trifft sie überall, ob in asiatischen Ländern oder z.B. in Frankreich als scharf klingende Bombarde.

Bau, Spielweisen und Klangeigenschaften

Holzblasensemble
(Das Horn
gehört nicht zur Familie,
rundet aber
den Gesamtklang ab).

HB 62

Brandenburgisches Konzert Nr. 1, F-Dur, Trio I   Johann Sebastian Bach

HB 63

Das Fagott, das Kontrafagott (A I 2b)

Diese Baßinstrumente sind so lang (Kontrafagott 6 m), daß man sie nicht als gerades Rohr baut, sondern geknickt. Es liegen zwei bzw. drei Rohrteile nebeneinander. Ein S-förmiges Verbindungsröhrchen zwischen Doppelrohrblatt und Instrument erleichtert das Spiel. Eine um den Nacken des Spielers gelegte Schnur trägt das Fagott. Das Kontrafagott steht auf dem Boden. Obwohl das Fagott vor allem in der Mittellage obertonreich ist, klingt es im ganzen etwas trocken, in der Tiefe ein wenig dick, voll und dunkel, in der Höhe verengt und etwas gepreßt. In der Kammermusik kann es komisch wirken.

Die Klarinette, die Baßklarinette (A I 3a)

Die Klarinette ist im Bau kräftiger als die Oboe. Die Baßklarinette ähnelt im Bau dem Saxophon. Besonders bei diesem Instrument fällt auf, wie die verschiedenen Stimmungen den Klang verändern. Klarinette in A: sanft, weich; in B: warm; in Es: leicht etwas grell. Die Baßklarinette klingt klar und rund. Jedenfalls ist die Klarinette reich an Obertönen, an Klangfarben und dynamischen Abstufungen. Sie ist beweglich und gleich gut einzusetzen für Melodielinien wie für Arpeggien, Läufe und Triller.

Die Klarinette ist aus den ersten Jahrzehnten des Jazz nicht wegzudenken. Ihre Beweglichkeit eignete sich für schnelle Tonketten und geläufige Improvisation. In der Militärmusik ist sie führendes Melodieinstrument. Bäuerliche Tanzmusik bevorzugte die höheren Klarinetten.

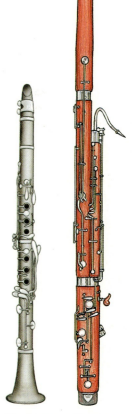

Klarinette   Fagott

Saxophon

Das Saxophon (A I 3 b)

Es ist wohl das einzige Instrument, das in Europa erfunden und zuerst gebaut wurde. Der Name stammt von dem Instrumentenbauer Adolphe Sax (1844). Das Saxophon ist ein sehr wendiges Instrument mit warmem, ausdrucksvollem Ton, zwar kräftig, aber trotzdem eher ein Piano-Instrument. Wirkliche Bedeutung erlangte das Saxophon zunächst im amerikanischen Jazz, über den es wieder zu uns zurück kam. Dabei stellte sich heraus, daß der Klang weich aber durchaus auch grell und verzerrt sein kann.

Die Blechblasinstrumente (A II)

Als Material wird Messing, eine Kupfer-Zinn-Legierung verwendet. Alle Blechblasinstrumente bestehen aus kreisförmig oder länglich gewundenen Röhren. Die ursprünglich geraden Instrumente waren zu lang und zu unhandlich. Ein Hornrohr kann bis zu 5,5 m lang sein.

Der Spieler kann auf »Natur«-Instrumenten, die außer dem Rohr keine Vorrichtungen zur Veränderung der Tonhöhe haben, nur die sog. Teiltöne der Obertonreihe blasen. Um 1815 wurden in Deutschland die Ventile erfunden (Drehventil und Pumpventil oder Piston). Die geöffneten Ventile bewirken eine Verlängerung des Rohres durch Zuschalten eines Rohrstückes. Das erste Ventil erniedrigt z. B. den geblasenen Teilton um eine große Sekunde, das zweite um eine kleine Sekunde und das dritte um eine kleine Terz. Das ergibt zusammen die sechs Halbtonschritte, die notwendig sind, um die Lücke zwischen dem zweiten und dritten Teilton auszufüllen. Mit wenigen Ausnahmen sind heute die Blechblasinstrumente mit Ventilen ausgerüstet.

Instrumente mit konischem Mundstück und Rohr klingen weicher als die Instrumente mit Kesselmundstück und zylindrischem Rohr. Der Klang wird durch mannigfach geformte Dämpfer, die in die Stürze geschoben werden, verändert. Denselben Zweck erreicht man z. B. beim Horn auch mit der Hand. Eine Sonderform ist der schalenförmige Plunger, der vor die Stürze gehalten und dann schnell fortgenommen wird. Es entsteht der Effekt U A U.

Die Trompete, die Jazztrompete (A II 1a)

Sie ist einfach länglich gewunden und hat drei Ventile. Der Klang ist hell, strahlend, schmetternd. Eine weich geblasene, hohe Trompete kann mit einer Flöte verwechselt werden. Die sog. Jazztrompete hat eine engere Mensur, der Bau ist gestreckter, die hohen Töne sprechen besser an. Sie hat Pumpventile. Geläufigkeit, Triller und verschiedene Arten der Zungentechnik sind möglich. Das Vibrato (schnelles An- und Abschwellen des Atemdruckes und damit kleine Tonveränderungen) findet man vor allem im Jazz; dazu smear (Verschmieren der Töne durch halbgedrückte Ventile) und Glissando. In der römischen Antike als gerades Instrument bekannt, wird die Trompete ab 1500 in der gewundenen Form gebaut. Als Signaltrompete war sie seit je vor allem militärisches Instrument. Damit kam sie dann in den Rang eines Symbols für adlige Herrschaft. Deshalb nahmen unter allen Musikern die Hoftrompeter den höchsten Rang ein, sie waren beritten (wie die Ritter!) und hatten Privilegien (Sonderrechte), die den Städten vom Adel erst später (in Konstanz z. B. 1413) und nicht sehr gerne übergeben wurden. Noch nach Jahrhunderten

Trompete

Blechblasensemble

HB 64

Mundstücke

konisch   kesselförmig

gehören Pauken und Trompeten in das Festorchester J. S. Bachs und sind Symbol für den Herrscher der Welt, der in Bachs Musik verehrt wird.

Die Entwicklung des Jazz, der Jazztrompete und des großen technischen Könnens der Jazzmusiker gehen Hand in Hand.

<u>Aufgabe:</u>
Vergleiche den Klang der Trompete in den Hörbeispielen 50, 51, 80, 120.

Die Posaune (A II 1 b)

Seit dem 16. Jahrhundert erfuhren die flache S-Form und das Zugsystem der Posaune keine Veränderungen mehr.

Um im unteren Bereich (ab zweitem Teilton) alle Halbtonfortschreitungen spielbar zu machen, benützten die Instrumentenbauer schon früh den »Zug«,

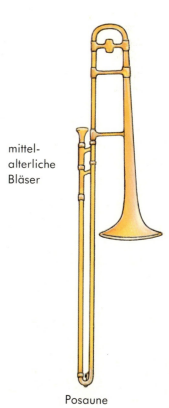

mittelalterliche Bläser

Posaune

zwei teleskopartig ineinandergeschobene Rohrteile, die durch Auseinanderziehen und Zusammenschieben lückenlose Tonveränderung sowie eine ausgewogene, durchweg gute Klangqualität ermöglichen. Die Posaune (Zugposaune) besitzt einen vollen, schönen, weichen und schmiegsamen, aber auch mächtigen, majestätischen Klang, der bei der Altposaune aufgehellt tönt, bei der Baßposaune dagegen etwas dick und massig. Das Instrument findet vielseitige Verwendung: In der Blaskapelle, im Orchester, im Jazz, aber auch in kleinen Ensembles (Posaunenchor).

Variationen über ein Thema von Purcell Benjamin Britten

Variation L, Takt 1–8, 16–21

© Boosey & Hawkes, Inc.

Das Horn (A II 2a)

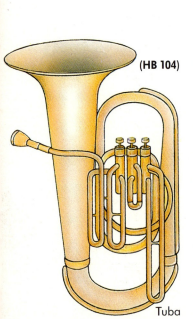

HB 65

Horn

HB 66

Das Horn ist kreisrund gebaut und hat drei Ventile. Sein großer Tonumfang wird durch die enge Mensur und das lange Rohr ermöglicht. Die linke Hand hält und bedient die Ventile. Die rechte hält die Stürze und stopft. Das Horn ist sehr empfindlich im Ansatz und schwer zu spielen. Seit dem Anfang des 19. Jahrhunderts wird das Horn mit Ventilen gebaut. Voller, runder, weicher, aber auch schmetternder Klang kennzeichnen das Horn. Seine Urahnen sind Stier- und Büffelhörner. Vor allem die Romantik liebte das Horn als Ausdruck der Natur, der Sehnsucht, der Weite (Beginn der Freischützouvertüre vgl. HB 81, 104).

Der Freischütz, Ouvertüre Takt 10–24 Carl Maria von Weber

(HB 104)

Hörner

Aufgabe:
Warum steht das Horn in der Partitur über der Trompete obwohl deren Tonumfang höher liegt?

Die Tuba (A II 2d)

Tuba

Es werden verschiedene Größen gebaut. Das Rohr hat eine Länge von 3,70 m beim kleinsten, bis 17 m beim größten Instrument. Diese Länge muß in einem mehrfachen und komplizierten Windungssystem untergebracht werden. Trotz ihrer Größe ist die Tuba verhältnismäßig beweglich. Sie klingt weich, füllig, im pp etwa wie ein Waldhorn. Sie hat, aus der Harmoniemusik kommend, auch Eingang in das Symphonieorchester gefunden als Baßfundament der Blechbläser und des Gesamtorchesters.

Die Saiteninstrumente

Die Streichinstrumente (B 1)

Saitenstimmung

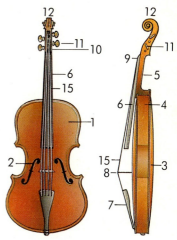

Die Violine (B 1a)

<u>Bauteile:</u> *Decke* (gewölbt, Fichte, darin die F-Löcher für den Schallaustritt), *Boden* (gewölbt, Ahorn), *Zargen* (Verbindung zwischen Decke und Boden, Ahorn), *Hals* (Ahorn) und *Griffbrett* (Ebenholz). Die Saiten führen vom *Saitenhalter* über den *Steg* (Ahorn, leitet die Schwingungen der Saiten zum Resonanzkasten) und den *Sattel* zum *Wirbelkasten* und den *Wirbeln* (spannen durch Drehung die Saiten). *Schnecke* (Abschluß des Wirbelkastens). Unter dem Steg (und der E-Saite) führt ein dünner Holzstab von der Decke zum Boden. Er heißt *Stimmstock*, stützt den Steg und leitet die Schwingungen. Auf der anderen Seite des Steges ist unter der Decke in Längsrichtung der *Baßbalken* angeleimt, er dient ebenfalls der besseren Resonanz.

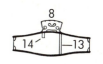

Als Material für die Saiten sind Därme und Stahl schon lange im Gebrauch, heute kommt Nylon dazu. Je nach Tonhöhe und Klangvorstellung werden auch Darm- und Nylonsaiten verwandt, die von Silber- oder Aluminiumdraht umsponnen sind.

Die *Stange* des Bogens ist aus Pernambucoholz hergestellt, zwischen *Spitze* und *Frosch* sind 100–120 Schwanzhaare eines Schimmelhengstes gespannt. Das drehbare Ende des Frosches sorgt für Spannen und Entspannen des Bogens. Vor dem Spielen bestreicht man die Haare mit einem Harz, dem Kolophonium, zur besseren Reibung auf den Saiten.

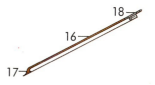

Die hohen Saiten klingen hell, brillant, die unteren weich und sanglich-voll. Durch Aufsetzen des Dämpfers (kleiner Kamm aus Ebenholz oder Metall) auf den Steg wird der Schwingungsbereich vermindert *(con sordino)*.

Die Geige ist außerordentlich beweglich und mannigfaltig in ihren Spielmöglichkeiten. *pizzicato* = Zupfen mit dem Finger; *col legno* = Schlagen mit der Stange; *vibrato* = leichte Tonhöhenveränderung durch seitliches »Schaukeln« des aufgesetzten Fingers. Es macht den Ton lebendig und interessant. *Tremolo* = Bogen wird sehr schnell hin und her geführt, ergibt anregende Tonwiederholungen. Die Geige ermöglicht auch *Doppelgriffe* (zwei Töne werden gleichzeitig gegriffen und gespielt). *Flageolett* = Finger berührt Saite nur leicht, es ertönen nur bestimmte obere Teiltöne, diese klingen flach und unwirklich.

Im 17. Jahrhundert brach die Zeit der großen italienischen Geigenbauer (-familien) an (Amati, Stradivari). Danach traten die ersten großen Instrumentalisten auf, z. B. der Virtuose und »Show-Man« Paganini (vgl. S. 275 f.). Der Handel mit Meistergeigen ist ein spannendes Kapitel der Musik- und Kriminalgeschichte. Oft waren die im Geigenboden eingeklebten »Original«-Zettel mit dem Namen des Geigenbauers samt den Geigen Fälschungen (vgl. die Malerei).

Bauteile der Violine

1 = Decke
2 = F-Loch
3 = Boden
4 = Zarge
5 = Hals
6 = Griffbrett
7 = Saitenhalter
8 = Steg
9 = Sattel
10 = Wirbelkasten
11 = Wirbel
12 = Schnecke
13 = Stimmstock
14 = Baßbalken
15 = Saite
16 = Bogenstange
17 = Bogenspitze
18 = Frosch

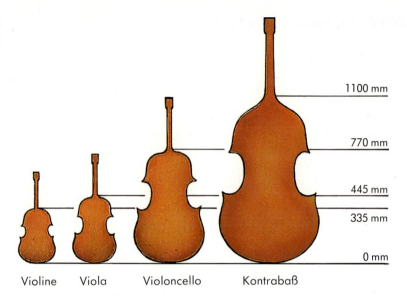

Geigenfamilie im Größenverhältnis

1100 mm
770 mm
445 mm
335 mm
0 mm

Violine Viola Violoncello Kontrabaß

Die Bratsche (B 1 b)

Gebaut wie die Violine, ist die Bratsche in den Abmessungen etwas größer. Sie wird im Altschlüssel (Bratschenschlüssel) notiert und klingt in der Tiefe ausdrucksvoll und dunkel, in der Höhe etwas eng und näselnd. Sie ist die Mutter der Violinenfamilie und hieß ursprünglich Viola da braccio (Armgeige) im Gegensatz zur Viola da gamba (zwischen den Knien gespielt).

Das Violoncello (B 1 c)

Es ist bei gleicher Bauart wesentlich größer als die Violine und wird zwischen den Knien gespielt. Es steht auf einem Stachel (*Dorn* = verstellbare Metallstange am unteren Ende, mit einer Spitze oder einer Gummikappe versehen).
 Der schöne, warme Klang wird vor allem von den Romantikern geschätzt. Violoncello heißt kleine Violone (Baßinstrument). Der Name Cello ist also nur eine Verkleinerungssilbe und ohne weitere Bedeutung.

Der Kontrabaß (B 1 d)

Er stammt von der Gambenfamilie, besitzt deren abfallende Schultern, ihren flachen Boden, die Quartstimmung und die Bogenhaltung mit dem Handrücken nach unten. Die Saiten werden mit einer Schraubenmechanik gestimmt. Der dunkle kräftige Ton ist in der Tiefe etwas rauh, in der Höhe gepreßt. Der Kontrabaß kam zuletzt in das Orchester, etwa zu Beginn des 18. Jahrhunderts. Bekannt ist seine Verwendung als Schlagbaß und Soloinstrument im Jazz und in der Unterhaltungsmusik.

Kontrabaß

Die Zupfinstrumente (B 2)

Die Gitarre, die Laute (B 2a)

Material: *Decke* aus Fichtenholz, sonst Rosenholz, Walnuß oder Ahorn.

Bei der Gitarre ist der *Resonanzkasten* flach; der quer auf die Decke geleimte *Saitenhalter* ist gleichzeitig *Steg*. In der Mitte der Decke befindet sich ein häufig geschmücktes *Klangloch*. In das *Griffbrett* sind metallene Bünde eingelassen. Die sechs Saiten werden durch Schraubenmechanik gestimmt. Saiten aus Stahl, Darm, Kunststoff, auch umsponnen. Je nach Saitenbezug und Spielweise ist der Klang voll und weich oder auch schrill, hart und kalt.

Der Daumen zupft die tiefen, die anderen Finger zupfen die höheren Saiten. Die Gitarre kann auch mit der Hand oder dem Plektrum (Metallblättchen) geschlagen werden (*martellato* = Wiederholen eines Tones, *Barré* = Finger legt sich quer über alle Saiten; *Kapodaster* = ein metallener Steg, der alle Saiten fest an das Griffbrett preßt und damit die Grundstimmung erhöht).

Die Gitarre ist arabisch-persischer Herkunft und wurde im 16. Jahrhundert zum spanischen Nationalinstrument. Sie war meistens ein Volksinstrument, weil sie verhältnismäßig leicht zu spielen ist und sich gut für Begleitungen verschiedenster Art eignet (Flamenco, Jugendbewegung, Folk- und Protestsong, Beat).

Das elektrisch verstärkte Instrument zeigt z. T. stärkere Veränderungen der Form. Durch die direkte Umwandlung der Saitenschwingungen in elektrische geht der ursprüngliche Klang der Gitarre fast gänzlich verloren. Er wird durch Verstärker, Hall, Filter und Verzerrungen manipuliert.

Gitarre

HB 67

Banjo

Stimmung von Gitarre und Laute

Das Banjo (B 2b)

Das Banjo ist eine Entwicklung der Weißen, wird dann im 18. Jahrhundert als typisches Negerinstrument in Amerika genannt.

Die Harfe (B 2c)

Material: Metallrahmen, Resonanzkasten aus Ahorn; Darmsaiten, in den tiefen Lagen drahtumsponnene Stahlsaiten.

Der sich nach oben verjüngende Schallkasten, der geschwungene Saitenhalter und die Vorderstange bilden ein Dreieck, in das die 46 bis 47 Saiten parallel zur Vorderstange eingespannt sind. Sieben Pedaltritte am unteren Ende des Schallkastens ermöglichen ein Höherstimmen jeder Saite um einen oder zwei Halbtonschritte. Zu diesem Zwecke können die Pedale in zwei Stellungen eingerastet werden (deshalb »Doppelpedalharfe«). Von den Pedalen laufen Verbindungsdrähte durch die Vorderstange zu dem Saitenhalter und den einzelnen Saiten.

Der Klang ist voll, weich und verklingt ziemlich schnell.

Die Harfe ist besonders gut geeignet für das Spiel gebrochener Akkorde (Fachausdruck *Arpeggien;* ital. arpa = Harfe).

Die Bogenharfe aus dem babylonischen Raum des 4. Jahrtausends v. Chr. war der Urahne der Harfe. In der Sage, in der Dichtung, bei Rittern und Spielleuten oder etwa in der alpenländischen Folklore spielt die Harfe als Kultinstrument, als Symbol für die Kunst und als Volksinstrument eine große Rolle.

Harfe

Gemischte Instrumente – Tasten-Blas-Instrumente (C

Die Orgel (C 1 a)

HB 68 Die Orgel übertrifft alle anderen Instrumente an Tonumfang, Farbenreichtum und Klangfülle. Sie besteht aus drei Hauptteilen: Pfeifenwerk; Spieltisch mit Manualen, Pedal und Registerzügen; Gebläse.

Pfeifenreihen mit je einer Pfeife gleicher Klangfarbe pro Taste nennen wir Register, wobei sich die Klangfarbe aus der Art der Pfeifen (Lippen- oder Zungenpfeifen) und aus ihrer Form ergibt (z. B. eng, weit, trichterförmig, konisch u. a.). Lippen- oder Labialpfeifen funktionieren ähnlich, wie es bei den Flöten beschrieben wurde. Bei Zungen- oder Lingualpfeifen versetzt der »Wind« eine Metallzunge in Schwingung.

Die Register unterscheiden sich aber auch durch ihre Oktavlage. Die Oktavlage ist durch Längenangaben gekennzeichnet, die sich auf die tiefste Pfeife des Registers beziehen. Ein Register mit der Bezeichnung 8′ (8 Fuß = 2,40 m) erklingt in der notierten Tonhöhe, 16′ eine Oktave tiefer, 4′, 2′ und 1′ erklingen eine, zwei bzw. drei Oktaven höher. Daneben besitzt die Orgel Register, die einem Klang Quinten, Terzen, Septimen und andere Intervalle beifügen, wobei die genannten Intervalle als solche nicht hervortreten, sondern im Gesamtklang aufgehen und ihn einfärben. Bestimmte Register (z. B. Mixtur, Scharf) sind mehrfach mit Pfeifen besetzt; sie verleihen dem Orgelklang einen besonderen Glanz.

Die Register der Orgel sind nach bestimmten Gesichtspunkten zu Gruppen (»Werken«) zusammengefaßt, die ihrerseits den verschiedenen Klaviaturen (»Manualen«) des Spieltisches zugeordnet sind. Auch das Pedal ist eine Klaviatur von etwa zweieinhalb Oktaven, auf der mit den Füßen gespielt wird. Da Klangfarbe und Lautstärke der Register durch den Anschlag nicht zu beeinflussen sind, ist eine Klangänderung nur durch den Wechsel des Manuals oder der Registrierung möglich.

Neuerdings sind vor allem in der Unterhaltungs- und Popmusik elektronische Orgeln stark verbreitet; hier und dort haben sie auch in der Kirche Eingang gefunden.

Sind auf einer Orgel je ein 16′-, 8′-, 4′- und 2′-Register »gezogen«, so ergibt sich beim Anschlag des Dreiklangs:

folgender Gesamtklang:

Das Akkordeon (C 1 c)

Dieser Name bezeichnet im engeren Sinne das Instrument, bei welchem auf der einen Seite des Balges die Tasten einer Klaviatur gegriffen werden, auf der anderen Knöpfe, die Einzeltöne und Akkorde erklingen lassen (rechte Hand, linke Hand). Die Durchschlagzungen reagieren im Gegensatz zur Mundharmonika gleich auf Druck- und Zugluft, die durch Zusammendrücken und Auseinanderziehen des Balges erzeugt wird. Größere Instrumente haben Register, d. h. es können verschiedene Klangfarben gewählt werden. Wir finden das Instrument hauptsächlich in der Volks- und Unterhaltungsmusik; es gibt Akkordeonorchester.

Aufgabe:
Eine Vorform des Akkordeons ist die Mundharmonika. Schraube ihre Verkleidung ab, und untersuche Bau und Funktion der Zungen.

Tasten-Saiten-Instrumente (C 2)

Das Klavier (C 2a)

Das Klavier gehört zu jenen Instrumenten, die mittels eines Tastenmechanismus Saiten in Schwingungen versetzen. Die Saiten sind über einen Stahlrahmen gespannt, der beim Klavier senkrecht, beim Flügel waagrecht angebracht ist. Tiefe Töne sind 1- und 2-chörig, mittlere und hohe 3- und 4-chörig (2 bzw. 3 oder 4 Saiten derselben Tonhöhe werden jeweils angeschlagen). Ein hölzerner Resonanzboden verstärkt den Klang. Durch Tastendruck setzt der Spieler einen komplizierten Hebelmechanismus in Gang, bei dem ein Hämmerchen die Saiten anschlägt und sofort wieder zurückfällt, um diese ausschwingen zu lassen. Beim Loslassen der Taste wird die Saite durch ein Filzpolster abgedämpft, sofern man nicht durch Druck auf das rechte Pedal die Dämpfung aufhebt.

Der Klang des *Flügels* ist voll und rund und je nach Anschlag dynamisch äußerst modulationsfähig.

Das Cembalo (C 2b)

Beim Cembalo befinden sich die Tasten an der Schmalseite des Instruments, also wie beim Flügel in der Verlängerung der Saiten. Charakteristisch ist die Kielmechanik: Der Druck auf die Taste setzt einen in einer Führung verlaufenden senkrechten Stab (»Docke«) in Bewegung. Ein daran angebrachter Federkiel (heute aus Leder oder Kunststoff) reißt die Saite an und gleitet mittels einer Schwenkvorrichtung beim Zurückgehen an der Saite vorbei.

Charakteristisch ist auch der scharfe, kurze Saitenton, der sich gut mit anderen Instrumenten, besonders mit Streichinstrumenten, mischt. Da der Ton durch die Art des Anschlags in Lautstärke und Klangfarbe kaum beeinflußt werden kann, werden Klangabstufungen durch Lauten- und Pianozüge (Dämpfung oder Halbdämpfung der Saiten), durch Register- und Manualwechsel erzielt.

Die Schlaginstrumente (D)

Klatschen und Stampfen mit den Füßen sind ursprüngliche rhythmische Äußerungen des Menschen. In der geschichtlichen Reihenfolge stehen an erster Stelle Schlaginstrumente. Kult, Zauber und Tanz waren von Urzeiten an begleitet vom aufreizenden und dann auch unheimlichen Rhythmus und Klang der Schlaginstrumente (Kult = Verehrung, Anrufung, Beschwörung der Götter, Gottesdienst). Während Schlaginstrumente in der Neuzeit zunächst mehr und mehr an Bedeutung verloren, sind sie seit Beginn dieses Jahrhunderts wieder auf dem Vormarsch.

HB 69

Aufgaben:
1. Nennt Beispiele von Musik, bei der das Schlagzeug eine herausragende Rolle spielt.
2. Auch andere Instrumente kann man in der Art eines Schlagzeugs spielen. Vergleicht die Möglichkeiten für Gitarre und Klavier anhand von verschiedenen Hörbeispielen.

Fellinstrumente mit bestimmter Tonhöhe (D I 1)

Die Pauken (D I 1 a)

Pauke

Material: Kalbs- oder Eselsfell, Metallkessel (Kupfer).

Über einen Kessel ist mit einem Reifen ein Fell gezogen. Es wurde früher mit einigen Schrauben gespannt. Heute wirkt ein Hebel oder ein Pedal auf den gesamten Reifen (Maschinenpauke). Die Schlegel haben Köpfe aus Filz, Leder Schwamm, Gummi. Das Naturfell reagiert äußerst empfindlich auf Temperaturschwankungen und Luftfeuchtigkeit; heute werden deshalb auch Kunststoffelle verwendet.

Die Pauken sind stimmbar. Die Tonhöhe kann erkannt werden, doch wirkt der Klang andererseits wieder unbestimmt, geräuschhaltig und dumpf. Der Klang ändert sich nach der Wahl der Schlegel und der Anschlagstelle.

Es wird meist auf wenigstens zwei Pauken gespielt (Tonika und Dominante). Unter einem Wirbel versteht man sehr schnelles, wirbelndes Nacheinander der Schläge. Die Pedalpauke ermöglicht ein Glissando.

Die Kesselpauke wurde durch den Islam verbreitet. Dabei wurden die großen Pauken, samt Reiter, von Pferden und Kamelen getragen. So übernahm sie die europäische Kavallerie. Im 17. Jahrhundert kamen sie in das Orchester. Schon vorher bildeten sie zusammen mit den Trompeten das »königliche« Instrumentarium (vgl. Abbildung S. 161).

Aufgabe:
Versuche bei Fellinstrumenten, die Klangfarbe durch eine andere Anschlagstelle und durch das Spiel mit Daumen, den anderen Fingern und dem Handballen zu verändern.

Jazzgruppe im Studio (Vibraphon, Schlagzeug, Baß, Flügel).

Metallinstrumente mit bestimmter Tonhöhe (D I 2)

Celesta, Vibraphon (D I 2b, c)

Beim Vibraphon sind Leichtmetallstäbe verschiedener Länge als Tonleiter über einem Resonanzkasten aufgereiht. Unter den Stäben des Vibraphons hängen Resonatoren (hier Röhren), in denen sich kreisrunde Plättchen drehen. Dadurch entsteht die Vibration.

Metallstäbe mit gläsernen Resonatoren und mit einer Klaviatur gespielt sind das Besondere bei der Celesta. Ihr Klang ist zart, hell und etwas unwirklich.

Der Gong (D I 2d)

So bezeichnet man die kleinen Scheiben aus Bronze, die vor allem aus Java zu uns kamen. Sie werden an einer Schnur senkrecht aufgehängt und mit weichem Schlägel zum Schwingen gebracht. Ihr Rand ist nur wenig gebogen, die Mitte gebuckelt. Ein tiefer, voller, etwas verschwommener Klang.

Die Röhren (D I 2e)

Röhren hängen an einem Gestänge und werden mit einem fellbezogenen Hammer geschlagen. Sie heißen auch Röhrenglocken, weil sie der Nachahmung von Glockenklängen dienen.

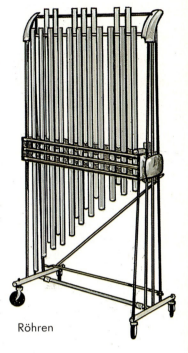
Röhren

Die Kuhglocken (Cencerra) (D I 2f)

Kuhglocken kommen aus Kuba, werden mit einem Holzstab geschlagen und klingen hell, manchmal etwas scheppernd. Wir finden sie im Jazz- und Tanzorchester, aber auch in modernster Kunstmusik, in der Schlaginstrumente aller Art häufig den Charakter der Komposition bestimmen.

Fellinstrumente mit unbestimmter Tonhöhe (D II 1)

Die Kleine und die Große Trommel (D II 1a, b)

Kleine Trommel

Bei der Großen und der Kleinen Trommel sind über Holz- oder Metallreifen beidseitig Felle gespannt.

Die Große Trommel ist türkischen Ursprungs, das Fell steht vertikal; sie wird mit einem Schlegel von der Seite geschlagen. Ihr Klang ist ziemlich dumpf, tief, freundlich und verbindet sich gut mit anderen Instrumenten. Das horizontale Fell der Kleinen Trommel wird mit zwei Holzschlegeln geschlagen (auch mit Stahlbesen). Über das untere Fell laufen zwei Schnarrsaiten (Darm mit Metall umsponnen). Der Klang ist hart und scharf.

Aufgabe:
Welche Aufgabe haben die Trommeln bei den folgenden Hörbeispielen?
Vgl. kleine Trommel und Pauke (D I 1a) in den Hörbeispielen 50, 51, 69, 100.

Große Trommel

Tamburin

Das Tamburin (D II 1 c)

Das Tamburin ist ein Einfellinstrument, in dessen schmalen Holzreif bewegliche Metallplättchen eingelassen sind, die beim Schlagen mitklingen. Es wird mit der Hand, den Fingerspitzen und dem Daumen geschlagen, auch geschüttelt. Das in Südeuropa sehr beliebte Instrument tauchte während der Kreuzzüge im Westen auf.

Metallinstrumente mit unbestimmter Tonhöhe (D II 2)

Der Triangel und das Becken (D II 2 a, b)

Das Tamtam (D II 2 c)

Das Tamtam, eine Sonderform des ostasiatischen Gongs, ist eine in der Mitte flache und am Rand gebogene Scheibe aus einer Metallegierung. Es wird mit einem weichen Klöppel geschlagen oder gewirbelt und klingt dumpf-geheimnisvoll.

Tamtam

Elektro-mechanische und elektronische Musikinstrumente (E)

Aufgaben:
1. Der Schall dieser Instrumente kommt aus dem Lautsprecher. Was wißt ihr von der Schallerzeugung und dem Weg des Schalls bis zum Lautsprecher?
2. Warum benötigt eine Popgruppe eine verhältnismäßig lange Vorbereitungszeit an dem Ort, an dem sie ein Konzert geben will?
3. Wie unterscheidet sich eine E-Gitarre von einer Konzertgitarre?
4. Kann man den Klang aus dem Lautsprecher von dem eines traditionellen Instrumentes unterscheiden?

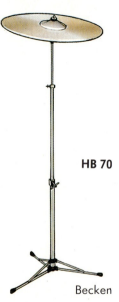

HB 70

Becken

Praktisch können die Schwingungen aller Instrumente abgenommen, in elektro-magnetische Schwingungen verwandelt und dann als Schall vom Lautsprecher wieder hörbar gemacht werden. Ein typisches Beispiel dafür ist die E-Gitarre. Die Schwingung wird »mechanisch« erzeugt und elektrisch weiter »verarbeitet«. Die Hammond-Orgel gehört zu diesen Instrumenten.

Im Gegensatz zu den elektro-mechanischen wird bei den elektronischen Instrumenten der Ton durch Generatoren, also auf elektronischem Wege erzeugt. Das E-Piano, die elektronische Orgel und vor allem der Synthesizer gehören zu dieser Gruppe. Der Synthesizer kann mit seinen Generatoren eine nahezu unbegrenzte Vielfalt von Tönen, Klängen und Geräuschen erzeugen (vgl. S. 289) und miteinander kombinieren. Man kann sich vorstellen, daß ein solches Gerät vielseitig verwendbar ist: in der Kunstmusik über die Unterhaltungsmusik bis zu Effekten (Wirkungen) beim Theater, beim Hörspiel im Rundfunk und in Fernsehfilmen.

Das Keyboard, ein elektronisches Instrument mit Klaviatur, entspricht dem Synthesizer, nur sind seine Möglichkeiten der Klangerzeugung und Klangmanipulation weniger umfassend.

Notierte Musik, grafische Notation

Gleichzeitig erklingende Instrumente und Stimmen werden in der Partitur zusammengefaßt (S. 89 und S. 184). Eine vereinfachte Darstellung des Klanggeschehens bietet der Klavierauszug (S. 226), der die Partitur auf dem Klavier spielbar macht. Hilfen für das Hören von Musik, vor allem sehr moderner Musik, gibt die Hörpartitur.

Aufgaben:
1. *Verfolge: a) einen Chor im Klavierauszug, b) in einer Partitur die führende Stimme (oft Violine), c) andere Instrumentalstimmen und Einsätze von Instrumenten.*
2. *Vergleiche die Partitur S. 89, die grafische Notation S. 298f., den Klavierauszug und die Frequenzgrafik S. 290 miteinander. Welche speziellen Aufgaben erfüllen diese Notierungsbeispiele?*
3. *Entwickle zu einem Lied, dann zu einem möglichst abwechslungsreichen und farbigen Stück für Orchester eine Hörgrafik und dann eine Klangpartitur.*
4. *Als Beethoven sein vielleicht bekanntestes Werk, die 9. Symphonie, mit der Melodie »Freude, schöner Götterfunken« komponierte (vgl. HB 116), war er völlig taub. Er hat dieses Werk nie mit seinen Ohren gehört. Welche Fähigkeit müssen ein Komponist und ein Dirigent haben, wenn sie Musik schreiben bzw. eine Partitur lesen?*

Rockband mit E-Gitarren und Keyboard

Formen und Satztechniken

Einfache und zusammengesetzte Formen, Rondo, Sonate, Sinfonie

Liedformen

Nur wenige kurze Lieder verlaufen in einem Bogen von Anfang bis Ende. Meistens sind sie durch mehr oder weniger ausgeprägte Atemstellen oder Zwischenschlüsse in Abschnitte gegliedert. Dabei ist oft zu beobachten, daß jeweils zwei Abschnitte von ähnlicher Länge aufeinander bezogen sind, wie das auch in den Bezeichnungen für diese Abschnitte zum Ausdruck kommt:

Frage – Antwort, oder Phrase – Gegenphrase: *meist je zwei Takte;* Vordersatz – Nachsatz oder Hinweg – Rückweg. Beide werden auch als Halbsätze oder, wenn sie selbständig sind, als »kleine Sätze« bezeichnet: *meist je vier Takte.*

Aus Vorder- und Nachsatz besteht der »große Satz«, auch Ablauf oder Periode genannt: *meist acht Takte.* Von einer Periode spricht man, wenn die Anfänge von Vorder- und Nachsatz motivisch ähnlich sind.

Je nach der Zahl Sätze (Abläufe, Perioden) unterscheiden wir *einteilige, zwei-* oder *dreiteilige Liedformen.* Die Wirklichkeit ist allerdings bunter, denn häufig erscheinen die Liedformen durch Dehnungen, eingeschobene Wiederholungen, Anhängsel oder durch Kürzungen verschleiert. Oder es treten bei mehrteiligen Liedern kleine Sätze (4 Takte) als selbständige Teile auf. Unregelmäßigkeiten haben also nichts mit mangelnder Qualität zu tun, sondern können durchaus reizvoll und überraschend sein.

Einteilige Liedform

Zweiteilige Liedform (Vgl. S. 85)

(s. S. 32)

Dreiteilige Liedform

Das Lie-ben bringt groß Freud, es wissen's al-le Leut. Weiß mir ein schönes Schät-ze-lein, mit zwei schwarzbraunen Äu-ge-lein, die mir, die mir, die mir mein Herz er-freut.

Aufgaben:
1. Wir singen die Lieder und legen bewußt unsere Atemstellen auf die Einschnitte der Melodien.
2. Wir vergleichen die Schlüsse der Abschnitte und unterscheiden Ganz- und Halbschlüsse. Beim Ganzschluß ist der Schlußton Bestandteil des Tonikadreiklangs, der vorletzte Ton des Dominantdreiklangs. Der Halbschluß schließt oft auf der 5., aber auch auf anderen Stufen der Tonleiter.
3. Wir versuchen, die 4-taktigen Abschnitte zu gliedern. Atemstellen werden wir nicht entdecken, aber deutlich erkennbare Lockerungs- oder Entspannungsmomente.

4. Bringt die Grafiken mit den entsprechenden Notenbeispielen in Verbindung. Verwendet die Begriffe Phrase und Gegenphrase, Vorder- und Nachsatz (bzw. Halbsatz, kleiner Satz), großer Satz (bzw. Periode). Äußert euch zum Aufbau der ein- und zweiteiligen Liedform sowie zur Besonderheit der hier als Beispiel angeführten dreiteiligen Form.

Barform

Die Barform, die auf Minnesänger und Meistersinger zurückgeht, finden wir in vielen geistlichen und weltlichen Liedern vom 16. Jahrhundert bis in unsere Tage. Richard Wagner läßt in seiner Oper »Die Meistersinger von Nürnberg« einen Text vortragen, den er wörtlich einem alten Meistersingerlehrbuch entnommen hat: »Ein Gesätz (= Strophe) besteht aus zweenen Stollen, die gleiche Melodei haben sollen ... Darauf erfolgt der Abgesang, der sei auch etlich' Verse lang und hab' sein' besondre Melodei, als nicht im Stollen zu finden sei.«

Tagelied (1778) Johann Friedrich Reichardt

Wach auf, meins Herzens Schö-ne, zart Al-ler-lieb-ste mein!
Ich hör ein süß Ge-tö-ne von klei-nen Wald-vög-lein.
die hör ich so lieb-lich sin-gen, ich mein, ich säh des
Ta-ges Schein vom O-ri-ent her drin-gen.

(Weitere Strophen s. UL-MUU).

Aufgaben:
1. Wir singen das Lied und achten bewußt auf Phrasen und größere Abschnitte.
2. Versucht, die Grafik, das Lied und den Text aus dem Meistersingerlehrbuch in Übereinstimmung zu bringen, und gebt eine Definition der Barform, wobei ihr die Begriffe Stollen und Abgesang verwendet.

Zusammengesetzte Liedform

Oft werden mehrere einfache Liedformen zu größeren Sätzen zusammengesetzt. Die zweiteilige zusammengesetzte Liedform, die übliche Form barocker Tanzsätze, besteht aus zwei Abschnitten, die beide wiederholt werden und von denen der zweite häufig etwas länger ist.

Die Bagatelle op. 119, Nr. 1 von Ludwig van Beethoven ist ein Beispiel für die zusammengesetzte dreiteilige Liedform, wie sie uns ähnlich in Klavierstücken sowie in langsamen Sätzen von Sonaten und Sinfonien begegnet. Von Beethoven gibt es drei Folgen solcher Klavierstücke, die er »Bagatellen« (Kleinigkeiten, Nebensächlichkeiten) nannte.

Wir erkennen in dem Stück Abschnitte, in denen der vorige musikalische Gedanke weitergeführt wird, oder ein neuer Gedanke antwortet, oder ein früherer Gedanke wiederkehrt. Die musikalischen Formbegriffe, die wir zur Beschreibung benötigen, heißen Motiv, kleiner Satz, Variation, Gegensatz, Wiederkehr.

Aufgaben:
1. Wir hören das Stück, lesen die Noten mit und gliedern es entsprechend den Atemstellen.
2. Bis auf die Coda sind es durchweg 4-taktige Sätze, die sich als Vorder- und Nachsätze zu 8-taktigen großen Sätzen zusammenschließen. Kennzeichnet mit kleinen Buchstaben die gleichen, ähnlichen, verschiedenen oder wiederkehrenden kleinen Sätze.
3. Welche Gliederung weist die Coda auf?
4. Beschreibt die Gesamtform, indem ihr die großen (8-taktigen) Sätze zu größeren Einheiten zusammenfügt und sie mit Großbuchstaben kennzeichnet.

Bagatelle op. 119, Nr. 1

Ludwig van Beethoven

Joan Miro:
»Nachtigallenlied um Mitternacht und beim Morgenregen«

Menuett

Das Menuett, entstanden im 17. Jahrhundert, erfreute sich als Hoftanz Ludwigs XIV. großer Beliebtheit. Gegen Ende des Jahrhunderts gelangte es als einer der eingeschobenen Tänze in die Suite (s. S. 315f.), und gegen 1765 übernahm es Joseph Haydn als 3. Satz in das Streichquartett und in die Sinfonie. Die Merkmale des Menuetts, ¾-Takt und ein angemessenes Schreittempo, blieben erhalten, aber das Menuett war nun nicht mehr zum Tanzen bestimmt, sondern als Darbietungsmusik stilisiert.

Formal war das Menuett zweiteilig, wie auch die anderen Sätze der Suite. Vor allem beim Orchestermenuett zeichnet sich eine zweifache formale Erweiterung ab. Dem Menuett wird ein zweites, in kleinerer Besetzung, beigesellt – das »Trio«; danach erklingt wieder das Menuett (da capo). Innerhalb des jeweils zweiten Abschnitts von Menuett und Trio bildet sich eine oft leicht veränderte Reprise des Anfangsteils heraus (A' bzw. C').

Tanzmusik des 17. und 18. Jahrhunderts gliedert sich in der Regel in 8-taktige Perioden oder große Sätze mit 4-taktigen Halbsätzen. Hier zeigt sich, daß Mozart die Periodisierung phantasievoll abgewandelt hat.

Menuett aus Sinfonie A-Dur, K.V. 201

Wolfgang Amadeus Mozart

HB 72

Einfache und zusammengesetzte Formen

Aufgaben:
1. Wir erkennen in dem Menuett beim Hören und Nachlesen rhythmisch prägnante 1-taktige Motive, 2-taktige Phrasen und 4-taktige Halbsätze.
2. Welche Gruppierungen ergeben sich, wenn wir die jeweils ähnlichen Motive, Phrasen und Halbsätze zu größeren Einheiten zusammenfassen? Gebt die formale Struktur des Menuetts durch eine Folge von Buchstaben für die ähnlichen oder verschiedenen Bauglieder und durch eine Grafik wieder.
3. Der 1. Teil des Trios besteht aus 8 Takten, was die übliche Einteilung in Vorder- und Nachsatz nahelegt. Untersucht die Bauglieder, und überlegt euch Gründe, die für eine andere Einteilung sprechen.

Rondo

Wiederkehr und Gegensatz sind zwei grundsätzliche Möglichkeiten musikalischer Formbildung. Ihre einfachste Anwendung, die dreiteilige Liedform ABA, wird im Rondo erweitert. Ein Refrain A wechselt mit mehreren gegensätzlichen Strophen ab: ABACAD ... A (Kettenrondo). In dieser Form mag das Rondo aus dem Rundgesang mit seinem Wechsel von Chorrefrain und Vorsängerstrophen entstanden sein. Etwas geraffter ist die fünfteilige Rondoform ABACA, die sich mit den zwei Strophen B und C begnügt. Sie wird in der Klassik gerne durch eine nochmalige Wiederkehr von B und A erweitert und abgerundet: ABACABA (klassisches Rondo). Die an sich siebenteilige Form zeigt dabei eine deutliche Neigung zu dreiteiliger Blockbildung. Der Rahmengruppe ABA steht ein in Gewicht und Umfang ebenbürtiger Mittelteil C gegenüber: ABA C ABA. Statt der Abschlüsse und Neuanfänge gehen die Teile oft ineinander über oder werden durch Überleitungen miteinander verbunden. Der wiederkehrende Refrain wird häufig variiert.

Das »Sonatenrondo«, das auch durch die Folge ABA C ABA gekennzeichnet ist, schlägt insofern eine Brücke zur Sonatenhauptsatzform (s. S. 182), als B einem zweiten Thema entspricht. Es erscheint beim ersten Auftreten (Exposition) in der Tonart der Dominante oder Tonikaparallele, beim zweiten Auftreten (Reprise) in der Grundtonart. Der Teil C ist durchführungsartig angelegt.

Aufgaben:
1. Wo beginnen und enden Refrain und Strophen?
2. Wie ist der Refrain (A) in sich gegliedert? Verwendet die aus den Liedformen bekannten Begriffe.
3. Zu Beginn des Refrains ist deutlich eine markante Dreitongruppe zu erkennen. Ein solcher rhythmisch-melodischer Baustein wird »Motiv« genannt (s. S. 174). Verfolgt, wie das Motiv verarbeitet wurde (Verarbeitungsmöglichkeiten: Motivvariation = Änderung von Intervallen, Umkehrung, Einfügen von Zwischennoten; Motiverweiterung = Verlängerung; Motivverkleinerung = Verkürzung).
4. Vergleicht das letzte Auftreten des Refrains mit dem ersten. In welchem Tonartenverhältnis stehen die Strophen B und C zum Refrain?
5. Versucht, den ersten Teil von B mit Hilfe der Begriffe Phrase und Gegenphrase formal und ausdrucksmäßig zu erklären. Inwiefern ist der 2. Teil von B unregelmäßig gebaut?
6. Die Überleitung zwischen C und A enthält, ineinander übergehend, eine Anknüpfung an den Teil C sowie eine neutrale Stelle und einen Vorausblick auf den Refrain. Erläutert diese Begriffe am Notenbild.

Sonate D-Dur, 3. Satz, Rondo

Joseph Haydn

Folgt Takt 1–20, danach:

Einfache und zusammengesetzte Formen

Sonate

Sonate (lat. sonare = klingen) war ursprünglich die allgemeine Bezeichnung für ein Instrumentalstück. Zu Beginn des 18. Jahrhunderts bei Antonio Vivaldi, Henry Purcell, Johann Sebastian Bach, Georg Friedrich Händel u. a. hatte sie vier Sätze (langsam – schnell – langsam – schnell), von denen die schnellen meist polyphon (s. S. 186) gearbeitet waren. Um 1760 bildete sich die klassische Sonatenform aus, die je nach Besetzung als Sonate (1 bis 2 Instrumente), Trio, Quartett, Quintett, auch als Sinfonie oder Konzert für Soloinstrument und Orchester bezeichnet wurde.

Sonatenhauptsatzform

Der erste Satz (schnell), die »Sonatenhauptsatzform«, besteht aus den Hauptteilen Exposition (eine langsame Einleitung kann vorangehen), Durchführung, Reprise und Coda.

<u>Exposition</u>. Hauptthema (oder 1. Thema) – Überleitung – Seitenthema (oder 2. Thema) – Überleitung – Schlußgruppe. Die Schlußgruppe kann ein bloßer Anhang oder ein selbständiger Formteil sein. Sie kann neue Motive bringen oder Motive der Themen aufgreifen. Das Hauptthema steht in der Grundtonart. Ist diese eine Dur-Tonart, stehen Seitenthema und Schlußgruppe in der Dominanttonart; ist sie eine Molltonart, stehen sie in der parallelen Durtonart.

<u>Durchführung</u>. Motive aus den Themen, auch aus den Überleitungen und der Schlußgruppe, werden modulierend (vgl. S. 76) sowie durch häufige Wechsel von Tonhöhe, Lautstärke, Begleitungsart und (bei Sinfonien) Instrumentation verarbeitet.

<u>Reprise</u> (= Wiederaufnahme). Hauptthema – Überleitung – Seitenthema – Überleitung – Schlußgruppe. Themen und Schlußgruppe erklingen in der Grundtonart.

<u>Coda</u>. Schlußteil der Sonatenhauptsatzform. Manchmal nur kurze Schlußbekräftigung, manchmal durchführungsartig.

Der zweite, langsame Satz steht meist in einer dreiteiligen Form, die sich etwa durch die Buchstaben ABA' wiedergeben läßt.

Zum dritten Satz, Menuett mit Trio, s. S. 177f. Etwa ab 1800 findet sich in der Sinfonie statt des Menuetts auch das Scherzo (¾-Takt, sehr schnell, dieselbe Form wie das Menuett).

Der 4. Satz (schnell) ist meist wieder in Sonatenhauptsatzform oder als Rondo geschrieben.

Aufgaben:

1. *Im Hauptthema der Exposition (Takt 1 bis 8) verarbeitet Haydn zwei Motive. Beschreibt die Motive und ihre Veränderungen.*
2. *Versucht, das Thema in Taktgruppen zu gliedern (Gesichtspunkte: Pausen, echoartige Wiederholungen).*
3. *Worin liegen die Gegensätze des Seitenthemas (Takt 30 bis 35) gegenüber dem Hauptthema?*
4. *Welche motivische Beziehung besteht zum Hauptthema?*
5. *Äußert euch zum Ausdruck beider Themen.*
6. *Die 2. Überleitung ist nur eine verlängerte Variante des Seitenthemas. Beschreibt die musikalischen Merkmale der Schlußgruppe, die sich als Anhängsel der Überleitung abhebt.*
7. *Welche Motive aus der Exposition werden in der Durchführung verarbeitet?*
8. *Welche Motive werden in der Coda verarbeitet?*

Einfache und zusammengesetzte Formen

Sonate e-Moll, 1. Satz

Joseph Haydn

Hauptthema

Presto (♩.= 100)

HB 74

Seitenthema

Schlußgruppe

Franz Marc: »Spielende Formen«

Sinfonie

Die Sinfonie (Symphonie) ist die Sonate für Orchester. Joseph Haydn erweiterte die ursprünglich dreisätzige Sinfonie (schnell – langsam – schnell) durch Hereinnahme des Menuetts an vorletzter Stelle zur viersätzigen. Dem ersten Satz geht oft eine langsame Einleitung voran. Mit der Entwicklung der Kompositionstechnik und der Vergrößerung des Orchesters wandelt sich die Sinfonie von gehobener Unterhaltung zu gehaltvoller Tiefe der persönlichen Aussage.

Wolfgang Amadeus Mozart vollendete seine Sinfonie in A-Dur, KV 201, im Jahre 1774, also im Alter von 18 Jahren. Durch seine vielen Konzertreisen hatte er Gelegenheit gehabt, die musikalische Entwicklung in den wichtigsten Musikzentren Europas kennenzulernen und für sein Schaffen fruchtbar zu machen.

Sinfonie A-Dur, KV 201 Wolfgang Amadeus Mozart

Hauptthema des 1. Satzes

Einfache und zusammengesetzte Formen

Hauptthema des 2. Satzes

Seitenthema

Hauptthema des 4. Satzes

Seitenthema

Aufgaben:
1. Untersucht das Hauptthema auf Motive und ihre Verarbeitung im 1. Satz.
2. Das Seitenthema und seine Fortsetzung ist als Kette 4-taktiger Sätze angelegt. Wie lassen sich diese kleinen Sätze zu größeren Einheiten zusammenfassen?
3. Bestimmt den gegensätzlichen Ausdruck der beiden Themen.
4. In der Durchführung dieser frühen Sinfonie ist die motivische Verarbeitung noch nicht stark ausgeprägt. Beschreibt die motivische Arbeit im Beispiel aus der Coda.
5. Der 2. Satz ist in dieser Sinfonie auch als Sonatenhauptsatz angelegt. Singt die beiden Themen und beachtet, wie der Ausdruck durch den Rhythmus und die Phrasierung mit geprägt wird. Feingliedrige Rhythmik, die an Rokokoarabesken erinnert, bestimmt den ganzen Satz.
6. Charakterisiert im 4. Satz Ausdruck und Form der beiden Themen.
7. Singt das Seitenthema.
8. Welche Motive und Verarbeitungsweisen erkennt ihr in der Durchführung?
9. Verfolgt beim Hören den formalen Ablauf aller Sätze, und gebt euch immer wieder Rechenschaft, an welcher Stelle der Form man sich gerade befindet.
10. Versucht, die Blasinstrumente (2 Oboen, 2 Hörner) herauszuhören. Welche Aufgaben haben sie in dieser Sinfonie?

Polyphonie

Invention

Imitation

In seinen Inventionen (lat. inventio = Einfall) will Bach beispielhaft zeigen, wie Einfälle (= Themen) polyphon ausgearbeitet werden können. Die Imitation (Nachahmung eines Motivs oder eines Themas in einer anderen Stimme) spielt dabei eine große Rolle. Sie trägt dazu bei, daß beide Stimmen Anteil am Thema haben und somit gleichwertig sind. Es gibt Imitationen in der Prim, in der Oktave, der Quinte usw., je nachdem, auf welchem Ton die nachfolgende Stimme einsetzt, oder in der Umkehrung (Spiegelung um eine waagrechte Achse) sowie in der Vergrößerung oder Verkleinerung der Notenwerte. Davon zu unterscheiden ist die Sequenz: ein Motiv wird in derselben Stimme höher oder tiefer wiederholt.

Aufgaben:
1. Baustein der Invention ist das, durch eine Klammer gekennzeichnete, Motiv. Verfolgt in Takt 1 bis 4 wie das Motiv verarbeitet wird.
2. Legt eine Grafik der Invention an, in der das Motiv durch das Zeichen / und die Umkehrung durch \ wiedergegeben wird.

	1	2	3
Oberstimme	/	/	
Unterstimme		/	/

3. Vergleicht im Notenbild und in der Grafik folgende Takte miteinander: Takt 1 bis 2 mit Takt 7 bis 8, Takt 7 bis 10 mit Takt 15 bis 18, Takt 3 bis 5 mit Takt 11 bis 13 und Takt 19 bis 21.
4. An welchen Stellen der Invention sind Zwischenschlüsse zu erkennen? In welchen Tonarten erfolgen diese Schlüsse? In wieviele Teile gliedert sich dadurch die Invention?
5. Äußert euch zum Aufbau der Invention und zu den Entsprechungen der Teile hinsichtlich der Motivarbeit.

Zweistimmige Invention Nr. 1

Johann Sebastian Bach

Fuge

Die Fuge ist die bedeutendste polyphone Form. Im Barock finden wir sie oft kombiniert mit einem vorausgehenden Präludium (Vorspiel). Fugenmerkmale durchdringen auch Chor- und Orchesterwerke, wie Kantaten, Messen, Konzerte, Ouvertüren.

In einer Fuge ist die Stimmenzahl von vornherein festgelegt, z. B. zweistimmige, dreistimmige oder vierstimmige Fuge. In der vierstimmigen Fuge werden die Stimmen wie im Chor benannt: Sopran, Alt, Tenor und Baß.

In einer vierstimmigen Fuge beginnt eine Stimme mit dem Thema (Dux), das von einer zweiten Stimme (Comes) im Quint- oder Quartabstand »beantwortet« (imitiert) wird. Die hierbei auftretende Gegenmelodie zum Thema wird »Kontrapunkt« genannt. Eine dritte und vierte Stimme kommen mit weiteren Themeneinsätzen (Dux und Comes) dazu, so daß sich der Satz zur Vierstimmigkeit auffüllt.

Kontrapunkt

Den erstmaligen Durchlauf des Themas durch alle beteiligten Stimmen nennen wir »Exposition« oder »1. Durchführung«. An die Exposition kann sich ein motivisch freies oder an das Thema angelehntes Zwischenspiel anschließen. Dem Komponisten bleibt es überlassen, wieviele weitere Durchführungen und Zwischenspiele er bringen will. Durchführungen können vollständig (Thema in allen Stimmen) oder unvollständig (Thema nicht in allen Stimmen) sein. Als Höhepunkte erscheinen, meist in der letzten Durchführung, oft Themenkombinationen.

Engführung: Mehrere Stimmen spielen das Thema im Kanon.

Vergrößerung oder Verkleinerung: Das Thema tritt in verdoppelten oder halbierten Notenwerten, oft zusammen mit dem Originalthema, auf. Thema und Umkehrung können in Engführung, auch mit Vergrößerung oder Verkleinerung, erscheinen.

Johann Caspar Ferdinand Fischer (vermutlich geboren um 1665) war Kapellmeister des Markgrafen von Baden in Rastatt. Sein Orgelwerk »Ariadne Musica« (1715) enthält Präludien und Fugen in zwanzig Tonarten und gilt als Vorläufer des »Wohltemperierten Klaviers« von Johann Sebastian Bach.

Aufgaben:
1. Legt eine grafische Zeichnung der Fuge an, indem ihr auf 4 Geraden, welche die beteiligten Stimmen darstellen und in Takte gegliedert sind, das Auftreten des Themas durch Bögen kennzeichnet.

2. Erklärt am Notenbild und an der Grafik den Aufbau der Fuge. Verwendet dazu die Fachbegriffe: Thema (Dux), Beantwortung (Comes), Kontrapunkt, Exposition (1. Durchführung), 2. und 3. Durchführung, 2-stimmige Engführung, 4-stimmige Engführung, unvollständige und vollständige Durchführung.

Polyphonie

Fuge B-Dur aus »Ariadne Musica«   Johann Caspar Ferdinand Fischer

Josef Albers: »Fuge«

Georg Friedrich Händel: Chaconne G-Dur

Georg Friedrich Händel

Die Chaconne war (ähnlich wie die Passacaglia) ursprünglich ein spanischer Tanz im Dreiertakt, der über Italien nach Deutschland kam und dort zur Ostinatovariation wurde.

Das eigentliche Thema ist eine Baßmelodie mit dazugehöriger konstanter Harmonik. In Händels Chaconne (hier gekürzt) wird das Thema 62mal mit unerschöpflicher Phantasie variiert.

Aufgaben:
1. *Beschreibt im Thema den durch die Akkorde gegebenen Spannungsverlauf in Takt 1 bis 4 und Takt 5 bis 8. Dieser Verlauf ist in allen Variationen zu erkennen.*
2. *Die Variationen gehen ineinander über. Sie sind nach den Gesichtspunkten der Abwechslung, der Steigerung oder des Abnehmens angeordnet. Prüft unter diesem Gesichtspunkt die Variationen 16 bis 18.*
3. *Welches Tanzsatzmodell ist in Variation 4 zu erkennen?*

Chaconne G-Dur　　　　　　　　　　　　　　　　　　　　　　　　Georg Friedrich Händel

HB 78

Variation 4

Variation 16

Polyphonie

Variation 17

Variation 18

Konzertante Musik

Das Konzert kam etwa um 1600 mit Beginn der Generalbaßzeit auf. (Unter »Generalbaß« verstehen wir die Notation von Akkorden durch Ziffern, die der Baßstimme beigefügt sind.) »Konzert« wird von concertare = wettstreiten, oder von conserere = zusammenfügen abgeleitet. Daraus ergeben sich die Bedeutungen gegen- oder miteinander musizieren oder Zusammenfügen von unterschiedlichen musikalischen Partnern.

Georg Friedrich Händel: Concerto grosso G-Dur, op. 6, Nr. 1, 1. und 2. Satz

»Concerto grosso« bedeutet zunächst großes Ensemble, ist aber darüber hinaus die Bezeichnung für ein Orchesterstück, in dem ein groß besetztes Ensemble (»Concerto grosso« oder »Ripieno«) mit einem klein besetzten (»Concertino«) konzertiert. Das Concertino besteht aus zwei Violinen und Generalbaß (Cello und Cembalo), das Ripieno aus einem Streichorchester mit Generalbaß. In der Partitur finden sich zusätzlich die Begriffe »Solo« = Concertino, und »Tutti« = Concertino + Ripieno.

Concerto grosso G-Dur, op. 6, Nr. 1, 1. Satz

Aufgaben:
1. *Beachtet das Zusammenwirken von Concertino und Ripieno.*
2. *Vergleicht den Ausdruck des Tuttithemas am Anfang mit dem Solothema.*
3. *Beschreibt den Ausdrucksverlauf des Satzes und die Art des Schlusses.*

Concerto grosso G-Dur, op. 6, Nr. 1, 2. Satz

Aufgaben:
1. *Singt das Thema und beschreibt es.*
2. *Notiert beim Hören den Verlauf des Satzes, wie er sich aus Themeneinsätzen und Sequenzen mit den Motiven a und b ergibt.*

Joseph Haydn: Konzert für Trompete und Orchester Es-Dur

Im Solokonzert tritt dem Orchester ein konzertierendes Soloinstrument gegenüber. Virtuosität und Wechselspiel mit dem Orchester sind seine Charakteristika. Das barocke Konzert (Vivaldi, Bach u.a.) besteht aus drei Sätzen: schnell – langsam – schnell. In den einzelnen Sätzen wechseln blockartig Tuttistellen (Ritornelle) in verschiedenen Tonarten mit Solopartien.

In der Klassik steht der 1. Satz in einer leicht veränderten Sonatenhauptsatzform: Exposition ohne Soloinstrument – Exposition mit Soloinstrument und Tonartwechsel beim zweiten Thema (s. Sonate S. 182) – Durchführung – Reprise – Kadenz – Coda. Die Kadenz war ursprünglich eine freie Improvisation des Solisten, ausgehend von den Kadenzakkorden. Ein Triller auf der Dominante signalisierte dem Orchester das Ende der Kadenz und den Einsatz zur abschließenden Coda.

Haydns Trompetenkonzert, entstanden 1796, war für ein Instrument komponiert, das mit einem ähnlichen Klappenmechanismus wie bei Holzblasinstrumenten versehen war. Die wenige Jahre später erfundenen Ventile bedeuteten das Ende der »Klappentrompete«.

Joseph Haydn

Aufgaben:
1. *Das 1. Thema des 1. Satzes ist ein 8-taktiger Satz mit motivischen Beziehungen zwischen Vorder- und Nachsatz. Vergleicht die durch Klammern gekennzeichneten Bauglieder im Hinblick auf Zuwachs an Energie, Höhepunkt, Beruhigung, wie es sich durch rhythmische Mittel, Tonumfang und Höhenlage ergibt.*
2. *Vergleicht das 1. und das 2. Thema auf Ähnlichkeiten und Unterschiede. Beachtet, daß das 2. Thema nur in der 2. Exposition auftritt.*
3. *Untersucht im Beispiel aus der Durchführung, wie Trompete und 1. Violine aufeinander reagieren, wie Impulse gegeben und übernommen werden.*
4. *Charakterisiert im 2. Satz den Ausdruck des Themas. Wie ist das Thema gegliedert?*
5. *Welche Form hat der Satz?*
6. *Singt das 1. Thema des 3. Satzes, und prägt es euch ein. Wie lassen sich die 12 Takte sinnvoll gliedern?*
7. *Der 3. Satz kann als Sonatenhauptsatzform oder als Rondo verstanden werden. Hört den Satz, und verfolgt den Ablauf anhand des Schemas. Was spricht für die Sonatenhauptsatzform, was für das Rondo?*

Sonaten-hauptsatz-form	1. Expos.		2. Expos.		Durchführung	Reprise		Coda
	1. Thema	2. Thema	1. Thema	2. Thema	1. Thema	1. Thema	2. Thema	1. Thema
Tonart	Es	Es	Es	B	Es-As-f	Es	Es	Es
Rondo	A	B	A	B	A A' A''	A	B	A

HB 80

1. Thema des 1. Satzes

2. Thema
Trompete

Aus der Durchführung
Trompete
Violine I

Thema des 2. Satzes
Violine I

1. Thema des 3. Satzes
Violine I

2. Thema
Trompete
Violine I

Programmusik

In der Programmusik wird der Ablauf der Musik nicht durch innermusikalische Gesetzmäßigkeiten, wie z. B. bei der Sonate, sondern durch ein Programm bestimmt. Dieses Programm, ein Gedicht oder eine Erzählung, ein Bild, eine Landschaft oder eine technische Vorstellung, regt die Phantasie des Komponisten an und beeinflußt die Form der Komposition. Der immer etwas unbestimmte Ausdruck der Musik wird durch das Programm genauer bestimmt. So kann z. B. eine Musik auch ohne Programm einen freudigen Charakter haben; das Programm aber verdeutlicht die näheren Umstände.

Arthur Honegger: Pacific 231

Arthur Honegger

HB 81

Arthur Honegger (1892–1955), ein schweizer Komponist, schrieb sein Orchesterwerk »Pacific 231« im Jahre 1923. In einem Interview äußerte sich Honegger über seine Komposition: »In Pacific 231 wollte ich *nicht den Lärm* der Lokomotive nachahmen, sondern einen *visuellen Eindruck* und einen *physischen Genuß* ins Musikalische übersetzen. Das Werk geht von der sachlichen Beobachtung aus – das ruhige *Atemschöpfen* der Maschine im Stillstehen, die *Anstrengung* beim Anziehen, das allmähliche *Anwachsen der Schnelligkeit* – bis sie einen *lyrischen Hochstand* erreicht, die Pathetik eines Zuges von 300 Tonnen, der mit 120 km pro Stunde durch die tiefe Nacht stürmt«.

Der erste Satz des Honegger-Zitates führt drei Gesichtspunkte an, die Wesentliches über Programmusik aussagen. Im zweiten Satz erwähnt er vier programmatische Angaben:

Aufgaben:
1. ›Das ruhige Atmen der Maschine‹: Welche Instrumente und Spielweisen sind am Anfang des Stücks zu erkennen?
2. ›Die Anstrengung des Anfahrens‹: Mit »Flatterzunge« treten zu den bisherigen Instrumeten 4 Hörner, 2 Trompeten, 2 Flöten hinzu. Betrachtet den melodischen und rhythmischen Verlauf der Tubastimme.

© Editions Salabert Paris

3. <u>Die Steigerung der Geschwindigkeit</u> sowie das von Honegger nicht erwähnte Abbremsen bis zum Stillstand.
   Untersucht den (vereinfachten und verkürzten) rhythmischen Plan der Komposition auf seine rhythmische Konstruktion.
   Sprecht das Notenbeispiel als rhythmische Übung (𝅝 bis 𝅘𝅥 : ta, 𝅘𝅥𝅮𝅘𝅥𝅮 : tate, 𝅘𝅥𝅮𝅘𝅥𝅮𝅘𝅥𝅮³ : takete, 𝅘𝅥𝅯𝅘𝅥𝅯𝅘𝅥𝅯𝅘𝅥𝅯 : taketake)
   zum unverändert beibehaltenen Grundschlag.

4. Hört den ganzen Satz, und registriert die Stufen der rhythmischen Beschleunigung, den Höhepunkt und die Verlangsamung.

Programmusik

Honegger verwendet im »Pacific 231« folgende Themen:

Varianten von a:

5. *An welchen Stellen des rhythmischen Plans erscheinen die Themen?*
6. *›Der lyrische Höhepunkt‹: Wie ist nach Erreichen der Höchstgeschwindigkeit die Erhabenheit des dahinstürmenden Zuges musikalisch gestaltet?*

Das Kunstlied

Volkslied und Kunstlied – Ein Vergleich

1. Der einfache und leichtverständliche Text behandelt Stoffe, die viele Menschen ansprechen können, wie z.B. Natur, Liebe, Sehnsucht, Tanz. Das Lied ist vom Volke oder einer seiner größeren Gruppierungen aufgenommen, also »volksläufig« geworden. Anstatt der direkten Darstellung der Gefühle werden mit Vorliebe Bilder aus der Natur herangezogen. Häufige Gedankensprünge, manchmal unnötige Füllwörter und Klangsilben vermitteln den Eindruck des Ungekünstelten und Natürlichen.

2. Die Melodie ist leicht zu singen und gut zu übersehen, verzichtet auf ungewohnte Intervalle, auf Modulationen in entferntere Tonarten und eignet sich zum Singen für den einzelnen wie für die Gruppe. Die Melodie erfährt im praktischen Gebrauch oft Veränderungen, bedingt u.a. durch die Landschaft, den Zeitstil oder die Improvisationslust einzelner Sänger.

3. Das Volkslied wird ad libitum musiziert, d.h. es kann ein- oder mehrstimmig, auch mit freier zweiter Stimme, mit oder ohne Begleitung gesungen werden. Die Begleitung wird improvisiert, von beliebigen Instrumenten ausgeführt (Gitarre, Klavier u.a.), manchmal auch im Notenbild festgelegt.

4. Im Volkslied haben alle Strophen eines Liedes die gleiche Melodie. Man nennt diese Form ein »Strophenlied«.

5. Die Verfasser von Text und Melodie sind oft, aber nicht immer, unbekannt.

---

1. Der Text, meist ein lyrisches Gedicht oder eine Ballade, ist der Dichtkunst entnommen; deshalb ist die Sprache gehoben, der Reim kunstvoll. Der Sinn des Gedichtes ist nicht immer leicht zu verstehen.

2. Die Melodie ist schwieriger gehalten, der Tonumfang größer und das Notenbild genau festgelegt; ein »Umsingen« wäre ein verbotener Eingriff. Der Vortrag des Kunstliedes ist einem Solosänger zugedacht.

3. Die Begleitung ist vom Komponisten niedergeschrieben und daher unveränderlich. Sie hat die Aufgabe, das textliche Geschehen zu verdeutlichen. Dem gleichen Ziele dienen auch die Vor-, Zwischen- und Nachspiele. Die Begleitung kann der Melodie untergeordnet, gleichberechtigt oder übergeordnet sein.

4. Das Kunstlied kennt drei verschiedene Formen:
   a) Strophenlied: Melodie und Begleitung sind in allen Strophen gleich.
   b) Variiertes Strophenlied: Melodie oder Begleitung weisen in einzelnen Strophen kleinere Veränderungen auf.
   c) Durchkomponiertes Lied: jede Strophe hat ihre eigene Vertonung.

5. Dichter und Komponist sind bekannt und namentlich genannt.

Aufgaben:
1. Sucht Volksliedtexte, in denen Vergleiche aus der Natur, Gedankensprünge und Füllwörter vorkommen.
2. Vergleicht die Sprache in »Das Veilchen« (s. u.) und in »Wenn alle Brünnlein fließen« (S. 15).
3. Vergleicht die Melodien von Volksliedern mit Melodien von Kunstliedern, z. B. »Wenn ich ein Vöglein wär« (S. 16) und »Das Veilchen« (S. 200); oder »Wir zogen in das Feld« (S. 9) und »Prinz Eugen« (S. 216).
4. Sucht Beispiele in Kunstliedern, in denen die Klavierbegleitung der Melodie untergeordnet ist oder ihr gleichberechtigt gegenübersteht.
5. Untersucht die folgenden Kunstliedbeispiele auf ihre Form hin.

Das Veilchen Johann Friedrich Reichardt (1752–1814, komp. 1780)

Aus dem Singspiel »Erwin und Elmire«

Johann Wolfgang von Goethe (1749–1832)

Aufgaben:
1. Stellt die Form dieser und der folgenden Vertonung (Seite 200ff.) fest.
2. Gebt den Text in eigenen Worten wieder.
3. Untersucht, welche der beiden Melodien dem Text besser, hinsichtlich Wortbetonung und Textdeutung entspricht.
   Nehmt als Beispiele
   bei Mozart: Takt 3, 10 bis 11, 20 bis 25, 32 bis 35, 45 bis 47;
   bei Reichardt: (1. Strophe) Takt 4 und 11 bis 12, (2. Strophe) Takt 1 bis 3 und 13 bis 15, (3. Strophe) Takt 9 bis 10.
4. Vergleicht die Begleitungen.
   Welche Wirkung besitzt die Mozart-Begleitung in Takt 10 bis 11 und Takt 16 (mit Auftakt) bis 19?
5. Wie bezeichnet man die Art des Singens in Takt 37 bis 44?

Das Veilchen

Wolfgang Amadeus Mozart (1756–1791)

Allegretto (Ursprünglich in G-Dur)

HB 83

*) Takt 1–7 des Liedes entsprechen dem Klaviervorspiel, in Takt 6 aber statt der Achtelpause die Noten in Klammern.

Erlkönig Johann Friedrich Reichardt (1752–1814)

Die Personen (Vater, Sohn, Erlkönig) in verschiedener Tonstärke andeuten

Johann Wolfgang von Goethe (1749–1832)

Aufgaben:
1. Lest den Text des »Erlkönig«, und überlegt, wie ihr ihn rezitieren würdet. Tragt einzeln die beiden ersten Strophen vor.
2. Singt oder hört die Vertonung durch Reichardt. Vergleicht den Rhythmus von Text und Melodie.
3. Welche Rolle spielt die Begleitung?
4. Wie werden die Worte des Erlkönigs musikalisch wiedergegeben?
5. Charakterisiert bei der Vertonung von Schubert (S. 204) die Gestaltung der Sprache von Vater, Sohn und Erlkönig.
6. Was scheint das Klavier auszudrücken? Untersucht (S. 204 ff.) z. B. Takt 1 bis 4, Takt 57 bis 61, Takt 87 bis 90, Takt 117 bis 123.
7. Beschreibt die Eigentümlichkeit der letzten 3 Takte.
8. Beachtet die Rolle der Dynamik.
9. Vergleicht die beiden Kompositionen und gebt mit Begründung an, welche ihr bevorzugt.

Erlkönig Franz Schubert (1797–1828)

Schnell (Ursprünglich in g-moll)

Volkslied und Kunstlied – ein Vergleich 205

Heidenröslein Franz Schubert (1797–1828), op. 3 Nr. 3

Lieblich (Ursprünglich in G-Dur)

1. Sah ein Knab ein Röslein stehn, Röslein auf der Heiden, war so jung und morgenschön, lief er schnell, es nah zu sehn, sah's mit vielen Freuden.

1.–3. Röslein, Röslein, Röslein rot, Röslein auf der Heiden.

2. Knabe sprach: »Ich breche dich,
   Röslein auf der Heiden!«
   Röslein sprach: »Ich steche dich,
   daß du ewig denkst an mich,
   und ich will's nicht leiden.« Röslein, …

3. Und der wilde Knabe brach's
   Röslein auf der Heiden;
   Röslein wehrte sich und stach,
   half ihm doch kein Weh und Ach,
   mußt es eben leiden. Röslein, …

   Johann Wolfgang von Goethe (1749–1832)

<u>Aufgaben:</u>
1. Gebt den Inhalt des Gedichtes wieder.
   Wofür könnten Knabe und Röslein ein Sinnbild sein?
2. Beschreibt den Charakter von Melodie und Begleitung und ihr Verhältnis zum Text.
   Findet ihr das Schicksal des Rösleins in der Vertonung irgendwo angedeutet?

Die Forelle

Franz Schubert (1797–1828)

Lieblich (ursprünglich in Des-Dur)

Aufgaben:
1. *Welche Beziehung besteht zwischen Vorspiel, Begleitung in Strophe 1 und 2 und dem Text?*
2. *Beschreibt die Gestaltung der Begleitung Takt 32 bis 38 und Takt 39 bis 45 im Zusammenhang mit dem Text.*
3. *Wie würdet ihr die Melodie charakterisieren: einfach oder schwierig, ins Gehör fallend oder ungewohnt, schwerfällig oder beschwingt?*
4. *Welche Form besitzt das Lied?*

Die Ballade

Ebenso wie zwischen Volkslied und Kunstlied unterscheiden wir auch zwischen musikalischer Volks- und Kunstballade. Die uns hier interessierende Ballade des 18. und 19. Jahrhunderts nimmt in ihrem Text eine Stellung zwischen lyrisch-gefühlvoller und dramatischer Schilderung eines Ereignisses ein. Öfter bezieht sie sich auf ein historisches Geschehen oder auf eine Sage und neigt dazu, durch Zwiegespräche die Handlung voranzutreiben (vgl. »Es freit ein wilder Wassermann«, S. 20, und »Es waren zwei Königskinder«, S. 17).

Die Volksballade verzichtet in ihrer unbegleiteten Melodie auf die Zeichnung von Einzelheiten des Geschehens und begnügt sich mit der Andeutung einer Grundstimmung. Die Kunstballade entwickelte sich von ihrem ursprünglichen volksliedhaften Charakter, in welchem die Begleitung im wesentlichen eine Stütze für die Melodie bildete, zu einer Komposition, die den Textinhalt in Melodie und Begleitung musikalisch ausmalt und vertieft.

Aufgaben:
1. *Vergleicht die Balladenvertonung von Loewe (S. 216ff.) mit dem gleichnamigen Volkslied S. 10.*
   Wer ist in den beiden Texten die Hauptperson, was steht im Mittelpunkt der Schilderung im Volkslied, welcher Vorgang wird in der Loewe-Ballade dargestellt?
2. *Wo gibt es in der Melodie Übereinstimmungen, Ähnlichkeiten oder Verschiedenheiten?*
3. *Untersucht in der Kunstballade das Verhältnis der Begleitung zur Melodie in rhythmischer und melodischer Hinsicht.*
4. *Was könnte die leichte rhythmische Abänderung von zwei Achtelnoten zu einer Achtel- und zwei Sechzehntelnoten, vor allem in den kurzen Zwischenspielen, andeuten?*
   Was bringt die Begleitung in Takt 24 bis 26, was könnte im letzten Takt ausgedrückt werden?

Prinz Eugen, der edle Ritter Carl Loewe (1796–1869), op. 92

[1] Vorposten (Kompanie)

Ferdinand Freiligrath (1810–1876)

Musik und Bühne

Laßt euch eine Aufnahme aus einem Negergottesdienst in Amerika vorspielen: Der Pfarrer predigt rhythmisch, die Gemeinde antwortet singend, Instrumente fallen ein, die Gemeinde beginnt zu klatschen; und wir können uns vorstellen, daß sie dabei nicht steif dasteht (vgl. S. 35, S. 128, HB 44). Die Verbindung von Musik, Sprache und Bewegung ist uralt (s. auch S. 301 f. sowie 305 f.).

Aufgaben:
1. *Sammelt Beispiele für das Zusammenwirken von Musik, Sprache, Bewegung bzw. Darstellung auf der Bühne. Ordnet die Beispiele.*
2. *Welche Aufgabe jeweils hat die Musik und mit welchen Mitteln erzielt sie die gewünschte Wirkung? Zeitpunkt des Einsatzes z. B. in einem Film?*
3. *Singt ein Lied, tanzt dazu, spielt seinen Inhalt. Wodurch könnte man den Inhalt, die Zeit und die Umgebung, in die das Lied gehört, noch deutlicher machen? Liedvorschläge: Bauernkrieg, S. 10; Il était, S. 49; Als zum Wald Petruschka ging, S. 57; Es freit, S. 20; Wir kamen einst, S. 52.*

Musik und Sprache

Die Sprache dient der Verständigung. Aber über den Sinn der einzelnen Worte hinaus wirkt Sprache durch die Art, <u>wie</u> gesprochen wird. Man kann denselben Inhalt auf sehr unterschiedliche Weise ausdrücken.

Aufgaben:
1. *Sprecht einen Satz in trockenem Ton, monoton – eintönig, zerhackt, stotternd, melodiös, verständnisvoll, aufreizend, zu einem Freund, zu einer Menschenmasse.*
2. *Läßt der Satz »O hätt' ich meiner Tochter nur geglaubt«, S. 73, jede Art von Interpretation zu? (Deutung, Auslegung, Wiedergabe).*
3. *Zeichnet die Melodielinie eines längeren Satzes auf.*
4. *Sprecht, singt und spielt einen Satz als Lustspiel, Tragödie, heiteres Singspiel, große Oper, freches Musical. Bewährt hat sich: »Herr Graf, die Pferde sind gesattelt!«*

Die Verbindung von Sprache und Musik ist euch aus dem Lied (Volkslied, Klavierlied) schon bekannt. Wir untersuchen jetzt ihr Zusammenwirken an einigen Beispielen aus größeren Werken. Die Beispiele:
a) Freischütz, Kugelsegen, S. 231; b) West Side Story, Jet Song, S. 234; c) Entführung, Romanze, S. 222; d) Freischütz, Wie nahte, S. 229; e) Entführung, Martern aller Arten, S. 222.

Aufgaben:
1. *Vergleicht die Beispiele a, b, c, e: Welche Möglichkeiten der Verbindung zwischen Sprache und Musik stellt ihr fest?*
2. *Wo steht bei den Beispielen b, c, d, e der Text im Vordergrund, wo die Musik, wo sind beide ausgewogen? Beachtet auch das Verhältnis von Textsilben und Tönen.*
3. *Gibt es bei den Beispielen c, d, e eine Entsprechung von Sprache und Musik in Bezug auf Rhythmus und Melodie?*
4. *Entspricht die Musik dem Textinhalt bei a, b, c, d? Welche musikalischen Mittel wendet der Komponist an? Könnte man sich zu diesen Beispielen einen Text mit ähnlichem oder ganz anderem Inhalt denken?*
5. *Könnt ihr euch Gesichtsausdruck, Haltung und Bewegungen des Sängers, der Sängerin, bei a, b, c, e vorstellen?*

Wolfgang Amadeus Mozart: »Die Entführung aus dem Serail« – Singspiel in drei Aufzügen (1782)

Fachausdrücke, die euch unbekannt sind, siehe S. 242f.

HB 89

Eine typische und zugleich die farbigste Figur in dieser Oper ist *Osmin*, Aufseher über das Haus des Bassa Selim. Die Türken hatten 1683 Wien belagert. Der Einfluß der Mohammedaner war nicht nur politischer, sondern auch kultureller Art. So ahmte man ihre Musik (Janitscharen-Musik) nach, d. h. man würzte die eigene Musik mit einigen »türkischen« Effekten: Triangel, Becken, plötzliche dynamische Wechsel und ungewöhnliche harmonische Wendungen (vgl. die Ouvertüre und den Chor der Janitscharen).

Arie des Osmin, 1. Aufzug, Nr. 3

Osmin

Aufgaben:
1. *Wie beurteilte man damals einen Türken, wie stellte man ihn dar? (vgl. S. 224). Wie ist das heute?*

2. *Untersucht folgende Takte in bezug auf Melodie und Rhythmus: 2 bis 5, 6 bis 8, 9 bis 11, 12 bis 14, 15 bis 16. Vergleicht anschließend in denselben Takten das Verhältnis zwischen Musik und Text.*
3. *Zeichnet eine Figurine (Kostümzeichnung) Osmins.*

Die persönliche Situation des Komponisten hatte Einfluß auf die Entführung. Die Entstehung des Singspiels fällt in die erste glückliche Zeit Mozarts in Wien. Er war mit Konstanze Weber verlobt und heiratete sie kurz nach der Uraufführung.

Arie des Belmonte, 1. Aufzug, Nr. 4

HB 91

Blonde

Aufgaben:
1. *Wie komponierte Mozart die Worte »ängstlich«, »feurig«, »klopft«, »liebevolles«? Beachtet Singstimme und Orchester.*
2. *In der Singstimme kommen die tonartfremden Töne dis, his, ais vor. Wie nennt man solche Töne und was für eine Aufgabe haben sie hier?*
3. *Charakterisiert Belmonte – z. B. im Vergleich zu Osmin.*

Arie der Konstanze, 2. Aufzug, Nr. 11

Zu Takt 9 bis 13: Die schwierige, virtuose und sehr hoch liegende Melodiekette über einer einzigen Silbe nennt man Koloratur. (color, lat. = Farbe)

Aufgaben:
1. *Über den Notenbeispielen steht das Wort Arie. Versucht mit eigenen Worten zu erklären, was man unter einer Arie versteht. Was ist eine Koloraturarie?*
2. *Mozart schreibt an seinen Vater: »Die Arie von der Konstanze habe ich ein wenig der geläufigen Gurgel der Mademoiselle Cavallieri aufgeopfert.«*
   Was bedeutet die »geläufige Gurgel« und »aufgeopfert«? Zum Namen Cavallieri: Zur Zeit Mozarts waren Opernkomponisten, -dirigenten und -solisten in der Hauptsache Italiener.

Romanze, 3. Aufzug, Nr. 18

Musik und Sprache

Aufgaben:
1. *Singt das Ständchen.*
2. *Beschreibt die Art der Begleitung (Pizzicato). Warum wählte Mozart sie?*
3. *Stellt fest, in welchen Tonarten die Takte 1 bis 3 (3. Achtel), 6 bis 7 und 10 bis 11 stehen. Die Tonartenfolge erweckt den Eindruck des Fremdländischen. In Takt 7 bis 9 moduliert Mozart. Wie heißt die neue Tonart?*
4. *Vergleicht die Singstimme Takt 5 bis 9 mit Takt 10 bis 13 (3. Achtel). (Sequenz). Ist in den Takten 14 bis 17 Gleiches oder Ähnliches festzustellen?*
5. *Entspricht der Charakter der Romanze der gefährlichen Situation?*

Die im Finale der Entführung verwendete Form des Vaudeville kommt aus Frankreich und war dort eine Art Gassenhauer. (Von Gassensängern vorgetragene Lieder, Tänze, Ständchen.)

Vaudeville, 3. Aufzug, Nr. 21, alle Solisten

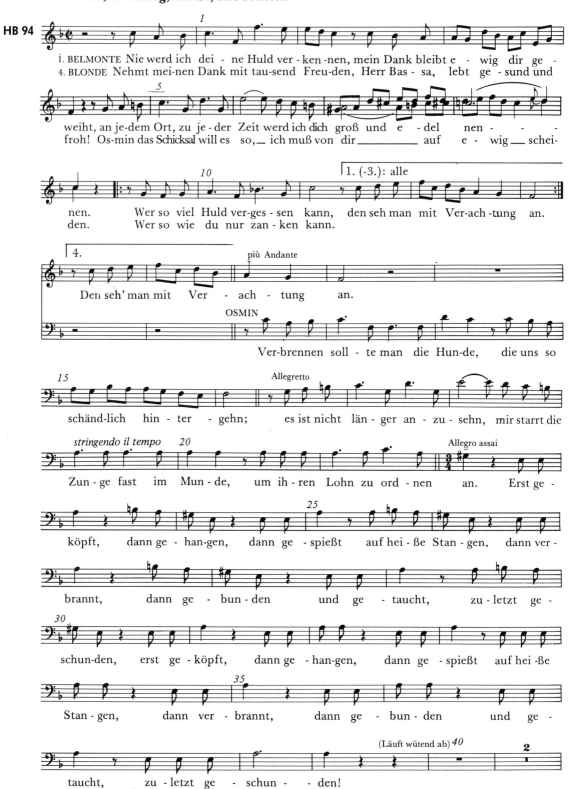

Aufgaben:
1. Singt das Vaudeville. Kennt ihr noch andere Beispiele für den Wechsel zwischen Vorsänger und Gruppe?
2. Vergleicht die Sprache Belmontes, Blondchens und Osmins.
3. Fällt euch an der Melodie Osmins etwas auf? Beschreibt genau, was ihr bemerkt habt, und bringt es in Zusammenhang mit dem Charakter Osmins.
4. Schreibt euch die untenstehenden Namen in derselben Aufstellung ab, und verbindet sie mit Linien, durchgezogenen und gestrichelten Pfeilen, je nach dem Verhältnis der Personen zueinander.

                    Bassa Selim

    Konstanze   Belmonte
    Blonde   Pedrillo
            Osmin

5. »Ein gewisser Mensch namens Mozart hat sich erdreistet, mein Drama ›Belmont und Constanze‹ zu einem Operntext zu mißbrauchen.« (Bretzner, Leipzig) Was sagt ihr dazu?

Carl Maria von Weber: »Der Freischütz« – Oper in drei Akten (1821)

Weber beginnt seine Oper mit einem Schützenfest, das die Landleute auf dem Platz vor einer Waldschänke feiern. Es wird auch getanzt.

Walzer, 1. Akt, Nr. 3

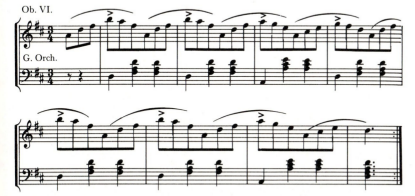

HB 95

Aufgaben:
1. Vergleicht einen Walzer von Johann Strauß mit diesem (MUU 5/6). Webers Walzer ist im Grunde ein Ländler. Stellt euch die Tanzenden in beiden Tänzen vor; – tanzt selbst.
2. Die Musiker, die auf der Bühne (scheinbar) zum Tanz aufspielen, machen die Musik meistens nicht selbst, sondern das Orchester im Orchestergraben. Welches musikalische Mittel wählte Weber, um das allmähliche Verschwinden der Musikanten von der Bühne glaubhaft zu machen?
3. Welche Akkorde spielen die Instrumente. Welche Töne – sogenannte Vorhalte – passen nicht zum Akkord?

Trinklied des Kaspar, 1. Akt, Nr. 4

Musik und Sprache

Aufgaben:
1. Dieses Lied läßt drei Abschnitte mit unterschiedlicher Melodiebildung erkennen. Beschreibe diese, und bringe sie in Beziehung zum Text.
2. Das Lied hat ein kurzes Vor-, ein Zwischen- und ein Nachspiel. Bei zweien davon fällt ein Instrument besonders auf. Merke dir diese Stellen, sie kommen später in der Oper wieder vor. (Jemand hat gesagt, an diesen Stellen spüre man förmlich die Teufelskrallen.)
3. Charakterisiere den Kaspar. Was ist ihm wichtig im Leben? Woher stammen die Worte Gott (Bacchus), Bilderfibel, fester Glauben, ew'ges Leben? Wie und warum werden diese Worte und ihr Inhalt hier verwendet?
4. Warum nennt Weber diese Nummer 4 Lied und nicht Arie?
5. Singt das Lied.

Aus Szene und Arie des Max, 1. Akt, Nr. 3

(Samiel erscheint wieder und schreitet im Hintergrunde mit großen Schritten langsam über die Bühne, so daß er schon ganz an der entgegengesetzten Seite bei dem Ausrufe »Lebt kein Gott?« eine zuckende Bewegung macht und verschwindet).

Aufgabe:
Wie schildert Weber die Stimmung, die innere Verfassung, die Situation von Max? (Tonart, Gliederung der Melodie, Rhythmus der Begleitstimmen an verschiedenen Stellen, Baßlinie am Anfang, Baß in den letzten drei Takten, Akkord in Takt 12, Regieanweisung)

Rezitativ und Arie der Agathe, 2. Akt, Nr. 8

Aufgabe:
Hier setzt das Rezitativ* die Handlung nicht fort. Aber Agathe wird uns sozusagen vorgestellt. Mit welchen musikalischen Mitteln macht Weber das?

Es folgt in der Oper das Lied »Leise, leise, fromme Weise«, ein Gebet. Es ist ein Gegen-Lied zu Kaspars Trinklied. Die dunklen und die hellen Mächte werden einander gegenübergestellt. In der Gewißheit, daß Max den »besten Schuß« getan hat, singt Agathe am Schluß ihrer Arie eine jubelnde Melodie. Rezitativ und Arie bilden Gegensätze, sie zeigen den Wechsel der Gefühle Agathes.

Motive aus dem Finale des 2. Aktes, Nr. 10 (Die Wolfsschlucht)
KASPAR (erhebt den Hirschfänger mit dem Totenschädel, dreht sich dreimal herum und ruft:)

HB 100

Bei des Zaub'rers Hirngebein! Samiel! Samiel! Erschein!

Aufgaben:
Drei Merkmale bewirken den besonderen Ausdruck des Samiel-Motivs. Beschreibe diesen Ausdruck; nenne die Merkmale; schreibe den Akkord des Motivs in Grundstellung auf, und bestimme seine Intervalle. (Seine Bezeichnung ist »verminderter Septakkord«). Vergleiche die Anwendung des verminderten Septakkordes hier mit anderen Stellen, z. B. »Teufelskrallen« im Trinklied, »foltert Spott« S. 228.

1. Akt, Nr. 1

HB 101

He, he, he, he, he, he, he, he,he, he! He, he, he, he, he, he, he,

Aufgabe:
Hier erinnert sich Max an den Spott der Frauen aus dem ersten Aufzug, die ihn wegen der Fehlschüsse hänselten. Auch das Samiel-Motiv und das Motiv aus dem Trinklied kehren in der Oper immer wieder. Welche Aufgabe haben solche Leit- oder Erinnerungsmotive, welche Möglichkeiten ergeben sich für den Komponisten?

* Zum Fachausdruck »Rezitativ« vgl. S. 243

Melodram

Ksp. Vorerst das Blei! Etwas gestoßenes Glas von zerbroch'nen Kirchenfenstern; das findet sich! Etwas Quecksilber! Drei Kugeln, die schon einmal getroffen! Das rechte Auge eines Wiedehopfs, das linke eines Luchses! *Probatum est!* Und nun den Kugelsegen!

Andante

(In drei Pausen sich gegen die Erde neigend.)

HB 102

KASPAR.
Schütze, der im Dunkeln wacht,

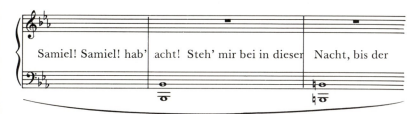

Samiel! Samiel! hab' acht! Steh' mir bei in dieser Nacht, bis der

Zauber ist vollbracht! Salbe mir so Kraut, als Blei, segn' es sieben,

Klar., Horn u. Str.

neun und drei, daß die Kugel tüchtig sei! Samiel! Samiel! herbei!

Aufgabe:
Zu den Worten »Vorerst das Blei …« spielen die Flöten die Töne es und g, zu »Das rechte Auge …« die Töne fis und a. Zu welchen Dreiklängen könnten diese Töne jeweils gehören? (Wenn es Tonikadreiklänge wären, lägen sie im Quintenzirkel weit auseinander. Das ergäbe eine besondere Spannung. Die Töne es und a bilden das Intervall einer übermäßigen Quart; man nannte sie früher »diabolus in musica« = Teufel in der Musik.)

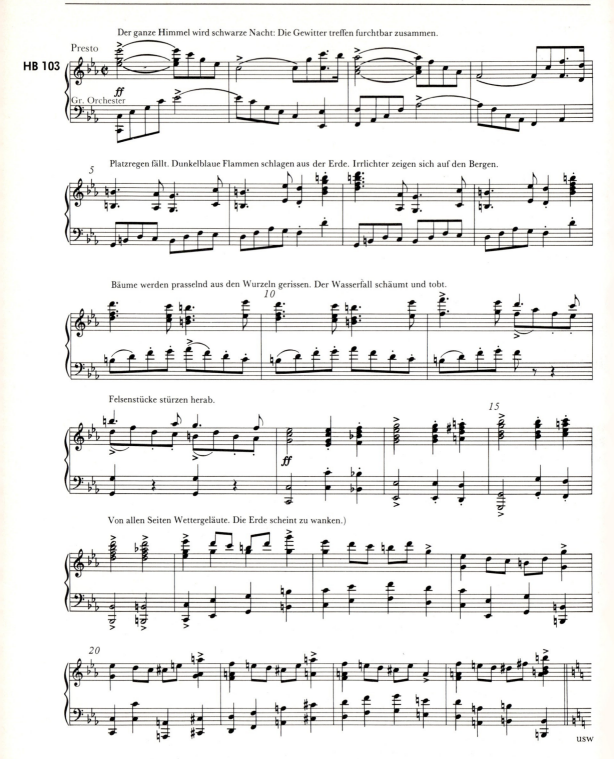

Aufgaben:
1. Lest die Szenenanweisung. Auf welche Weise unterstreicht die Musik das Naturgeschehen? Überlegt auch einmal, wie man diese Anweisung auf der Bühne praktisch verwirklichen könnte.

2. Hört die Ouvertüre, und achtet dabei darauf, ob ihr Stellen und Motive wiedererkennt. **HB 104**
(Wenn ihr Motive zusätzlich bestimmten Personen oder Situationen zuordnet und dazu
noch numeriert, ist die Lösung leichter.) Welche Aufgabe hat die Ouvertüre in dieser Oper
(und in vielen anderen)?

Der Freischütz ist die erste romantische Oper. Sie wurde mit Begeisterung **HB 105**
vom Publikum aufgenommen und setzte sich gegen den Widerstand des Hofes **HB 106**
sowie der tonangebenden Opernkomponisten und Dirigenten durch.

Aufgaben:
1. Hier einige Titel früherer Opern: Orpheus, Julius Caesar, Die Zauberflöte, Der
Barbier von Sevilla. Was war im Vergleich dazu ganz anders und neu in Webers
Freischütz? Was hatte der Adel gegen das Textbuch (Libretto) vermutlich einzuwenden?
2. Versucht die Personen der Handlung in ein Beziehungsfeld zu ordnen, wie ihr es S. 225
für die »Entführung« findet.

Stephen Sondheim/Leonard Bernstein: »West Side Story«, Musical in zwei Akten (1957)

Der englische Dichter William Shakespeare (gest. 1616) hat ein berühmtes **Shakespeare**
Drama geschrieben: »Romeo und Julia«. Romeo und Julia lieben sich; aber sie
gehören zwei Adelsfamilien an, die sich gegenseitig hassen und befehden. Sie
hoffen, daß ihre Liebe die Familien versöhnt. Aber der Haß siegt, und beide
kommen um. Jetzt erst erkennen die Familien ihr Unrecht und beenden ihre
blutige Fehde. Die Handlung spielt im mittelalterlichen Verona (Italien).

In der West Side Story wird diese Geschichte in die heutige Zeit verlegt und
spielt auf der Westseite von New York, in einer ziemlich heruntergekommenen
Straße von Manhattan. Zwei Banden bekämpfen sich, die Jets (»Düsenjäger«,
die New Yorker Gang) und die Sharks (»Haie«, die puertoricanische Gang). Es
sind Jugendliche, die kein richtiges Zuhause, keine Zukunft haben. Sie hassen
die Erwachsenen, die Polizei; sie hassen sich auch gegenseitig. Riff, der Anführer der Jets, meint: »Wir haben hart um diese Straße gekämpft. Sie gehört uns.
Aber die Puertoricaner schleichen sich ein und nehmen sie uns weg. Seit die
Halbnigger da sind, ist die Westseite ein Entwicklungsland geworden. Machen
wir sie fertig! In einem Kampf. Es geht ums Ganze.« Im Grunde sind alle
unglücklich. Doc, Besitzer eines Drugstores, wirft ihnen vor: »Was muß noch
alles passieren? Ihr macht aus unserer Welt einen Haufen Dreck!« Darauf ein
Jet: »So haben wir sie vorgefunden, Doc.«

Tony, ein Jet, und Maria, eine Puertoricanerin, verlieben sich ineinander.
Die harte Wirklichkeit versinkt, wenn sie beieinander sind. Aber sie werden
doch in den Haß und in die Schlachten der Banden verwickelt. Riff wird von
Bernardo, dem Anführer der Puertoricaner, getötet. Ohne es eigentlich zu
wollen, ersticht darauf Tony Bernardo, den Bruder Maria's. Am Schluß wird
Tony von einem Shark erschossen. Maria hält den Sterbenden in den Armen.
Er sagt: »Maria! Ich habe nicht fest genug geglaubt.« Und Maria darauf: »Es
genügt, zu lieben.« Mitglieder beider Banden tragen den toten Tony hinaus.

Aufgabe:
Orientiert euch über New York, Manhattan, über Puerto Rico und seine Einwohner.

Jet Song, 1. Akt, Nr. 2

¹ Todestag ⁴ getrennt, allein
² Spucke   ⁵ erwarten
³ treffen

Musik: Leonard Bernstein
Originaltext: Stephen Sondheim
© Deutscher Text: Marcel Prawy
© Neuer Theater-Verlag GmbH, Hamburg

Aufgaben:

1. Versucht, den Song zu singen. Wie singt ihn Riff? Was ist ihm wichtiger, die Musik oder der Text und das, was er ausdrückt?
2. Achtet auf den Takt, den Rhythmus der Singstimme und der Begleitakkorde sowie des Basses. Probiert das Zusammenspiel der Rhythmen – eventuell in langsamem Tempo – einmal aus.
3. Die Tonart ist B-Dur. Wie erklärt ihr euch das as in Takt 5?
4. Der Song wird unter anderem durch die Instrumentation gegliedert. Welche Instrumente kannst du unterscheiden, welche vor allem teilen den Song in Abschnitte ein?

HB 108 Beide Gruppen treffen sich beim Tanz im Turnsaal eines Jugendklub-Hauses (Hörbeispiele). Auch der Tanz gestaltet sich zum Abbild ihrer Feindschaft, er wird zur Herausforderung.

Musik und Sprache

Aufgabe:
Welche Instrumente verwendet Bernstein? Welche Rangfolge haben Melodie, Rhythmus, Harmonie, Klangfarbe? Welche Musik könnte den Komponisten (s. S. 239) beeinflußt haben?

Tonight – Heut' Nacht, 1. Akt, Nr. 6

Beim Tanz im Klub sind sich Maria und Tony begegnet. Eine Stunde später treffen sie sich in einer engen Gasse aus Rückmauern von Häusern.

HB 109

Tony und Maria

Musik: Leonard Bernstein
Originaltext: Stephen Sondheim
© Deutscher Text: Marcel Prawy
© Neuer Theater-Verlag GmbH, Hamburg

Aufgaben:
1. Singt die Melodie. Klatscht dazu den Rhythmus der Begleitakkorde und des Basses (auch rechte Hand – linke Hand); Wenn jemand den Song auf dem Klavier begleitet, könnten einige die Linie der ganzen Noten summen. Auf welchen Taktschlag kommen die gezupften Bässe (pizzicato), und wie fügen sie sich in den Rhythmus der Akkorde ein?
2. Vergleicht die vorangegangenen Hörbeispiele mit diesem. Denkt an den Inhalt der Geschichte. (Instrumentation, Melodie, Art des Singens, Ausdruck).
3. Wie vermeidet Bernstein die Gefahr, daß das Lied allzu gefühlvoll beim Hörer ankommt?
4. Die Töne im zweiten Takt bilden zusammen einen B-Dur-Dreiklang. Welcher Ton stimmt nicht? Was erreicht Bernstein damit?

Es folgt im Musical der bekannte Song »America«. Vgl. dazu MUU 5/6.

Cool – Kühl, 1. Akt, Nr. 8

HB 110

[1] verrückt
[2] Rakete
[3] eine große Karriere vor sich haben
[4] gemächlich
[5] mit Genuß leben

Musik: Leonard Bernstein
Originaltext: Stephen Sondheim
© Deutscher Text: Marcel Prawy
© Neuer Theater-Verlag GmbH, Hamburg

Aufgabe:
Was heißt hier kühl (cool)? Versuche, diese Art von »cool« zu erklären. Ist die Musik kühl? Auch die Stimmgebung Riffs' ist wichtig.

Die Jets

I feel pretty – Weil ich nett bin, 2. Akt, Nr. 12

Der Zuschauer weiß bereits, daß Tony Bernardo erstochen hat. Maria hat keine Ahnung von dem schrecklichen Geschehen. Sie nimmt immer noch an, daß nur ein Zweikampf mit den Fäusten stattgefunden habe, wie Tony es vorgeschlagen hatte.

HB 111

[1] Ich komme mir nett, geistreich und intelligent vor
[2] bedauern

Musik: Leonard Bernstein
Originaltext: Stephen Sondheim
© Deutscher Text: Marcel Prawy
© Neuer Theater-Verlag GmbH, Hamburg

Aufgaben:
1. Singt den Rhythmus genau so, wie er dasteht.
2. Wie drückt der Komponist die Freude Marias aus, die weiß, »daß ein netter Junge« sie liebt?
3. Ein besonderes Rhythmusinstrument ist zu hören. Wie heißt es?

Hey, Inspektor Krupke, 2. Akt, Nr. 14

HB 112 In diesem Song der Jets werden der Inspektor Krupke, ein Richter, ein Psychoanalytiker und eine Jugendpflegerin imitiert, alles Leute, mit denen sie schon zu tun hatten. Auf höhnisch-bittere Weise wird gesagt, was die Gründe für ihre Situation sind. »Mein Vater ist ein Gammler und lebt von LSD«, »Die Mutter sitzt im Kittchen«, »Bei Arbeit wird mir schlecht«, »Heilger Strohsack, Gott, bin ich versaut«, »Die Krankheit der Gesellschaft wird von uns nicht kuriert«.

Aufgaben:
1. Verfolgt, wie die beiden Anfangsmotive nach oben geschraubt werden, sie scheinen einfach zu sein, stehen aber in einer komplizierten Harmonik. Nichts »stimmt«.
2. Der Text steht im Vordergrund. Wie ist dementsprechend der Rhythmus der Begleitung angelegt?

Somewhere – Irgendwo, 2. Akt, Nr. 13 und Nr. 17

Diese Melodie erklingt zweimal: Wenn Tony und Maria glücklich sind in ihrer Liebe und sich nach einer besseren Welt sehnen und jetzt, bei Tonys Sterben.

HB 113

Musik und Sprache

[1] Stille
[2] frische Luft, Platz im Freien
[3] übrig haben
[4] sich sorgen
[5] verzeihen

Musik: Leonard Bernstein
Originaltext: Stephen Sondheim
© Deutscher Text: Marcel Prawy
© Neuer Theater-Verlag GmbH, Hamburg

Aufgaben:
1. Die Melodie beginnt mit dem Intervall einer Septime, es folgt ein Dreiklang abwärts, der an einigen Stellen als Sequenz auf höherer Stufe wiederholt wird. Wie wirken Septime und Dreiklang?
2. Achtet auf die Instrumentation.
3. Die beliebtesten und für verschiedenste Besetzungen umgeschriebenen Songs dieses Musicals sind: »Weil ich nett bin«, »Maria«, »Heut' Nacht«, »Irgendwo«, »America«. Warum sind sie so populär? Welche Songs gefallen euch am besten?

Leonard Bernstein, der Komponist der West Side Story, ist in mancher Hinsicht ein typischer Amerikaner. Lest dazu seine Lebensbeschreibung in »Musik um uns 5/6«. Er ist nicht auf eine Musiksparte festgelegt, sondern in allen Sätteln gerecht. So verwendet er in diesem Musical Elemente des Jazz, um die Spannungen der Handlung am besten darzustellen.

Leonard Bernstein

Requisiten

Oper und Gesellschaft

Der Komponist ist ein Teil der Gesellschaft seiner Zeit, drückt ihre Probleme und ihr Daseinsgefühl aus. Man könnte sagen, die Gesellschaft stellt sich in der Oper (auch im Musical) selbst dar. Daß Werke aus vergangener Zeit trotzdem noch auf dem Spielplan stehen, liegt zum Teil daran, daß sie allgemein menschliche Schicksale und Verhaltensweisen zum Inhalt haben.

Aufgaben:
1. Nenne solche Verhaltensweisen in dir bekannten Werken des Musiktheaters.
2. Warum ist die Oper besonders geeignet zur Selbstdarstellung der Gesellschaft?
3. Achtet beim Musiktheater immer auch darauf, in welchem persönlichen und gesellschaftlichen Verhältnis die handelnden Personen zueinander stehen.

Hinter den Kulissen – die »Werkstatt« des Musiktheaters

Die Zuschauer und Zuhörer sitzen im Parkett oder in den Rängen des Theaters und genießen die Aufführung. Sie denken natürlich nicht daran, was hinter den Kulissen geschieht und was an Vorbereitung notwendig war, bis endlich die Premiere (erste Aufführung eines Stückes) stattfinden konnte. Eine Aufgabe soll uns einen Einblick in diesen Werdegang verschaffen.

Aufgabe:
Wir könnten uns dazu theoretisch, sozusagen auf dem Papier, aber noch besser praktisch eine Szene aus einer Oper oder einem Musical erarbeiten und diese dann den Mitschülern, den Eltern oder Gästen vorführen.

Flaschnerei

Wir wählen hier den 1. Aufzug des Freischütz. Beim Theater ist für die Auswahl und die Aufstellung des Spielplans u.a. der Intendant (Leiter des Theaters) zuständig. Wir planen weiter: Der Aufzug ist für unseren Zweck zu lang. Wir kürzen Musik und gesprochene Texte. (Wegfallen könnte beispielsweise Nr. 2; bei Nr. 3 fahren wir nach dem Walzer erst an der Stelle »Hat denn der Himmel …« fort.) Bei solchen Problemen hilft der Dramaturg (ein literarisch-künstlerischer Berater). Nun zur Musik: Wir haben kein Orchester, vielleicht einen guten Klavierspieler. Wir werden also die Schallplatte benützen, dazu pantomimisch spielen und tanzen. Einige Teile könnte auch ein guter Sänger aus der eigenen oder einer anderen Klasse übernehmen, vom Klavier begleitet. Die musikalische Leitung hat der Dirigent. Das Ganze muß auf der Bühne gespielt werden. Dazu brauchen wir einen Spielleiter, den Regisseur, der Regie führt. Die bisher genannten Personen verteilen nun die Rollen: Agathe, Max usw. Der Walzer wird vom Klassen-Ballett (vgl. S. 317) getanzt. Die Ausarbeitung der Tanzschritte, der Figuren, der Verteilung im Raum ist Aufgabe des Choreographen; der Ballettmeister übt den Tanz ein. Die Kulissen, das Bühnenbild entwirft ein Bühnenbildner. Alle Solisten, die Tänzer und das Volk, das bei diesem Aufzug mitspielt, brauchen Kostüme. Unser Kostümbildner muß viel Phantasie und Organisationstalent haben, denn uns steht keine Schneiderei zur Verfügung wie den großen Theatern, zu denen auch eine Schreinerei und eine Malerwerkstatt gehören. Um die Szene in das rechte Licht

Malerwerkstatt

Oper und Gesellschaft

zu rücken benötigen wir einen <u>Beleuchter</u>. Für alles Technische, angefangen vom Vorhang über den Adler, der vom Himmel fällt, bis zum Funktionieren der Beleuchtung, ist der <u>Inspizient</u> verantwortlich. Für euer Publikum müssen Einladungen und <u>Werbeplakate</u> entworfen, gedruckt und verbreitet werden. Kostüme, evtl. Blumen und andere <u>Requisiten</u> und auch die Werbung kosten Geld. (Gehälter braucht ihr glücklicherweise nicht auszuzahlen.) Es muß sich jemand um die <u>Finanzen</u> kümmern: Bedarf, Beschaffung, Verwendung, Rechenschaftsbericht. (Die großen Theater und Opernhäuser erhalten hohe Zuschüsse von Gemeinden und Ländern.) Denkt auch an die Eintrittskarten, den Vorverkauf, die Abendkasse. Und wenn dann bei eurer Premiere ein Schauspieler oder Sänger hoffnungslos steckenbleibt und ihm keiner hilft, dann habt ihr die <u>Souffleuse</u> vergessen.

Aufgabe:
Bringe die Worte in den richtigen zeitlichen Ablauf: Dirigent, Finanzierung, Souffleuse, Komponist, Werbung, Regisseur, Intendant, Premiere, Libretto, Rollenverteilung, Bühnenbildner.

Schneiderei

Musiktheater – ein weites Feld

Unser 20. Jahrhundert liebt das Experiment und probiert die verschiedensten Möglichkeiten aus. Zu vielen Stücken passen deshalb die Begriffe Oper, Operette, Musical nicht mehr. (Vgl. Kleines Lexikon, S. 243.) Es ist fast unmöglich, für diese vielen Variationen und Neuerungen die treffende Bezeichnung zu finden.

    Carl Orffs »Kluge« (»Die Geschichte von dem König und der klugen Frau«, ein Märchen) spielt auf einer Simultanbühne. Alle für eine Aufführung notwendigen Bühnenbilder sind neben- und übereinander aufgebaut. Mehrere Handlungen, die z.B. an verschiedenen Orten geschehen, können gleichzeitig ablaufen. Bei Orff ermöglicht die Simultanbühne die deutliche Trennung verschiedener Gesellschaftsschichten: König, Kluge, Bauer, Strolche.

    Natur-, Trink- und Liebeslieder aus einer alten Handschrift bilden den Stoff für Orffs »Carmina burana«. Dieses Werk kann man als Konzert, aber auch szenisch aufführen (z.B. Frühlingsreigen, Saufgelage).

Kunsthandwerk

    Bei Igor Strawinsky's »Die Geschichte vom Soldaten« spielen ein paar Instrumentalisten am Rand der Bühne. Nicht die handelnden Personen reden, sondern ein Sprecher, ebenfalls am Rand der Bühne. Die Personen spielen nach Inhalt und Musik, es ist viel tänzerische Bewegung dabei.

    »Der Messias«, ein Oratorium von G. F. Händel für Soli, Chor und Orchester, wurde vor einiger Zeit mit lebenden Bildern aufgeführt. Die Bilder auf der Bühne, mit allen technischen Raffinessen angereichert, sollten den Bezug zwischen dem Thema des Messias (Geburt, Tod, Erlösung) und den Problemen unserer Zeit verdeutlichen.

    Heute ist es fast eine Modeerscheinung, Werke der Vergangenheit zeitnah darzustellen. Das geschieht oft mit dem Mittel der <u>Verfremdung</u>. (Um den Zuschauer oder Hörer aufzurütteln, wird eine völlig ungewohnte, schockierende Darstellungsweise gewählt. Das Rock-Musical »Jesus Christ Superstar« verfolgt gleiche Ziele wie die oben genannte Messiasaufführung. Überhaupt ist eine Zuwendung zu neuen und außergewöhnlichen Themen und Musikformen festzustellen.

Bühnenbildnerin

Musik im Fernsehen, im Film, im Schauspiel, im Rundfunk

Eine Bühnendarstellung, einen Film, ein Rundfunkspiel ohne Musik, das gibt es nur noch ganz selten. Die Musik übernimmt mannigfaltige Funktionen (Aufgaben). Häufig nehmen wir diesen musikalischen Anteil nicht mehr bewußt wahr; die Bilder, das Geschehen und die Sprache nehmen uns völlig gefangen. Deshalb sollen Aufgaben uns helfen, einige Funktionen von Musik zu erkennen, damit wir ihr in Zukunft, mehr Aufmerksamkeit schenken.

Aufgaben:
1. *Beschreibe Art und Ausführung der Musik im Stummfilm.*
2. *Der Film zeigt einen nächtlichen Park, dahinter ein erleuchtetes Schloß; man sieht die undeutlichen Schatten tanzender Paare. Welche Funktion hat die Musik? Wie kann man dem Zuschauer deutlich machen, in welcher Zeit (historisch) der Film spielt?*
3. *Wie stellst du dir Musik zum Bild einer weiten Landschaft, eines engen Bergwerkschachtes, einer geräumigen Bauernstube vor?*
4. *Ein Kind sitzt irgendwo. Kann Musik uns sagen, was es fühlt, denkt, in welcher Situation es ist?*
5. *Sehr deutlich wird die Funktion von Musik beim Hörspiel. Welche Möglichkeiten kannst du dir vorstellen?*
6. *Ein Mensch stirbt. Welche Bedeutung kann die Musik haben, wenn ein Choral, eine Nationalhymne, ein Protestsong erklingt?*
7. *Welche Aufgabe hat die Signalmelodie eines Krimis? Denke auch an die Opern-Ouvertüre. Treffen wir deren Funktion auch innerhalb eines Stückes an?*
8. *Welche Aufgabe hat die Musik in einem Film, der z.B. das Leben und Schaffen eines Komponisten zum Thema hat?*
9. *Versucht einmal, Qualitätsunterschiede festzustellen. Ist die Musik nach erprobter »Masche« hergestellt oder originell? Paßt sie zur Handlung?*

Kleines Lexikon

<u>Akt oder Aufzug:</u> Großgliederung eines musikalischen Bühnenwerkes. Die weitere Untergliederung heißt Szene.

<u>Arie</u>: Ein größeres, orchesterbegleitetes Gesangsstück für einen Solisten. Die Musik steht im Vordergrund; deswegen oft Wortwiederholungen oder Koloraturen (längere Melodiekette über einer Silbe, meist schnell und hoch, virtuos). Die Arie gibt Stimmungen wieder, charakterisiert Personen und kann in seltenen Fällen auch die innere oder äußere Handlung weiterführen.

Das <u>Arioso</u> nähert sich in seiner Form und Melodie dem Lied.

<u>Ballett</u>: a) Eine Handlung, die nur durch den Tanz und mit Hilfe der Musik dargestellt wird. Die Musik ist eigens dafür komponiert oder aus anderen Werken zusammengestellt. b) Tanzeinlagen in Opern, Operetten, Musicals. c) Das Ensemble, das diese Tänze ausführt.

Die Tanzsuite ist eine Folge von Musikstücken aus einem Ballett, die im Konzertsaal dargeboten werden.

<u>Duett</u>, <u>Terzett</u>, <u>Quartett</u>: Arien zu zweit, zu dritt usw.; sie stehen oft an Höhepunkten. Instrumentale Formen: <u>Duo</u>, <u>Trio</u>, <u>Quartett</u>.

<u>Libretto</u> (ital. kleines Büchlein) = Textbuch. Für viele Komponisten war es schwer, einen geeigneten Librettisten zu finden. Der Text kann nicht selbstän-

dige Dichtung sein, er muß der Musik Raum lassen, sie herausfordern. Mozart meinte sogar, die Poesie müsse der Musik »gehorsame Tochter« sein. Wagner schrieb seine Textbücher selbst.

Lied: Einflüsse des Singspiels und eine Aufgeschlossenheit für Folklore bringen das Lied in die Oper.

Melodram: Gesprochene Szene mit Musik.

Musical: »Das Musical ist eine in New York entstandene, in der Regel zweiaktige Form populären Musiktheaters, die Elemente des Dramas, der Operette, der Revue, des Varietés und – in Ausnahmefällen – der Oper miteinander verbindet. Es basiert (stützt sich) häufig auf literarischen Vorlagen und verwendet die Mittel des amerikanischen Pop-Songs, der Tanz- und Unterhaltungsmusik und des Jazz. Show-Szenen, Songs und Balletts sind in die Handlung integriert (einbezogen).« (Zitiert nach Siegfried Schmidt-Joos, »Das Musical«; Deutscher Taschenbuch Verlag, München.) Von den Darstellern eines Musicals wird verlangt, daß sie durchweg gleich gut spielen, singen, sprechen und tanzen können. Jede Geste und jeder Gag sind kalkuliert und genau einstudiert.

Oper: Ein Bühnenstück mit Musik; das Ensemble besteht aus Solisten, Chor, (Ballett) und Orchester. Ursprünglich wurde das ganze Libretto gesungen, später finden sich auch gesprochene Texte.

Operette: Eine »kleine Oper«; Unterhaltungsstück mit allgemein verständlicher und z. T. volkstümlicher Musik. Die jeweiligen Modetänze werden gerne einbezogen. Das Textbuch bevorzugt heitere Stoffe. Es gab drei Städte, in denen sich das Operettenschaffen konzentrierte und deren Atmosphäre jeweils auf Musik und Textinhalt abfärbte. Paris: Jacques Offenbach – ironisch, zeitkritisch. Wien: Johann Strauß – gemütlich, gefühlsbetont, charmant. Berlin: Paul Lincke – spritzig, frech, mehr Ausstattungsstück.

Opernfächer (Stimmfach): Je nach Umfang, Klangfarbe, Fülle und Kraft unterscheidet man verschiedene Stimmen, z. B. dramatischer Sopran (Konstanze, auch Koloratursopran), lyrischer Tenor (Belmonte), Baßbuffo (Osmin).

Ouvertüre: Die Orchestereinleitung, die am Beginn eines Bühnenwerkes den Hörer auf das Kommende vorbereitet. Sie kann eine allgemeine Einstimmung bezwecken oder den Hörer mit den wichtigsten Themen und Motiven bekannt machen. Musik und Aufbau mancher Ouvertüren nehmen auch bereits die Handlung vorweg (vgl. Freischütz-Ouvertüre). Historische Formen: Französische Ouvertüre mit den 3 Teilen langsam – schnell – langsam; Italienische Ouvertüre schnell – langsam – schnell (vgl. Ouvertüre zur Entführung).

Rezitativ: Sprechgesang, bei dem die Musik zugunsten der Verständlichkeit des Textes zurücktritt. Je nach Entstehungszeit und Aufgabe bewegt sich die Melodie kaum oder nähert sich dem Arioso; recitativo secco (»trockenes« Rezitativ): nur von den spärlichen Akkorden eines Tasteninstrumentes gestützt; recitativo accompagnato (»begleitetes« Rezitativ): vom Orchester oder einzelnen Instrumenten begleitet; die Instrumente unterbrechen das Rezitativ gerne durch ausmalende Zwischenteile. Ursprünglich steht das Rezitativ vor der Arie und hat die Aufgabe, die Handlung zu erzählen.

Romanze: Ein balladenartiges Lied. Die Ballade vereinigt Erzählung, spannende Handlung und stimmungsvolle Momente.

Singpiel: Ein meist heiteres Bühnenstück mit liedartigen oder dem Tanz verwandten Musikeinlagen. Bei Mozart nähert sich das Singspiel durch die Bedeutung und Ausdehnung der Musik der Oper.

Musik in Geschichte und Gesellschaft

Folklore und Kunstmusik

Der Begriff Folklore beinhaltet Volkslieder, Volkstänze und Gebräuche eines Volkes. Die Überschrift bezeichnet keine Rangfolge. Beides – Folklore und Kunstmusik – sind Ausdruck des menschlichen Lebens und Erlebens und gehören als wertvoller Bestandteil zu unserer Kultur. Hier soll vielmehr gezeigt werden, daß die Kunstmusik von Anfang an, und auch später immer wieder, Anregungen und »frisches Blut« von der Folklore aufnahm. Das geschah auf unterschiedliche Art und Weise.

a) Vor allem im 16.-, 19.- und 20. Jahrhundert haben Komponisten vokale und instrumentale *Sätze* zu Liedern und Tänzen geschrieben, häufig auch Variationen mit folkloristischen Themen.

<u>Aufgabe:</u>
Singt und vergleicht das Liebeslied »Mein G'müt …« und den Choral »O Haupt …«, S. 30. **HB 114**
Bach hat eine ganze Reihe vierstimmiger Sätze zu diesem Choral geschaffen und sie in große Werke hineingenommen wie z. B. das »Weihnachtsoratorium« und die »Matthäuspassion«. Macht euch noch einmal den Weg dieser Melodie vom Liebeslied bis zum Chorsatz in einem geistlichen Werk klar. Vgl. auch »Innsbruck …« in UL-MUU.

b) Komponisten verwenden *Folklore in größeren Kompositionen.*
C. M. v. Weber läßt im 1. Aufzug des »Freischütz« die Musikanten einen originalen Bauernmarsch spielen.
Kindermädchen tanzen in Strawinskys Ballett »Petruschka« zu der folgenden Volksliedmelodie:

 **HB 115**

Verschiedene Liedmelodien tauchen in dem Teil »Fossilien« aus »Karneval der Tiere« von C. Saint-Saëns auf.

Aufgaben:
1. Welche Wirkung wollten die Komponisten erzielen?
2. Welche musikalische »Umwelt« haben die Liedmelodien bei Strawinsky und Saint-Saëns?

c) Die am häufigsten vorkommende Beziehung zwischen Folklore und Kunstmusik besteht darin, daß sich Komponisten von der *Folklore inspirieren* (anregen, begeistern) lassen und deren Stilmerkmale in ihre Kompositionen einschmelzen.

HB 116

Diese Melodie komponierte Beethoven für die 9. Symphonie.

Aufgabe:
Singt und betrachtet sie unter folgenden Gesichtspunkten: Form und Gliederung, Melodie und Rhythmus, Schwierigkeit, Eingängigkeit, Verhältnis zum Text.

HB 117 J. Haydn wuchs in seiner Heimat sozusagen mit der Folklore auf. Für Mozart könnte man das in abgeschwächter Form auch sagen. Béla Bartók hat eine große Zahl von Liedern und Tänzen in seiner Heimat Ungarn, aber auch in anderen Balkanländern, gesammelt. Manche seiner Werke sind geradezu durchdrungen von dieser oft sehr kraftvoll-rhythmischen Musik der Völker.

Aufgaben:

HB 118
1. Höre im Hinblick auf unser Thema den Anfang des 2. Satzes der »Paukenschlag-Symphonie«.
2. Mozart, Romanze aus der »Entführung« S. 222: Welche musikalischen Merkmale verraten folkloristischen Einfluß, welche kommen aus der Kunstmusik?
3. Höre und beschreibe Bartóks »Allegro ironico« (vgl. MUU 5./6., 2. Auflage, S. 249). Vergleiche auch Strawinsky, »Danse russe«, S. 283 und Polka, Furiant von Smetana, S. 274.

Folklore und Kunstmusik

Den Blues, das weltliche Lied der amerikanischen Neger, könnte man auch Folklore nennen. Diese Musik wurde zur Grundlage vieler Jazzimprovisationen und wirkte weiter bis in die Popmusik hinein. Vgl. S. 130.

d) Daß *Kunstmusik zur Volksmusik* wurde, setzt voraus, daß die Kunstmusik schon entsprechende Stileigenschaften mitbrachte, und dies ist seltener anzutreffen. Schuberts Klavierlied »Am Brunnen vor dem Tore« ist zum Volkslied geworden. Das Lied »Wir winden dir den Jungfernkranz« aus dem »Freischütz« hat damals eine weite Verbreitung gefunden und wurde viel gesungen. Überspitzt könnte man sagen, daß die Signalmelodie der Eurovisionssendungen, die ursprünglich Einleitung zu einem geistlichen Werk war, »volkläufig« geworden ist.

Heute versucht man, Kunstmusik durch entsprechende Bearbeitungen (Besetzung, Arrangement) »poppig« zu machen und sie damit für den Hörer schmackhafter aufzubereiten. Denkt z. B. an den »Song of joy« oder an den Classic Rock S. 116. Das Ergebnis ist weder Folklore noch Kunstmusik.

Aufgabe:
Beurteilt folgende Beispiele unter dem Gesichtspunkt »Folklore oder Kunstmusik« in den Hörbeispielen 61, 82, 88, 95, 129 (Wettstreit: Spieluhr, Leierkasten).

Der Musiker in seiner Zeit

In diesem Kapitel geht es nicht in erster Linie darum, Lebensläufe großer Musiker als persönliche Schicksale zu beschreiben, sondern aufzuzeigen, wie die geistigen Strömungen einer Zeit und die gesellschaftlichen Ordnungen sich auf die Musik allgemein und auf das Leben und Schaffen der Komponisten auswirken.

Barock

Die Bezeichnung »barock« war ursprünglich abwertend gemeint (= absonderlich, schwülstig) für eine Kunst, für die erst gegen Ende des 19. Jahrhunderts Verständnis aufkam. Heute verstehen wir unter »Barock« eine Epochenbezeichnung für den Zeitraum um 1600–1750. Ein besonderes Lebensgefühl und Menschenbild prägt diese Epoche. Wir spüren in ihren Kunstäußerungen einen Drang zum Grandiosen und Monumentalen. Die geschichtlichen Voraussetzungen dafür sind die absolutistischen (unbegrenzten) Machtansprüche der weltlichen Herrscher z. B. in Versailles, Madrid und Wien, sowie in ihrem Gefolge, der mittleren und kleinen Souveräne in ihren Herrschaftsbereichen. Solche Machtansprüche verlangen Repräsentation: diesem Zwecke dienen die Palast- und Gartenanlagen, Statuen, Prunkporträts, Feiern und Feste – und nicht zuletzt die Musik.

Neben diesem weltlichen gibt es den geistlichen Machtanspruch der katholischen Kirche, die sich – aufgerüttelt durch die Reformation – einerseits innerlich konsolidiert (festigt) und andererseits äußerlich mit aller architektoni-

barock – Barock

Residenz in Köthen

schen, künstlerischen, zeremoniellen und musikalischen Pracht als triumphierende Kirche darstellt.

Vermutlich liegt es an den Erfahrungen des 30-jährigen Krieges, daß neben dem kolossalen Pomp der Bauten, den leidenschaftlichen Bewegungen und Erregungen der Bilder und dem Pathos (Feierlichkeit) der Musik zuweilen ein anderer Zug des Barocks erkennbar wird, der mit Innerlichkeit, Versenkung in christliche Inhalte, Jenseitssehnsucht, aber auch mit Todesbangen und Zerknirschung umschrieben werden kann. Wir finden diesen Zug in manchen bildnerischen Darstellungen und z. T. in der Literatur, etwa in Kantatentexten.

Musik bei Hofe

Der Musiker dieser Zeit, hatte seine Funktion und seinen Platz in einer klar gestuften gesellschaftlichen Rangordnung, sei es bei Hofe, in einer Stadt oder – weniger ausgeprägt – in der ländlichen Bevölkerung. An der Spitze der Pyramide stand der jeweilige Souverän, ein Kaiser, König, Fürst oder Graf bis herunter zum adligen Gutsbesitzer. Auf ihn war die ganze Hofhaltung ausgerichtet. Ihm zu Ehren oder zum Vergnügen wurde auch musiziert. Verantwortlich für die Hofmusik war der *Hofkapellmeister*. Ihm oblag die Komposition, Einstudierung und Aufführung aller bei Hofe benötigter weltlicher oder geistlicher Musik. Verglichen mit einem Kantor, der sich manchmal mit der Bürokratie seiner uneinsichtigen Obrigkeit auseinanderzusetzen hatte, stand der Hofkapellmeister oft in vertrautem Kontakt mit seinem Fürsten. Er war der Vorgesetzte einer, je nach der Hofhaltung, mehr oder weniger großen Hofkapelle aus Musikern und Sängern. Dem Hofkapellmeister nachgeordnet war der *Konzertmeister*. Er leitete meist Aufführungen in kleiner Besetzung und spezialisierte sich im Laufe der Entwicklung auf die Instrumentalmusik. Zwischen Hofkapellmeister und Konzertmeister gab es oft Rivalitäten, und nicht selten wurde der Konzertmeister Nachfolger des Hofkapellmeisters. Bei den *Musikern* gab es hinsichtlich der sozialen Stellung beträchtliche Unterschiede zwischen großen und kleineren Höfen. Die Skala reichte vom Nurmusiker, der bei den Hofsekretären eingeordnet war, bis zum Lakaien, der Livree trug und außer zur Musik auch zu anderen Dienstleistungen herangezogen wurde. Wenn sich ein Fürst auf Reisen, zu einem Staatsbesuch oder zur Kur begab, nahm er in der Regel zu seiner Unterhaltung, aber auch als Statussymbol seine Hofkapelle mit. Auswärts oder zu Hause; die Hauptaufgabe der Hofkapelle war die *Tafelmusik*. Die meiste Instrumentalmusik aus jener Zeit, die wir kennen, ist zu diesem Zwecke komponiert worden. Der Bedarf war groß, denn ein festliches Mahl dauerte mehrere Stunden. Nach dem Auftakt der Trompeten wurden mit größtmöglicher Abwechslung von Art und Besetzung weltliche und geistliche Stücke musiziert, zum Nachtisch besonders lustige und kurzweilige. Die Hofgesellschaft hörte mehr oder weniger aufmerksam zu; man darf aber wohl annehmen, daß sie für das musikalisch Besondere oder Neue durchaus ein Ohr hatte.

Tafelmusik

Mit gewissen Unterschieden, je nach der Konfession des Hofes, wurde die Kapelle auch zur Mitwirkung bei festlichen Kirchenmusiken herangezogen. Sie musizierte u. a. Messen, geistliche Konzerte, mehrchörige Stücke und Kantaten.

Ein dritter Aufgabenbereich umfaßt den weltlichen Prunkaufwand wie festliche Aufzüge, Ballette und Opern.

Städtische Musikpflege

Etwas abgehoben von den Höfen führten die oft reichen und mächtigen Städte ein politisches und kulturelles Eigenleben. Auch in der Stadt gab es eine gesellschaftliche Rangordnung. Gesellschaftlich an der Spitze der in der Stadt tätigen Musiker stand auf evangelischer Seite der für die Kirchenmusik zuständige *Kantor*. Hatte er mehrere Kirchen zu betreuen, nannte er sich Director musices (musicae). Meist war das Amt mit einem Lehrauftrag an einer Schule verbunden. Allerdings waren viele Kantoren bestrebt, von solchen Verpflichtungen loszukommen. Ihre katholischen Kollegen – sie nannten sich u. a. Regens chori oder Maestro di cap(p)ella – konnten sich ganz ihren kirchenmusikalischen Aufgaben widmen. Die Chöre bestanden aus Knaben für den Diskant und Erwachsenen für Alt, Tenor und Baß.

Kantor

Neben dem Kantor nahm der *Organist* eine wichtige kirchenmusikalische Funktion wahr. Mit improvisierten oder nach Noten gespielten Vor- und Nachspielen, Choralbearbeitungen und Generalbaßbegleitungen hatte er Gelegenheit, sein spielerisches Können zu zeigen. Nicht selten strebte er danach, selbst Kantor bzw. Director musices zu werden.

Organist

Außer der Kirchenmusik gab es eine öffentliche städtische Musikpflege, deren Träger die *Rats-* oder *Stadtmusiker* waren. In einer fünf- bis sechsjährigen Ausbildung nach Art einer Handwerkslehre übten sie sich besonders im kunstvollen Spiel von Posaunen und Zinken, lernten aber praktisch mit allen Instrumenten umzugehen, so daß sie recht vielseitige Musiker waren. Ihre Hauptaufgabe bestand darin, offizielle städtische Ereignisse, wie Feiern, Aufzüge, Ratssitzungen mit Musik auszuschmücken. So bliesen sie im Rathaus, auf Plätzen und Straßen der Stadt sowie vom Turm herab. In kleineren Städten hatten sie dort oben eine Wächterfunktion; sie mußten bei Gefahr (z. B. Feuer) Signale geben. Das eigentliche »Abblasen«, das Blasen eines Chorals vom Turm herab, fand zu geregelten Zeiten statt. Ein weiterer Aufgabenbereich der Stadtmusiker bestand in der Mitwirkung bei festlichen Kirchenmusiken unter der Lei-

Stadtmusiker

tung des Kantors. Schließlich spielten sie – und das war ihre Haupteinnahmequelle – in Privathäusern bei geselligen Festen.

Kunstgeiger Neben den Rats- und Stadtmusikern spielten noch andere Musikergruppen auf, etwa die »Kunstgeiger«. Sie wurden manchmal zur Verstärkung der Ratsmusiker herangezogen, durften aber, um deren Privilegien (Vorrechte) nicht zu schmälern, keine anderen Instrumente als ihre Geigen benützen. Die Geigen waren damals noch wenig geachtete Volksinstrumente gegenüber den vornehmen Gamben, die vor allem in Italien und England gespielt wurden.

Musik auf dem Lande

Eine eigene Musik hatte die ländliche Bevölkerung; die Bauern, Wirte und ländlichen Handwerker sowie die Unterschicht in der Stadt, Tagelöhner, Knechte, Mägde und Dienstboten. Auch hier gab es gesellige Anlässe zum Musikmachen und Musikhören, wie etwa Hochzeiten, Taufen, Begräbnisse. Die Musiker kamen aus derselben Bevölkerungsschicht, oder es waren fahrende Musikanten oder aufspielende Bettler. Musiziert wurde auf einfachen Instrumenten wie Fiedeln, Drehleiern, Sackpfeifen, Schalmeien, Hackbrettern und anderen. Kennzeichen ihrer Musik waren kurze Phrasen mit stampfenden Tonwiederholungen, Parallelführungen, Bordun oder Ostinato. Bach hat diese Art in seiner Bauernkantate parodiert (etwas spöttisch nachgeahmt).

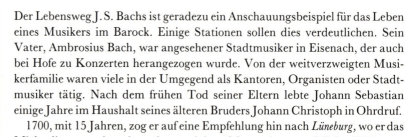

usw.

Bei Hoffesten gab es zuweilen Umzüge, bei denen Gruppen von Bauern oder Schäfern samt ihren Musikgruppen auftraten. Zwar wurde diese Musik bei Hofe nicht ernst genommen, aber manchmal kam es doch zu einer Art Austausch, sei es daß ein Bauernlied in einer Orchestersuite auftauchte, oder daß ein Dorffiedler eine höfische Melodie in sein Repertoire übernahm.

Johann Sebastian Bach

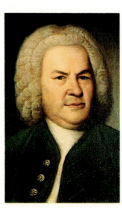

Johann Sebastian Bach

Der Lebensweg J. S. Bachs ist geradezu ein Anschauungsbeispiel für das Leben eines Musikers im Barock. Einige Stationen sollen dies verdeutlichen. Sein Vater, Ambrosius Bach, war angesehener Stadtmusiker in Eisenach, der auch bei Hofe zu Konzerten herangezogen wurde. Von der weitverzweigten Musikerfamilie waren viele in der Umgegend als Kantoren, Organisten oder Stadtmusiker tätig. Nach dem frühen Tod seiner Eltern lebte Johann Sebastian einige Jahre im Haushalt seines älteren Bruders Johann Christoph in Ohrdruf.

1700, mit 15 Jahren, zog er auf eine Empfehlung hin nach *Lüneburg*, wo er das Michaelisgymnasium besuchte und im »Mettenchor am Michaeliskloster« mitsang. Wie viele Lateinschulen suchte auch das Michaelisgymnasium die für den Chor benötigten Diskantisten durch freien Unterhalt und freie Ausbildung an sich zu binden. Johann Sebastian, der damals noch einige Zeit Sopran sang, bezog sogar ein Einkommen von 12 Groschen im Monat, dazu freie Unterkunft, Verpflegung und Heizung. Nach dem Stimmbruch betätigte er sich als Instrumentalist oder Chorpräfekt und nach Festigung seiner Stimme wohl auch wieder als Sänger. Der Musikhunger des jungen Gymnasiasten muß beträchtlich gewesen sein. Er hatte Gelegenheit, in der gut bestückten Chorbibliothek des Gymnasiums ältere und neue Chormusik ausgiebig zu studieren, interessierte sich für die Orgelkunst des Lüneburger Organisten Georg Böhm, vor allem aber für die bedeutenden Orgelmeister Hamburgs Jan Adam Reinken und Vincent Lübeck.

Die damals in Mode befindliche höfische Musik lernte er in Celle, der Residenz der Herzöge von Lüneburg, kennen. Wie so viele deutsche Fürsten stand auch der damalige Herzog Georg Wilhelm ganz unter dem Eindruck der Hofhaltung von Versailles. Nach französischem Muster veranstaltete er Theater- und Konzertaufführungen, vorwiegend mit französischen Künstlern. Bach war beeindruckt von der Art der Musik, wie auch von der französischen Orchesterdisziplin. Die bedeutendste Form der damaligen französischen Musik, die »Französische Ouverture«, taucht in seinem Schaffen immer wieder auf.

Bevor Bach mit 18 Jahren in Arnstadt seine erste Organistenstelle antreten konnte, mußten einige Monate überbrückt werden, bis die dortige Orgel fertiggestellt war. In dieser Zeit machte er einen Abstecher in die Hofmusik und spielte Geige und Bratsche im Kammerorchester des Prinzen Johann Ernst von Weimar, des Bruders des regierenden Herzogs, in dessen Dienst er fünf Jahre später treten sollte. Bach war, wie es bei kleineren Orchestern üblich war, als »Lakai und Geiger« angestellt; er war also in einer untergeordneten sozialen Position und u. U. auch zu anderen Dienstleistungen verpflichtet.

Bach-Siegel

In *Arnstadt* wurde Bach 1703 nach einem eindrucksvollen Probespiel mit einem ansehnlichen Gehalt als Organist angestellt. Nun hatte er zum ersten Mal eine eigene Orgel zur Verfügung und konnte nach Herzenslust seine Phantasie und seine Spieltechnik weiter entwickeln. 1705 ließ er sich von Arnstadt für einen Monat beurlauben, um in Lübeck den Orgelmeister Dietrich Buxtehude zu besuchen. Bach war von den phantasievollen Choralbearbeitungen Buxtehudes so fasziniert, daß er seinen Urlaub um drei Monate überzog. Wieder zu Hause, verwirrte er die Arnstädter Gemeinde durch eine ganze neue, ungestüme Choralbegleitung. Man tadelte ihn, er habe im Choral »wunderliche variationes gemachet, viele frembde Thone mit eingemischet, daß die Gemeinde darüber confundiret (= verwirrt) worden« sei. Des weiteren wird ihm nahegelegt, nicht so viel zu modulieren und die Harmonien zur Melodie passend zu wählen.

Arnstadt

Aufgabe: Untersucht den Orgelchoral (S. 252) auf die beanstandeten »frembden Thone« und die überraschenden Modulationen.

Die zwischen die Choralzeilen eingefügten freien Zweiunddreißigstel-Läufe, die sogenannten »Organistenschwänze«, waren eine merkwürdige Gepflogenheit, die erst im 19. Jahrhundert verschwand.

Nach Arnstadt wirkte Bach ein Jahr lang (1707–1708) als Organist in *Mühlhausen*. Dieser kurze Lebensabschnitt ist für die Betrachtung der Zeitumstände Bachs insofern interessant, als er in den damals aufkommenden Streit zwischen der altlutherischen Orthodoxie (Strenggläubigkeit) und dem Pietismus hineingezogen wurde. Während die Orthodoxen im Sinne Luthers die ganze Fülle und Kunstfertigkeit der Musik in den Gottesdienst einbringen wollten, ging es den Pietisten mehr um eine erbauliche und verinnerlichte Frömmigkeit. Sie standen der großen Kirchenmusik fremd gegenüber; das einfache Lied genügte ihnen. Da sein direkter Vorgesetzter Pietist war, sah sich Bach in seiner kirchenmusikalischen Entfaltung eingeengt und verließ Mühlhausen.

Mühlhausen

»Gelobet seist du, Jesus Christ«, BWV 722 Johann Sebastian Bach

Nunmehr wandte er sich wieder der höfischen Musik zu. Er wurde Hofmusicus und Hoforganist in *Weimar*. Fünf Jahre vorher war er schon in der Privatkapelle des Bruders des Herzogs tätig gewesen; nun war er Mitglied der Hofkapelle des regierenden Fürsten Wilhelm Ernst von Sachsen-Weimar. Dieser war ein strenger und frommer, lutherisch-orthodoxer Mann, der eine prächtige Kirchenmusik liebte, was wiederum Bachs Vorstellungen entgegenkam. In Weimar entstand eine Reihe von großen Orgelwerken, die von Bachs eigener Spielkunst, besonders von seiner Pedaltechnik Zeugnis ablegen.

Weimar

In seiner Eigenschaft als Hofmusicus spielte Bach unter der Leitung des Hofkapellmeisters Samuel Drese Violine – vermutlich in Lakaienuniform – bis ihn der Herzog 1714 zum Konzertmeister ernannte. Als solcher hatte er monatlich eine Kantate zu komponieren und aufzuführen. Als Konzertmeister war Bach der Stellvertreter des Hofkapellmeisters und Anwärter auf die Nachfolge. Unstimmigkeiten mit dem Herzog führten aber dazu, daß ihm nach dem Tod Dreses ein anderer vorgezogen wurde. Der enttäuschte Bach nahm ein Angebot als Hofkapellmeister in Anhalt-Köthen an. In Weimar aber wurde er erst einmal »wegen seiner halsstarrigen Bezeugung von zu erzwingender Dimission« fast vier Wochen eingesperrt und dann ungnädig entlassen.

Als »Hofkapellmeister und Direktor der fürstlichen Kammermusiken« in *Köthen* hat Bach 1717 die Spitze der erreichbaren Musikerberufe erklommen. Mit einem monatlichen Gehalt von 400 Talern war er dem Hofmarschall gleichgestellt. Der Fürst, musikalisch sehr interessiert und selbst musizierend, war ihm alsbald freundschaftlich verbunden. Die Arbeitsbedingungen waren also denkbar günstig. Für das Schaffen Bachs bedeutete der Wechsel nach Köthen allerdings einen Einschnitt. Der Hof in Köthen war calvinistisch, und Bach bekleidete kein Organistenamt mehr. Damit trat die Kirchenmusik zurück, und Bach widmete sich ganz der Kammer- und Hausmusik (Inventionen, französische und englische Suiten, Sonaten und Suiten für Soloinstrumente, Solokonzerte, Orchestersuiten, Brandenburgische Konzerte). Schicksalhaft für Bach war das Jahr 1720, als er mit der Hofkapelle seinen Fürsten zur Kur nach Karlsbad begleitete. Bei der Rückkehr mußte er erfahren, daß seine Frau gestorben war. Die Erschütterung über diesen Verlust mag mit ein Grund gewesen sein, daß Bach nun wieder ein kirchliches Amt anstrebte.

Köthen

1723 trat Bach seine Lebensstellung als Thomaskantor in *Leipzig* an, die er bis zu seinem Tod 1750 innehatte. Als »Director musices« war er für das ganze öffentliche Musikleben der Stadt verantwortlich. Im Gegensatz zum höfischen und vor allem durch die Oper beeindruckenden Musikleben Dresdens war Leipzig traditionell bürgerlich orientiert. Kirchen-, Schulmusik und Stadtpfeiferei waren die Zentren der Musikpflege. Bach war sich des sozialen Abstiegs durchaus bewußt. Er bemerkt, es wollte ihm »anfänglich gar nicht anständig seyn, aus einem Capellmeister ein Cantor zu werden«. Gegenüber der freundschaftlichen Aufgeschlossenheit, die man ihm in Köthen entgegengebracht hatte, beklagt er sich 1730 über »eine wunderliche und der Music wenig ergebene Obrigkeit«. Zu den Aufgaben Bachs in Leipzig gehörte die Leitung der sonntäglichen Kirchenmusik, abwechselnd in der Thomas- und in der Nikolaikirche. Dabei war es üblich, daß der Kantor weitgehend eigene Kompositionen aufführte. Diesem Umstand verdanken wir heute einen Schatz von über 200 erhaltenen Kantaten; ebensoviele sind vermutlich verlorengegangen. Die Kantate wurde im Gottesdienst vor der Predigt musiziert und bezog sich textlich auf die Lesungen des betreffenden Sonntags.

Leipzig

Die Kantate »Erschallet, ihr Lieder« auf den Pfingstsonntag ist eine der ersten, die Bach in Weimar als Konzertmeister geschrieben hatte.

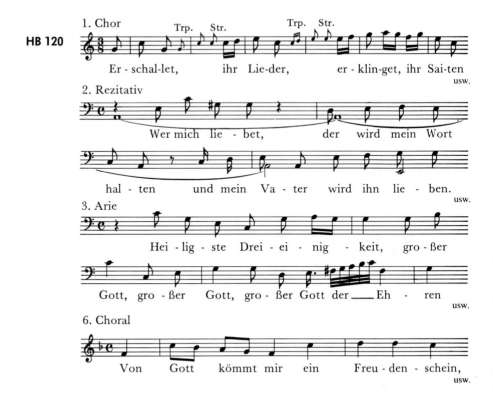

Wir erkennen eine Form, die im Prinzip auf die meisten Kantaten zutrifft. Ein großer Eingangschor (Nr. 1) und ein einfacher (Schluß)choral (Nr. 6) bilden den Rahmen für Solonummern, deren Art und Zahl nicht festgelegt ist, in denen betrachtende Gedanken entwickelt werden. (Die Solonummern 4 und 5 werden hier aus Platzgründen ausgelassen.)

Aufgabe:
Wir hören die Kantate und achten bei den Chorsätzen auf Orchesterbesetzung, Form, Satzart und Ausdruck, bei den Solonummern auf die Singweise, die Besetzung und den Ausdruck.

Text des Rezitativs Nr. 2: »Wer mich liebet, der wird mein Wort halten, und mein Vater wird ihn lieben, und wir werden zu ihm kommen und Wohnung bei ihm machen.«

Text der Arie Nr. 3: »Heiligste Dreieinigkeit, großer Gott der Ehren, komm doch in der Gnadenzeit bei uns einzukehren, komm doch in die Herzenshütten, sind sie gleich gering und klein, komm und laß dich doch erbitten, komm und kehre bei uns ein, komm und laß dich doch erbitten, komm und ziehe bei uns ein!«

Aufgabe:
Vergleicht die Texte. Welcher Gedanke wird in Nr. 2 geäußert und in Nr. 3 aufgegriffen und weitergeführt?

Eine Begebenheit aus der Leipziger Zeit gibt Einblick in das Verhältnis Bachs zur Obrigkeit. Da er mit seinem Magistrat öfters Streitigkeiten auszufechten hatte, widmete er dem sächsischen Kurfürsten und polnischen König August III. das Kyrie und Gloria seiner h-Moll-Messe und bat ihn mit Hinweis auf Kränkungen um Verleihung eines Hoftitels. Der Titel sollte sein Ansehen dem Rat gegenüber festigen. Das Widmungsschreiben spiegelt die devote Haltung, die ein absolutistischer Souverän damals von seinen Untergebenen erwartete. Bach bat, der König möge seine »geringe Arbeit ... nicht nach der schlechten Composition, sondern nach Dero Welt berühmten Clemens mit gnädigen Augen an(zu)sehen«. Der Titel eines »Compositeur bey Dero Hof-Capelle« traf 1736 ein, ohne auf den Rat großen Eindruck zu machen. Zwei Jahre später scheint der König selbst eingegriffen und den Streit zugunsten Bachs beendet zu haben.

Klassik

Die Klassik ist hervorgegangen aus einer Bündelung mehrerer geistiger Strömungen, deren Anfänge teilweise weiter zurückreichen, die sich aber besonders im 18. Jahrhundert entwickelt und gegenseitig beeinflußt haben.

So vertritt die *Aufklärung* den Standpunkt, daß das eigentliche Wesen des Menschen seine Vernunft sei, und daß es möglich sein müsse, durch vernunftmäßige Planung das Leben wie auch die Entwicklung der Kultur zu steuern. Man müsse nur in der richtigen Weise belehrt und erzogen werden, dann führe die konzentrierte Vernunft zum Fortschritt. In Frankreich, wo die Aufklärung radikale und materialistische Züge zeigte, wurde so der Boden für die Revolution vorbereitet. In Deutschland war die Aufklärung mehr idealistisch orientiert. Gedanken der Toleranz und Humanität (»Nathan der Weise«) beeinflußten nachhaltig das Denken der Zeit.

Aufklärung

Parallel zur Aufklärung gibt es eine Reihe in der Intensität wachsender geistiger Strömungen, die zum Teil als vorromantische Erscheinungen gedeutet werden und sich um die Wende zum 19. Jahrhundert zur Früh- und später zur Hochromantik entwickeln. Zum Teil versteht man sie auch als Abspaltung aus der Aufklärung, als Reaktion und Gegenposition zur Überschätzung der rationalen Kräfte. Sicher hängt es mit der gefühlsmäßigen Ausdörrung der Aufklärung zusammen, daß sich die Menschen fast bedingungslos der *Empfindsamkeit* öffneten und Gefühle wie Rührung, Mitleid, Wehmut kultivierten. Ihren Gipfel findet diese Bewegung in Goethes »Die Leiden des jungen Werthers« (1774).

Empfindsamkeit

Eine besonders heftige Gefühlsaufwallung brachte die zeitlich kurze Bewegung des *»Sturm und Drang«* (etwa 1765–1785). Die leidenschaftliche Erregung entzündet sich an Standesunterschieden, Unterdrückung, Fürstenwillkür und ähnlichen großen Themen.

Sturm und Drang

Fassen wir Empfindsamkeit und Sturm und Drang als vorromantische Strömungen auf, die ansteigen und in die Romantik einmünden und die Aufklärung als eine rationalistische Strömung, die im Absteigen begriffen ist und von der Romantik überwunden wird, dann befinden wir uns an der Stelle, wo die beiden Linien sich berühren und kreuzen, in einer besonders günstigen, glücklichen und fruchtbaren Epoche; der Klassik. Hier halten sich Rationalität und Gefühlskraft die Waage, mildern und befruchten sich gegenseitig. Die Bezeichnung »Klassik« wird vom lateinischen »classis« (= Steuerklasse) abgeleitet.

Ein »classicus« ist ein Angehöriger der 1. Steuerklasse, gehört also zu den herausragenden römischen Bürgern. Von da her erhält »klassisch« die Bedeutung vorbildlich, mustergültig, erstklassig.

Wiener Klassik

Wenn in der Musik von der Klassik als einer Stilepoche die Rede ist, verstehen wir darunter die *»Wiener Klassik«,* so genannt, da die Hauptmeister der Epoche, Haydn, Mozart und Beethoven, hauptsächlich in Wien gewirkt haben. Zeitlich erstreckt sich die Wiener Klassik auf die Jahre 1760 bis 1830, mit einem hochklassischen Kern, etwa um 1780 bis 1810.

Galanter Stil

Die Anfänge des klassischen Stils reichen bis vor 1750 zurück. In einer Zeit, in der die Musik des Spätbarocks im Schaffen Bachs ihren Höhepunkt und Abschluß fand, hatten sich die meisten seiner Zeitgenossen – wie Telemann und Graupner, vor allem aber seine Söhne und deren Generation – längst einem anderen Kunstideal zugewandt. Man empfand den hohen kontrapunktischen Stil als überladen und künstlich, und in einer ähnlichen Weise, wie sich in der Baukunst der massive, prunkvolle Barockstil in spielerisches Rokoko verwandelte, hatte man Geschmack an einer leichteren, einfacheren, gefälligeren und graziöseren Musik gefunden.

La Fleurie ou La tendre Nanette François Couperin

Couperin, 17 Jahre älter als Bach, führt in seinen 1713 veröffentlichten Klavierstücken bereits die Merkmale des neuen »galanten Stils« vor.

Aufgabe:
Singt die Melodie ohne Verzierungen.
Beschreibt den Charakter der Musik, wie er sich aus der Zahl und Funktion der Stimmen, aus der Häufung von Verzierungen, aus dem Takt und der Bewegung ergibt.

Empfindsamer Stil

Parallel zur Neigung zu empfindsamer Literatur entstand nun auch das Bedürfnis nach einer das Gefühl ansprechenden einfachen, rührenden Musik. Der »empfindsame Stil« ist nicht grundsätzlich etwas anderes als der galante; er unterscheidet sich aber von ihm durch ausdruckhafte, sprechende Melodiewendungen. Der folgende Sonatensatzanfang soll ein Beispiel dafür sein.

Aus: »Claviersonaten«-Sammlung 1780   Carl Philipp Emanuel Bach

Aufgabe:
Sucht und beschreibt die »empfindsamen« Merkmale des Beispiels, auch im Vergleich zu Couperins Stück.

Sturm und Drang

Ebenfalls parallel zur literarischen Bewegung gleichen Namens geht in der Musik der »Sturm und Drang«. Auch hier kann zum galanten und empfindsamen Stil keine scharfe Trennungslinie gezogen werden. Der »Sturm und Drang« zeichnet sich gegenüber dem empfindsamen Stil durch ein heftigeres Aufbegehren des Gefühls aus (s. den folgenden Anfang eines Sonatensatzes).

»Preußische« Klaviersonate F-Dur — Carl Philipp Emanuel Bach

Aufgabe:
Vergleicht, inwiefern das letzte Beispiel über das vorige von Carl Philipp Emanuel Bach hinausgeht.

Hochklassik

Der Schritt zur Hochklassik ist ein Verschmelzungsprozeß, bei dem sich aus den vorher beschriebenen frühklassischen Stilen zusammen mit nationalen Merkmalen wie italienischer Sanglichkeit, französischer Formklarheit und der allmählich wieder zu Ehren kommenden deutschen Satzkunst eine Universalsprache bildet, die allen Menschen verständlich sein will.

J. S. Bach: Menuett

G. Ph. Telemann: Menuett

W. A. Mozart: Sinfonie Es-Dur, 1. Satz

Aufgaben:
1. *Verfolgt in allen Beispielen die Art und den Fluß der Notenwerte.*
2. *Versucht die Melodien zu singen, und achtet auf die mehr oder weniger ausgeprägte Gliederung. Das letzte Beispiel stellt den Typ des bei Mozart häufigen »singenden Allegros« dar.*

Zu den wichtigsten Merkmalen der Klassik gehört die thematische Arbeit. Durch sie wird der Ausdrucksgehalt der Themen entfaltet und auch verwandelt. Während der Ausdruck (Affekt) eines barocken Musikstücks in seinem Ablauf im wesentlichen erhalten blieb, geht es dem klassischen Musiker darum, durch Übergänge und Gegensätze den Verlauf wechselnder seelischer Bewegungen auszudrücken. Der Musikwissenschaftler Friedrich Blume unterscheidet drei Techniken: Fortspinnungen, Entwicklungen und Kombinationen.

Affekt

Bei Fortspinnungen handelt es sich um Kettenbildungen von Phrasen, kleinen und großen Sätzen oder Perioden, die ausdrucksmäßig ähnlich, aber motivisch verschieden sind.

Entwicklungen halten an einem Motiv fest und verarbeiten es mit wechselndem Ausdruck.

Kombinationen verbinden Motive dialogisch oder kontrapunktisch mit anderen.

Gesellschaftlicher Wandel

Die stilistischen Änderungen vom Barock zur Klassik sind keine innermusikalische Angelegenheit, sondern ein Zeichen dafür, daß eine andere soziologische Schicht im Begriff war, die Trägerrolle zu übernehmen: das *Bürgertum*. Die wichtigsten Formen der bürgerlichen Musikpflege waren die Hausmusik mit dem dazugehörigen privaten Instrumentalunterricht und das öffentliche Konzert, zu dem jedermann, der eine Eintrittskarte kaufen konnte, Zutritt hatte. Nach 1800 war, auch in mittleren und kleineren Städten, das Konzertwesen

Bürgertum

weitgehend aufgebaut, wobei die Haydnschen Oratorien nicht selten die Anstöße zur Gründung von Chören und Konzertgesellschaften abgaben.

Bedingt durch diese Änderung ergab sich ein anderes Verhältnis in der Kommunikationskette Komponist – ausübender Musiker – Hörer. Zwar blieb die Personalunion von Komponist und ausübendem Musiker oft erhalten, auch ergab sich zuweilen eine gewisse soziale Geborgenheit, wenn etwa ein Mäzen (Kunstförderer) die Funktion des früheren Dienstherren übernahm, aber die Trennung von Komponist und ausübendem Musiker bahnte sich an. Entscheidender war die Abtrennung des Hörers von dieser Kette. Der Musiker komponierte oder musizierte nicht mehr von Amts wegen, sondern wurde vom *Publikum* bezahlt; er war damit von der Zustimmung oder Ablehnung des Publikums abhängig. Soziale Abhängigkeit von der Öffentlichkeit war also der Preis dafür, daß der Künstler frei von den Aufträgen und vom Geschmack seines Dienstherren sich in seinen Kompositionen selbst verwirklichen konnte. Originalität und Individualität wurden bis in die Romantik hinein mehr und mehr gefragt.

Um 1800, also zur Zeit der Hochklassik, war ein idealer Gleichklang zwischen dem künstlerischen Angebot und den Ansprüchen des Publikums erreicht. Später, durch die Folgen der napoleonischen Kriege sowie durch die Industrialisierung und die damit verbundene Umschichtung der Vermögensverhältnisse, vollzog sich wieder ein soziologischer Wandel. Die musikalischen Bedürfnisse des neuen Massenpublikums gingen auseinander, und das Angebot teilte sich in die bekannten Sparten der ernsten Musik und der Unterhaltungsmusik.

Gleichzeitig mit dem Konzertwesen bildete sich auch das Musikverlagswesen aus, denn der Bedarf an Klavier- und Kammermusiknoten für das häusliche Musizieren mußte gedeckt werden. Die Gesetzmäßigkeiten von Angebot und Nachfrage führten dazu, daß bekannte Komponisten sich um das Erscheinen ihrer Werke keine Sorgen zu machen brauchten – sie wurden von den Verlagen teilweise unbesehen übernommen – während die Werke ihrer weniger bekannten Kollegen oft erst nach vielen Bittgängen und zu ungünstigen Bedingungen im Druck erschienen. Die Kommerzialisierung der Musik ist der Preis dafür, daß sie aus der institutionellen Einordnung in die Freiheit des offenen Marktes herausgetreten ist.

Wolfgang Amadeus Mozart

Wolfgang Amadeus Mozart

Mozarts Leben und musikalisches Wirken ist zum größten Teil durch Verhältnisse geprägt, wie sie für das Barock beschrieben wurden. Es ist aber nicht nur eine Besonderheit in Mozarts Leben, sondern ein Zeichen der Zeit, daß er sich aus diesen Bindungen befreite.

Träger der Musik waren in Wien das Kaiserhaus, die Fürsten, der Adel und zunehmend auch das Großbürgertum. Eine ganze Reihe von Kaisern aus dem Hause Habsburg war musikalisch tätig, beispielsweise Karl VI., der Vater Maria Theresias. Er komponierte und dirigierte Opern vom Cembalo aus. Maria Theresia war eine ausgebildete Sängerin, die in jungen Jahren bei internen Aufführungen auf der Bühne stand. Musik spielte bei der Erziehung ihrer zahlreichen Kinder eine große Rolle. Namenstage, Vermählungen und ähnliche Feste waren Gelegenheiten zu musikalischen Auftritten der jungen Erzherzoginnen. Der Sohn, Mitregent und Nachfolger Maria Theresias, Kaiser Joseph II., selbst Sänger und Cellist, nahm am Wiener Musikleben regen Anteil; er war öfter bei öffentlichen Konzerten Mozarts zugegen. Gemäß

Vater
Leopold Mozart
mit Sohn

diesem erlauchten Vorbild waren auch die Adelshäuser in Wien Pflegestätten der Musikausübung. Viele hatten ihre Privatorchester, bestellten Kompositionen und ließen sie in ihren Hauskonzerten aufführen. Ohne einen solch günstigen Nährboden wäre eine Erscheinung wie die Wiener Klassik undenkbar gewesen.

Als der Vater Leopold Mozart, Vizekapellmeister am Salzburger Hofe, die herausragende Begabung seines Sohnes erkannt hatte, machte er es sich zum Lebenswerk, diese Begabung konsequent zu fördern und zu entwickeln. Er nahm nicht nur die musikalische Unterweisung seines Sohnes in die Hand, er erteilte ihm auch Unterricht im Lesen, Schreiben, Rechnen, vermutlich auch in Geschichte und Geographie. Besonders wichtig für den angehenden Komponisten waren Latein und Italienisch. Mehr zur Verständigung auf den Reisen dienten der Französisch- und Englischunterricht. Der Weg zum Erfolg mußte über die musikliebenden Adelshäuser Europas führen. Wolfgang Amadeus sollte als Wunderkind, Virtuose, aber auch als Komponist bekanntgemacht werden, um vielleicht einmal eine Stelle als Hofkapellmeister und Hofkomponist zu bekommen. Wie sehr die Reisen des Wunderkindes auf den Adel ausgerichtet waren, zeigt die Reihenfolge der Stationen auf der Reise 1763–1766; es sind fast nur Residenzen: München, Augsburg, Ludwigsburg, Schwetzingen, Heidelberg, Frankfurt, Koblenz, Köln usw. Die Zuhörer waren begeistert über das Kind, das nicht nur virtuos spielte, sondern auch aus dem Stegreif improvisierte.

Zu einer Anstellung an einem der europäischen Höfe, wie sie Vater und Sohn ersehnt hatten, ist es indes nicht gekommen. Zeitgeschichtlich interessant ist es

Leopold Mozart

zu verfolgen, wie Mozart aus der Einordnung in den Salzburger Hofdienst ausbrach, ein bei seinem Vater und dessen Generation undenkbarer Vorgang.

Salzburg Das Fürsterzbistum Salzburg gehörte damals nicht zu Österreich, sondern war ein selbständiger Staat; der Fürsterzbischof war weltlicher und geistlicher Oberherr. Bis 1771 regierte Fürsterzbischof Sigismund, ein freundlicher und leutseliger alter Herr, der den 13jährigen Wolfgang Amadeus zum (3.) Konzertmeister ernannte – ein Titel ohne Gehalt, der als Auszeichnung gedacht war. Vom neuen Fürsterzbischof Hieronymus Graf Colloredo wurde 1772 die Anstellung mit einem Gehalt von 150 Gulden erneuert. Colloredo war ein energischer Mann, der die Zügel kräftig anzog und versuchte, die Verwaltung seines Erzbistums fest in den Griff zu bekommen. Auch bei der Hof- und Kirchenmusik ging es ihm vor allem um Ordnung und geregeltes Funktionieren. Von daher war es eigentlich verständlich, daß Colloredo unmutig wurde, wenn einer seiner »Bediensteten« sein Heil nicht in treuer Erfüllung des Hofdienstes, sondern in den musikalischen Zentren der Welt suchte. Mozart empfand am eigenen Leibe heftig die Diskrepanz (den Zwiespalt) zwischen der Anerkennung und Bewunderung, die ihm bei seinen Konzerten entgegengebracht wurden und der höfischen Routine in Salzburg. Nachdem ihm der Urlaub zu seinen Konzertreisen immer unwilliger erteilt wurde, reichte er 1777 ein Abschiedsgesuch ein, das schließlich bewilligt wurde. Leider brachte ihm auch die neuerliche Reise nach Paris 1777–1779 keine Anstellung ein, so daß er sich wiederum in den Dienst des Salzburger Hofes begeben mußte, diesmal als Hoforganist und Konzertmeister. Für Colloredo zählten die Erfolge, die Mozart als Virtuose und Komponist errungen hatte, überhaupt nicht; sein Verhältnis zu Mozart blieb kritisch.

1780 hatte Mozart wieder Urlaub genommen, um am Hofe in München seine Oper »Idomeneo« einzustudieren und aufzuführen; offenbar hatte er diesen Urlaub überzogen. Inzwischen war Kaiserin Maria Theresia gestorben. Colloredo war mit seiner Kapelle zu den Trauerfeierlichkeiten nach Wien gefahren, und Mozart hatte den Befehl erhalten, unverzüglich nachzureisen. Ursprünglich hatte er gehofft, in Wien selbständig konzertieren zu können, sich aber alsbald in einen rigorosen (streng geregelten) Kapelldienst eingebunden. Der Erzbischof pflegte seine Kapelle zu seinen Besuchen mitzunehmen und ließ sie daselbst musizieren, ohne, wie es offenbar üblich war, diesen Extradienst zu honorieren. Mozart mußte aus diesem Grund verschiedentlich verlockende Einladungen zu Konzerten ausschlagen; bei einem wäre sogar der

Lakai Kaiser zugegen gewesen. Stattdessen fühlte er sich als Lakai behandelt, der zusammen mit den Kammerdienern und Köchen am Mittagstisch zu sitzen und im übrigen zu warten hatte, wohin man ihn zum Musizieren befahl. Als schließlich Colloredo seine Kapelle nach Salzburg zurückschicken wollte, reichte Mozart äußerst gereizt seinen Abschied ein, den er nach wiederholtem Drängen durch einen Fußtritt des Oberstküchenmeisters Graf Arco erhielt.

Für Mozart begann nun eine schöne, aber auch harte Zeit. Seine Anstrengungen, eine ihm gemäße Anstellung zu finden, blieben weiter vergeblich. Er war der erste, der versuchte, sich als freischaffender Musiker mit Konzertieren, Komponieren und Unterrichten zu behaupten. Etwa fünf Jahre, bis 1786, ging das gut.

Akademien Ein organisiertes Konzertwesen gab es damals noch nicht. Einzelne oder mehrere Künstler veranstalteten stattdessen »Akademien«, also Konzerte, bei denen sie selbst die Unternehmer waren. Meist wurden mehrere solcher Akademien zur Subskription (Vorbestellung) ausgeschrieben. Außer einem bunten Gemisch von Sinfonien, Sinfoniesätzen, Konzerten, Kammermusikwerken und Arien enthielten die Akademien immer als Höhepunkt eine freie Phantasie am Klavier. Daneben wirkte Mozart bei Privatkonzerten in Adelshäusern mit. Bei solchen Konzerten wurde er mit der Equipage (Luxuswagen) abgeholt und wieder nach Hause gebracht. Sicher hat er die guten Honorare ebenso geschätzt, wie den zwanglos vornehmen Umgangston. Konzerte gab es auch am Sonntag vormittags in Mozarts Wohnung, teils für Freunde, teils gegen Bezahlung.

Von 1787 an hören die Akademien Mozarts auf. Vielleicht ist er innerlich über Konzertveranstaltungen für ein auf Adel und oberste Bürgerschichten begrenztes Publikum hinausgewachsen. Die finanziellen Schwierigkeiten, unter denen Mozart von nun an bis zu seinem Tode zu leiden hatte, hingen sicher zum großen Teil mit dem Ausfall der früheren Einnahmen aus Akademien zusammen.

Ebenso wie das Konzertwesen war auch der Notenhandel erst im Aufbau begriffen. Mozarts Einnahmen aus diesem Bereich waren unerheblich. Da es an einem wirksamen Urheberschutz fehlte, wurden seine Kompositionen abgeschrieben oder durch Raubdrucke verbreitet. Für eine Oper erhielt Mozart etwa 100 bis 200 Dukaten. Damit waren aber alle Verbindlichkeiten des Theaters dem Komponisten gegenüber abgegolten. Die Übernahme einer Oper in ein anderes Theater, wie z. B. die Aufführung des für Prag bestimmten »Don Giovanni« in Wien, freute Mozart zwar sehr, brachte ihm aber finanziell nichts ein.

Urheberschutz

Zusammenfassend läßt sich sagen, daß ein Musiker vom Range Mozarts in einen Hofmusikbetrieb alten Stils nicht mehr einzugliedern war, daß aber andererseits ein öffentliches Musikleben, das ihn als freien Musiker hätte tragen können, noch nicht ausgebildet war.

Ludwig van Beethoven

Auch Beethovens musikalische Anfänge waren durch das Musikwesen eines Hofes geprägt. Bonn, im 18. Jahrhundert eine elegante Stadt mit dem Schloß, den beiden Lustschlössern von Poppelsdorf und Brühl sowie weiträumigen Gartenanlagen, war die Residenz des Kurfürsten von Köln, eines der drei geistlichen Kurfürsten des alten Reiches. Zur Zeit von Beethovens Geburt herrschte Kurfürst Maximilian Friedrich. Beethovens Großvater war Kapellmeister, sein Vater Tenorist. Wie letzterer, der mit 16 Jahren Hofmusikus war, wuchs auch Beethoven in die Tradition der Hofmusik hinein. Dazu gehörte die Mitwirkung bei Karnevalsopern, Fastenoratorien, Namenstagskantaten, regelmäßiger Kirchenmusik, Tafelmusiken, Serenaden und Kammermusiken.

Beethoven erhielt bereits als Vierjähriger Unterricht in Klavier, daneben in Violine und Bratsche. Der Vater mag angesichts der Begabung des Jungen an eine Wunderkindkarriere nach Art Mozarts gedacht haben. Dazu kam es nicht, aber Ludwig gab verschiedentlich Konzerte in der nächsten Umgebung. Der Hof übernahm schließlich seine künstlerische Ausbildung, die besonders wirksam wurde, als ihn Christian Gottlob Neefe, der Hoforganist, unterrichtete. Bald war Beethoven in der Lage, seinen Lehrer bei Orgel- oder Cembalobegleitungen zu vertreten.

Ludwig van Beethoven

Unter dem neuen Kurfürsten Maximilian Franz, dem jüngsten Sohn der Kaiserin Maria Theresia, wurde Beethoven 1784 offiziell mit einem Gehalt von 150 Gulden als 2. Hoforganist angestellt. Die Dienstpflichten waren durch

Vertrag geregelt: Man erwartete vor allem Gehorsam, ständige Bereitschaft sowie die Begleitung des Fürsten bei Reisen. Es fällt schwer, sich den 14jährigen Beethoven in Hofuniform mit grünem Frackrock, kurzer Hose, Seidenstrümpfen und einem Degen an der Seite vorzustellen. Umso größer ist der Unterschied zu seiner späteren Persönlichkeit und Geltung. Neben seinem Hofdienst konzertierte und musizierte er vielfältig und wirkte als Klavierlehrer in den Adelsfamilien des Hofes.

Wien

Graf Waldstein

1792 wurde Beethoven zu einem Studienaufenthalt nach Wien beurlaubt, ein Urlaub, der zunächst auf ein Jahr begrenzt war, dann aber um ein weiteres Jahr verlängert wurde. Er studierte bei Haydn, daneben bei anderen Lehrern wie Schenk, Salieri und Albrechtsberger. Von Bonn aus hatte ihm bereits sein dortiger Gönner Graf Waldstein die Wege geebnet und Beziehungen angebahnt. Beethoven wohnte beim Fürsten Lichnowsky. Er ließ sich in den für Musik aufgeschlossenen Adelshäusern als Pianist hören, spielte eigene Werke, erregte besonderes Aufsehen mit seinen Improvisationen und gab Unterricht. Wie groß der Kreis seiner Gönner war, geht aus der Subskribentenliste hervor, die der Verlag Artaria für seine Klaviertrios op. 1 aufgelegt hatte: nach kürzester Zeit hatten sich 250 Subskribenten eingetragen, darunter erlauchte Namen wie die Fürsten Kinsky, Rasumowsky, Lobkowitz, Esterházy. Daneben bezog er noch immer sein zweites Bonner Gehalt, denn formell war er ja der zu Studien beurlaubte Bonner Hoforganist. Dieses Dienstverhältnis endete allerdings 1794 mit der kriegsbedingten Auflösung des Kurfürstentums Köln. In diesem Augenblick wurde aus dem Hoforganisten der freischaffende Komponist und Pianist. Die hohen Herren waren nun nicht mehr seine Dienstherren, die er gegen Gehalt mit Musik zu bedienen hatte, sondern es waren Gönner und Mäzene, Musikfreunde und Kenner, die einen Blick für begabte Künstler hatten, diese großzügig förderten und sich freilich auch mit ihnen schmückten. Mit einigen dieser Gönner war Beethoven freundschaftlich verbunden. Viele der Namen finden sich in den Titeln seiner Kompositionen als Widmungsträger.

Eine Anstellung als Musiker im weitesten Sinn hat Beethoven nach 1794 nicht mehr innegehabt. Es fällt auf, daß er, der doch immer auch mit Komponieren beschäftigt war, erst ab 1795, also nach seiner Bonner Entlassung, eigene Werke veröffentlichte.

Fast alle seine Werke waren Auftrags- oder Widmungskompositionen. Die Verlage, darunter der durch die Herausgabe der Werke Haydns bekannte Verlag Artaria sowie Breitkopf und Härtel, bezahlten Beethoven ansehnliche Honorare, so daß er der erste freischaffende Musiker war, der, getragen durch eine ausreichende Nachfrage, ohne Anstellung leben konnte. Dazu kam noch der Rückhalt, den er bei seinen Gönnern gefunden hatte. Fürst Lichnowsky zahlte ihm seit 1800 aus freien Stücken ein Gehalt von 600 Gulden, bis es 1806 zur Entfremdung zwischen beiden kam.

Beethovens Ruf als Klavierspieler

Beethovens Ruf als Klavierspieler verbreitete sich weithin, als er 1795 in einem Konzert im Burgtheater sein 2. Klavierkonzert und wenige Tage später in einem Benefizkonzert zugunsten der Witwe Mozarts dessen Klavierkonzert d-Moll spielte. Konzertreisen nach Prag, Dresden und Berlin schlossen sich an.

Großes Aufsehen erregte seine 1. Sinfonie, die 1800 in einer Akademie zusammen mit einer Sinfonie Mozarts, seinem Septett, einem Klavierkonzert und einer freien Phantasie erklang.

Um 1808 erreichte Beethoven ein Angebot von Jérôme Bonaparte, dem König von Westfalen, der ihm zu fürstlichen Bedingungen die Stelle eines

Begräbnis Beethovens

Hofkapellmeisters in Kassel anbot. Aber nun zeigte sich, was großherziges Mäzenatentum vermochte: Erzherzog Rudolph, Beethovens Klavier- und Kompositionsschüler, und die Fürsten Kinsky und Lobkowitz garantierten ihm eine jährliche Rente von 4000 Gulden, wenn er nur in Wien bliebe; von weiteren Gegenleistungen war nicht die Rede.

Hier wird zum ersten Mal einem Musiker die volle materielle Unabhängigkeit garantiert. Er ist weder an Aufträge noch an Termine, noch an Rücksichten auf ein Publikum gebunden und kann ganz nach seinen Eingebungen schaffen und gestalten. Allerdings wurde 1814 die Rente auf 1360 Gulden herabgesetzt, denn eine Währungsreform im Gefolge der napoleonischen Kriege hatte die allgemeinen Vermögenswerte auf etwa ein Fünftel schrumpfen lassen.

Politisch war Beethoven ein Demokrat und Republikaner, der der Aristokratie und dem Kaisertum reserviert gegenüberstand. Er verehrte Napoleon bis dieser Konsul wurde. Bezeichnend ist sein Wort, als sich Napoleon die Kaiserkrone aufsetzte: »Nun wird der auch die Menschenrechte mit Füßen treten.« Im Umgang mit seinen adligen Gönnern bewegte sich Beethoven ohne Unterwürfigkeit, mitunter an den Grenzen der Höflichkeit. Er empfand durchaus das Außerordentliche seines Künstlertums und wollte als Gleichberechtigter behandelt werden.

Napoleon

Den Gipfel seines Ruhmes erreichte Beethoven 1814, als im großen Redoutensaal in Anwesenheit der Kaiserinnen von Österreich und Rußland, des Königs von Preußen und fast aller Fürsten, die am Wiener Kongreß teilnahmen, seine 7. Sinfonie, die Sinfonie »Wellingtons Sieg oder die Schlacht bei Vittoria« und eine Kantate »Der glorreiche Augenblick« aufgeführt wurden. »Wellingtons Sieg«, ein realistisches Schlachtengemälde, erregte damals ein ungeheures Aufsehen, wird heute jedoch allenfalls als Gelegenheitskomposition betrachtet. Jedenfalls galt Beethoven damals allgemein als der Komponist des Wiener Kongresses.

Wiener Kongreß

Beethovens Gehörleiden hatte sich bereits 1795 bemerkbar gemacht und verschlimmerte sich von Jahr zu Jahr. Er mußte das Konzertieren einschränken und schließlich ganz einstellen. 1819 war er völlig taub und konnte sich nur

Gehörleiden

Heiligenstädter Testament noch mit Hilfe von Konversationsheften, in die Besucher ihre Fragen und Mitteilungen einschrieben, verständigen. Das Heiligenstädter Testament legt Zeugnis davon ab, wie hart Beethoven dieses Schicksal traf. Daß er daran nicht innerlich zugrunde ging, sondern sich dagegen stemmte und schließlich behauptete, spricht für seine Willensstärke, die wir ja auch aus seinen Werken herauszuhören glauben. Beethoven zog sich aus der Öffentlichkeit zurück und wurde immer mehr zum Sonderling. Finanziell hatte er keine Sorgen. Sein Ruhm war ungeschmälert, so daß sich die Verleger weiterhin um seine Kompositionen rissen, die zum obligaten Repertoire (unentbehrlichen Bestand) der Zeit gehörten. Zu seinen ehemaligen Mäzenen, Gönnern, Freunden bestand keine Verbindung mehr; sie waren zum Teil gestorben, krank oder weggezogen. Auch hatten die napoleonischen Kriege die Verhältnisse verändert.

Beethovens letzte Jahre waren von familiären Sorgen belastet (Vormundschaft für einen Neffen). Ein chronisches Darmleiden befiel ihn 1825, zwei Jahre später starb Beethoven an einer Leberzirrhose. An seinem Begräbnis sollen 20000 Menschen teilgenommen haben. Vergleichen wir die drei Wiener Klassiker hinsichtlich ihrer gesellschaftlichen Stellung, so war Haydn mit sich und den höfischen Bedingungen seines Schaffens völlig im reinen. Bei Mozart **Künstlertyp** dagegen offenbart sich ein neuer Künstlertyp, den die Enge seiner dienstlichen Anstellung in seiner Entfaltung hemmte, der aber als freier Musiker seiner Gesellschaft voraus war, so daß sie ihn nicht tragen konnte. Beethoven schließlich ist der romantisch angehauchte Typ des Genies, das die Kraft hatte, sich aus Abhängigkeiten zu lösen und den die Gesellschaft voll anerkannte.

Romantik

Geistige Strömungen

Wie manche andere Epochenbezeichnungen hatte das Wort »romantisch« zunächst eine negative Bedeutung, die, verglichen mit der Aufklärung, auf ihre Wirklichkeitsferne abhob: romanhaft, unwirklich, phantastisch. Als eine geistige Bewegung entwickelte sich die Romantik im 18. Jahrhundert und löste die vorromantischen Strömungen der Empfindsamkeit und des Sturm und Drang ab.

Literatur In der Literatur unterscheidet man eine relativ kurze Frühromantik um 1800 mit den Zentren Jena und Berlin und Autoren wie Tieck, Wackenroder, Novalis sowie die Hoch- und Spätromantik, etwa 1805 bis 1830 vorwiegend in Heidelberg und Berlin. Autoren waren u.a. Arnim, Brentano, Eichendorff, Kleist und Chamisso.

Musikgeschichte In der Musikgeschichte dauerte die Romantik dagegen das ganze 19. Jahrhundert über an, ein Zeichen dafür, daß trotz Epochenwechsel in der Literatur und der bildenden Kunst die Gesellschaft weiterhin für romantische Kunstäußerungen empfänglich war und auch dafür, daß zwischen Romantik und Musik offenbar besonders nachhaltige Beziehungen geknüpft waren, die bis in neuere Zeiten nachwirken. Obwohl die Romantik mitunter als eine höhere Einheit mit der Klassik und als deren Fortsetzung interpretiert (gedeutet) wird, lassen sich in der romantischen Literatur einige geistige Strömungen erkennen, die die Romantik von der Klassik unterscheiden und sich auch musikalisch niedergeschlagen haben.

Gefühlshaftes. Schon von der Entstehung, als einer Gegenbewegung zum Rationalismus und zur Aufklärung her, wendet sich die Romantik ab von allen Vernunftlösungen, von der Realität, von allem Eindeutigen und Endgültigen. Sie sucht das Vieldeutige, Dunkle, das Aufgewühlte, auch das Ekstatische (Außer-sich-Sein) oder Chaotische und das Dämonische. Sie hat eine Vorliebe für Nacht, Traum und Illusion. Gefühl und Phantasie bestimmen das Weltbild des Romantikers. Bezeichnenderweise entsteht in der Literatur wie in der Musik die Form des »Phantasiestücks«. Oft wird eine stimmungshafte Sehnsucht spürbar, die sich über Heimweh, Fernweh, Sehnsucht nach dem Unendlichen bis zur Todessehnsucht steigern kann.

Gefühl und Phantasie

Geschichte. Die bereits erwähnte Abkehr von der Wirklichkeit war auch eine Abkehr von der Gegenwart und führte zur Versenkung in die Geschichte. Im Gegensatz aber zu früheren Rückbesinnungen orientierte man sich dieses Mal nicht an der Antike, sondern an der eigenen Geschichte, die aber poetisch verklärt erscheint. Mythisch (sagenhaft) empfundene Epochen wie germanische Vorzeit, Mittelalter, Ritterzeit und deutsches Kaisertum werden im Roman, in der Erzählung oder im Drama wiedererweckt. Wenn das Griechentum literarisches Thema wird, ist es nicht die klassisch-apollinische, sondern die dämonische, dionysische (rauschhafte) Seite der griechischen Mythologie.

Religiosität. In ihren idealisierten Geschichtsvorstellungen faszinierte die Romantiker auch die Vorstellung einer in der Religion geeinten Christenheit des Mittelalters und der Gedanke einer schlichten, unverfälschten Frömmigkeit. Wenn Rationalismus und Aufklärung sich oft kritisch mit Religion und Kirche auseinandersetzten, so ging mit der Romantik eine Welle gefühlshafter Frömmigkeit einher.

Künste. In einer ähnlichen Weise brachte man der altdeutschen und mittelalterlichen Kunst, die man als fromm, einfältig empfand, darüber hinaus aber überhaupt der Kunst eine fast religiöse Verehrung entgegen. Dem Künstler wurde zugestanden, daß seine schöpferische Kraft an keine Gesetze und Regeln gebunden, sondern uneingeschränkt autonom (= sich selbst bestimmend) sei. Eine Lieblingsvorstellung der Romantiker ist die Verschmelzung der Künste. Nicht von ungefähr gewinnen Wortbildungen wie Tonmalerei, Klangfarbe, Sprachmelodie zunehmend an Bedeutung.

Tonmalerei

Politik. Die Hinwendung zur Geschichte hatte auch eine politische Seite. War schon die Abkehr von der Wirklichkeit möglicherweise ausgelöst durch eine tiefe Enttäuschung über den Verlauf der Französischen Revolution und vor allem darüber, wie wenig sich die Ideen der Revolution im Zeichen der Restauration (= Wiederherstellung eines alten Zustandes) verwirklichen ließen, so flossen nun die geschichtlichen Visionen ehemaliger deutscher Größe und die nationale Erhebung gegen Napoleon zu einer patriotischen Welle zusammen, die aber ihrerseits wieder in der Restauration verebbte.

Volkstum. Die Romantik ist, auch wenn viele Literaten adliger Herkunft sind, eine bürgerliche Bewegung. Weder der hohe Stil der Klassik noch die Rhetorik (Redekunst) des Barocks sind dem Sprachgefühl des bürgerlichen Publikums angemessen, dagegen entsprechen die Volksdichtungen der Vergangenheit, die Volksbücher, Volksmärchen und Volkslieder den Ausdrucksvorstellungen der Romantik. Die romantische Theorie, daß diese Dichtungen direkt der dichtenden Volksseele entsprungen seien, ist sicher falsch, denn jedes Volkslied und jedes Märchen hat seinen Verfasser, auch wenn ihn heute niemand mehr kennt. Der Öffentlichkeit wurden die Volksdichtungen alsbald durch die Herausgabe von Sammlungen zugänglich gemacht: »Des Knaben

Volkskunst

Wunderhorn« (Volkslieder 1807), »Die Teutschen Volksbücher« (1807), »Kinder- und Hausmärchen« (1812/15). Stilbildend wirkten diese Sammlungen dadurch, daß die romantischen Schriftsteller ihre Veröffentlichungen vielfach »im Volkston« verfaßten.

Gesellschaftlicher Wandel

In gesellschaftlicher Hinsicht setzte sich in der Romantik die Entwicklung fort, die in der Klassik begann: Das Bürgertum löst als tragende Schicht den Adel ab. Die großen Konzertsäle sind mit bürgerlichem Publikum besetzt, und Bürgerhäuser sind der Ort, wo Kammermusik gepflegt wird. Von dieser breiten Schicht, die sich vorwiegend am klassisch-romantischen Repertoire orientiert, spaltet sich eine große Gruppe ab, die zur Unterhaltungsmusik tendiert, und um die Wende zum 20. Jahrhundert eine kleine Gruppe, die musikgeschichtlich ihrer Zeit voraus ist und mit der Romantik brechen will. Die öffentliche Musikpflege wird im Laufe der Zeit vom Staat oder von der Stadt übernommen. Wie auch früher ist der Komponist öfter in Personalunion Dirigent oder Solist. Nur wenige Große können es sich leisten, freischaffend tätig zu sein; viele bemühen sich um leitende Positionen oder geben Unterricht.

Musikalische Besonderheiten im Zusammenhang mit geistigen Strömungen

HB 121 »Träumerei«

harmonische Mittel

HB 122 »Fughette«

Gefühlhaftes. Die Musik gilt als die romantischste Kunst, weil sie, ohne an gegenständliche Darstellungen gebunden zu sein, als reiner Ausdruck des Gefühls angesehen wird. Der Ausdruck erhält den Vorrang vor der Form, und so entstehen kleine poetische Klavierstücke, die unter den verschiedensten, formal völlig offenen, Bezeichnungen laufen, wie Impromptu, Intermezzo, Kinderszenen u.ä., die aber vor allem Stimmungsbilder, Seelenzustände und Ausdrucksstudien sind. Häufig werden seelische Schattierungen durch harmonische Mittel wie Septnonakkorde, chromatische Veränderung eines Akkordes oder chromatisch gleitende Modulationen wiedergegeben. Auch die größeren, zusammengesetzten Formen sind weniger konstruktiv aufeinander bezogene Akte eines Dramas, als vielmehr musikalische Bilderfolgen (z.B. »Carnaval« von R. Schumann). Eine andere Richtung, die über Schubert zu Brahms oder Bruckner führt, setzt die klassische Sinfonietradition fort, wobei der Ausdruck an Tiefe und Leidenschaft hinzugewinnt. Während bei Mozart noch Leichtigkeit und Ernst vereint sind, läßt sich nun beobachten, daß, nach der Abspaltung der heiteren und ihrem Wandel zur Unterhaltungsmusik, die ernste Musik oft düstere Züge annimmt.

Geschichte. Vielfach ist der Sinn der romantischen Komponisten nach rückwärts gerichtet. Man sucht Anregungen in der vorklassischen Musik und entdeckt Formen wie Passacaglia, Sarabande, Choralvorspiel, polyphone Satztechniken wie Kanon und Fuge, oder empfindet den archaischen (altertümlichen) Reiz kirchentonartlicher Wendungen. Die alten Formen und Satztechniken werden mit romantisch-poetischem Ausdruck erfüllt und sollen meist bewußt altertümlich wirken. In diesen Zusammenhang gehört auch die Neuentdeckung von Bach und Händel. Der zwanzigjährige Felix Mendelssohn-Bartholdy führt 1829, hundert Jahre nach ihrer Entstehung, Bachs Matthäuspassion auf und setzt damit jene historisierende Bewegung in Gang, die uns heute noch Aufführungen älterer Musik als selbstverständlich erscheinen läßt.

Der Musiker in seiner Zeit

Verbindung der Künste: Die Vorstellung einer Verschmelzung der Künste hat für die Musik eine besondere Bedeutung gewonnen, da sich ihre inhaltliche Vieldeutigkeit durch Wort, Bild oder Bewegung konkretisieren (verdeutlichen) läßt und dies offenbar einem allgemeinen Bedürfnis entspringt. So führt schon die Verbindung von Musik und Wort zu einem wahren Aufblühen des Kunstliedes. Aus Musik und Bild entsteht die Tonmalerei, aus Musik, Bild und Wort die Programmusik. Musik und Bewegung verbinden sich zum Tanz und zum Ballett, und alle Künste vereinigen sich zum Gesamtkunstwerk der Oper. Natürlich gab es diese Verbindungen schon vor der Romantik, aber erst jetzt war die Zeit gekommen, in der aus musikalischen Illustrationen wirklich ein gegenseitiges Durchdringen wurde.

Gesamtkunstwerk

Volkstum. Das Interesse für die eigene Geschichte führte auf dem Wege über das Volkstum auch zum Volkslied. Entsprechend den literarischen Liedersammlungen entstanden gegen Ende des 19. Jahrhunderts die großen Volksliedsammlungen mit Melodien von L. Erk und F. M. Boehme. Liedhaft war aber vorher schon ein guter Teil der romantischen Melodik bis hin zu Themen von Sonaten und Sinfonien, die statt motivischer Struktur periodischen Bau aufwiesen oder gar aus mehreren Perioden bestanden. »Volksliedhaft« ist aber nicht nur eine melodische Modellvorstellung, sondern meint darüber hinaus den Charakter des Echten und Wahren.

Volkslied

Auch andere Völker beschäftigen sich in dieser Zeit intensiv mit ihrer Geschichte. Wenn sie ihre Nationalliteratur und ihre Volkslieder herausstellten, geschah es oft, um im Zusammenhang mit Autonomiebestrebungen (Unabhängigkeitsbestrebungen) ihre nationale Eigenständigkeit zu dokumentieren. Auch bei uns erkannte man den Reiz fremder Folklore, auch wenn sie meist salonhaft geglättet erschien (Mazurken von Frédéric Chopin, Lyrische Stücke von Edvard Grieg, Ungarische Tänze von Johannes Brahms).

Folklore

Mazurka, op. 56, Nr. 2 (Anfang)   Frédéric Chopin

HB 123

Aufgabe:
Welche romantischen Merkmale erkennt ihr in dem abgedruckten Musikbeispiel?

Franz Schubert

Franz Schubert

Konvikt

Franz Schuberts Lebenszeit (1797–1828) deckt sich etwa mit der mittleren und späten Periode im Schaffen Beethovens. Diese zeitliche Übereinstimmung ist aber auch alles, was die beiden Lebensläufe verbindet. Daß das Leben und Schaffen Schuberts so völlig unterschiedlich verlief, liegt an der ganz andersgearteten Herkunft, Umwelt, Erziehung und Persönlichkeit.

Der Sohn eines Schulmeisters im Wiener Vorort Lichtenthal kam aus kleinen, beengten Verhältnissen. Die Familie lebte vom Schulgeld, das die Schüler mehr oder weniger pünktlich bezahlten. Nicht weniger als neun Geschwister starben in früher Kindheit; vier wuchsen mit Franz zusammen auf. Mit vier Jahren begann für Franz der erste Schulunterricht. Der strenge Vater beabsichtigte, Franz und seine Brüder zu tüchtigen Schulgehilfen heranzubilden. Musikunterricht war dabei unerläßlich; und so lernte Franz Violine, Bratsche und Klavier spielen. Außerdem sang er im Kirchenchor, lernte Orgel spielen und wurde in Harmonielehre und Generalbaß unterwiesen. Um 1808 bestand er die Aufnahmeprüfung in das kaiserlich-königliche Konvikt, wo gerade eine Sopranstelle der Hofkapelle freigeworden war. Sechs Jahre lang trug er nun die Konviktsuniform mit Dreispitz und schwarzbraunem Leibrock. Neben den Schulfächern erhielten die Zöglinge Unterricht in Singen, Violine und Klavier. Am Konvikt herrschte strenge Disziplin. Verstöße gegen die Ordnung wurden hart bestraft. Allabendlich wurde der Tag mit der Aufführung einer Sinfonie und einer Ouverture durch die Zöglinge beschlossen. Schubert empfand das Konvikt zwar als Gefängnis, aber er erhielt dort eine gründliche musikalische Ausbildung und lernte viele Freunde kennen. Nach seinem Stimmbruch verließ er 1813 das Konvikt und wurde nach einjähriger Seminarausbildung Schulgehilfe bei seinem Vater, eine Tätigkeit, die er nur halbherzig und daher ohne großen Erfolg ausübte. 1817 ließ er sich zunächst für ein Jahr beurlauben, um sich dann im Schutze eines Freundeskreises als freischaffender Künstler ganz der Musik zu widmen.

Das Resultat dieser Erziehung war ein scheuer, zaghafter Mensch, der zwar aufbegehren konnte, es aber zeit seines Lebens nicht verstand, sich durchzusetzen. Er war ja auch kein Virtuose und kein Wunderkind. Die Wiener Gesellschaft nahm vom Nur-Komponisten Schubert keine Notiz, zumal er auf dem Gebiet der Oper, wo die großen Erfolge zu erringen gewesen wären, trotz vieler Bemühungen kein Glück hatte.

Wiener Gesellschaft

Zweimal, im Sommer 1818 und 1824, ging Schubert ein kurzes Dienstverhältnis ein: er wurde Musiklehrer der Töchter des Grafen Esterházy in Ungarn. Zwar hatte er außer den täglichen Musikstunden nichts zu tun, hatte also Muße zum Komponieren und wurde mit 75 Gulden monatlich auch gut bezahlt (sein Jahresgehalt als Schulgehilfe hatte 90 Gulden betragen), aber er gehörte – wie das ja auch Mozart erfahren hatte – zur Gruppe der Bediensteten und vermißte überdies die vertraute Umgebung seiner Freunde.

Im Gegensatz zu Beethoven, dessen Verleger seine jeweils neuesten Kompositionen kaum erwarten konnten, hatte Schubert große Mühe, seine Werke zu veröffentlichen. Zu seinen Lebzeiten wurden von rund 1000 Kompositionen nur etwa 100 gedruckt. Große Verlage wie Peters, die zwar alles herausbrachten, was aus der Feder eines Spohr, Hummel oder Romberg kam, zögerten bei Schubert, da ihm der durchschlagende Erfolg beim Wiener Publikum noch versagt geblieben war. Kleinere Verlage wie Diabelli oder Haslinger veröffentlichten zwar einiges, aber zu ungünstigen Bedingungen für den in geschäftlichen Fragen unerfahrenen Schubert. Seine großen Werke gelangten ohnehin erst gegen Ende des 19. Jahrhunderts ins Bewußtsein der Öffentlichkeit.

Natürlich gab es einen Personenkreis, der den Komponisten Schubert menschlich und künstlerisch trug, aber der Kreis war klein (bei manchen Abenden maximal 120 Besucher). Es waren seine Freunde, Maler, Dichter, Sänger, Schauspieler samt deren musikbegeisterter Bekanntenkreis: Gönner und Förderer im kleinen, die sich in Wiener Bürgerhäusern oder in Gasthaussälen zu Lese- und Musizierabenden trafen. Es ist bezeichnend, daß diese Zusammenkünfte nach Schubert benannt wurden: »Schubertiaden«, denn er stand mit seinen jeweils neuesten Kompositionen, Klavierwerken, Liedern, auch Kammermusikwerken, im Mittelpunkt. Die freundliche Resonanz in diesem Kreise, in dem sich Schubert zu Hause fühlte, war ihm Genugtuung und Ansporn.

Schubertiaden

Nationale Schulen

Für die Entwicklung und Ziele der Nationalen Schulen sind das Leben und die Musik von *Friedrich Smetana* (1824–1884) ein gutes Beispiel. Ostböhmen, wo er geboren wurde, ist heute Teil des tschechoslowakischen Staatsgebietes, gehörte aber damals zum Kaiserreich Österreich, das die unterschiedlichsten Nationalitäten in sich vereinigte (z.B. Ungarn, Tschechen, Italiener). Der Kaiser erhob absoluten Machtanspruch, das ganze Reich wurde zentral von Wien aus regiert; die Amtssprache, die Sprache der Gebildeten und deren Kultur waren deutsch. Smetana schrieb noch 1860: »Fast von Jugend an, sowohl in der Schule wie in den Gesellschaften im Deutschen erzogen, vernachlässigte ich,

Friedrich Smetana

solange ich Student war, etwas anderes zu lernen ..., so daß ich jetzt, zur Schande muß ich es bekennen, mich nicht ordentlich in tschechischer Sprache ausdrücken, noch sie schreiben kann.«

Die Ideen der Französischen Revolution (Freiheit, Gleichheit, Brüderlichkeit) und der deutschen Romantik (Hinwendung zur eigenen Kultur und Vergangenheit) hatten zur Folge, daß sich die Nationalitäten ihrer Eigenart bewußt wurden, mehr Freiheit, die Selbstverwaltung, die Gleichberechtigung ihrer Sprache und die Möglichkeit einer eigenen »volkstümlichen Entwicklung« forderten. Zwei Männer haben Smetana entscheidend beeinflußt.

Sein Vetter, Prämonstratenserpater und Physikprofessor *F. J. Smetana,* vermerkt 1843 in seinem Tagebuch: »Nicht durch Gewalt, sondern durch das Recht, nicht durch die Leidenschaft, sondern durch den Verstand wollen wir Patrioten sein ... und fordern wir Gerechtigkeit, so verweigern wir sie auch anderen nicht.« Und er ermahnt Smetana vor dessen erster Konzertreise als Pianist: »Noch einen Wunsch möchte ich gerne beifügen, für mich und das Vaterland: daß Sie als tschechischer Künstler reisen!«

Franz Liszt

Der zweite Mann war der berühmte Klaviervirtuose, Komponist und Förderer junger Talente, Franz Liszt. Vater Smetana hatte seinem Sohn nach Prag nur 20 Gulden mitgegeben und erklärt, er müsse jetzt auf eigenen Füßen stehen. Smetana arbeitete zeitweise als Musiklehrer, benützte dazwischen jede freie Minute, um seine Klavier- und Kompositionstechnik zu vervollkommnen; ständige Geldnot begleitete ihn. Liszt half zunächst aus materieller Not. Noch wichtiger aber war sein künstlerischer und menschlicher Einfluß auf die Entwicklung des Komponisten Smetana.

Smetana nimmt als Mitglied der Nationalgarde 1848 am Aufstand in Prag teil. Sein Wirken als Leiter einer anerkannten Musikschule, als Dirigent und Theaterkapellmeister, als Kritiker und Veranstalter von Konzerten mit »moderner« Musik, vor allem aber seine Arbeit als Komponist könnte man unter das Motto aus einem seiner Aufsätze stellen: »Ich glaube, daß der Ruf der tschechischen Nation als einer musikalischen ziemlich alt und bekannt sei, und eben diesen zu erhalten, neu zu beleben und ihn mehr und mehr zu heben, ist die Aufgabe jedes Künstlers, der zugleich von wahrer Vaterlandsliebe beseelt ist.«

Neudeutsche Schule

Viele Tschechen, darunter auch Komponisten, meinten, dieses Ziel sei nur durch die Übernahme der heimatlichen Folklore zu erreichen. Smetana ist anderer Meinung: »Mit der Nachahmung der melodischen Folgen und des Rhythmus unserer Volkslieder schafft man keinen nationalen Stil, höchstens eine zahme Nachahmung eben dieser Volkslieder.« Smetana fordert vielmehr: »Alles, was der Künstler unternimmt, muß dem dauernden Fortschritt in der Kunst dienen.« Smetana wendet sich, und das ist nun Liszts großes Verdienst, der romantischen Musik der fortschrittlichen »Neudeutschen Schule« zu. Allerdings sagt er auch: »Wir Tschechen sind ein singendes Volk.« Er schätzt also die Folklore und verarbeitet sie in seine Werke hinein. Er ahmt die Liszt-Schule nicht einfach nach, sondern durchsetzt sie mit tschechischem Fühlen und Denken. »Ohne Rücksicht auf meine Umgebung werde ich mich zumindestens bemühen, immer so zu schreiben, wie ich fühle.« Dieser Satz ist zugleich typisch für die stark individuelle Auffassung und die gefühlsmäßig (emotional) bestimmte Musik des romantischen Künstlers. Ein anderes Wort Smetanas zeigt, daß die Romantiker weit davon entfernt sind, ihre Musik als bloße Entspannung zu verstehen. »Die Kunst kommt mehr und mehr in Verfall, je öfter sie als bloße Magd dem Zeitvertreib und der Unterhaltung dient.«

Von den Opern, die Smetana schrieb, haben nicht die den Siegeszug um die Welt angetreten, die zur Gattung der tragischen Oper mit nationalem Inhalt gehören und die er selbst für die wichtigsten und wertvollsten hielt, sondern die »Nebenarbeit«, wie Smetana sich ausdrückt, nämlich die »Verkaufte Braut«. Weiterhin ist der Zyklus »Mein Vaterland«, darin vor allem »Die Moldau«, bekannt. Es handelt sich um Programm-Musik, um sog. sinfonische Dichtungen (vgl. S. 195). Smetana gestaltet eigentlich immer unter dem Eindruck von Ereignissen, Bildern und Ideen.

Ein hervorstechender Charakterzug Smetanas war sein Optimismus, seine Lebensbejahung. Trotz aller Widerstände und Gegner im eigenen Land und trotz fortschreitender Krankheit glaubt er an den Sieg seiner Musik. 1881 geht ein heißer Wunsch Smetanas und vieler Tschechen in Erfüllung. Das Tschechische Nationaltheater konnte eingeweiht werden. Und dies mit der Oper »Libussa« von Smetana. Libussa ist eine Gestalt aus der frühen tschechischen Geschichte. Die Regierung in Wien zeichnet zur Feier des Tages viele Tschechen aus, es regnet Orden. Smetana wurde vergessen. In demselben Jahr brennt der neue Bau ab. Der ertaubte Smetana dirigiert ein Konzert zugunsten des Wiederaufbaus des Nationaltheaters und sagt bei der Probe zu den Musikern: »Sie spielen, und ich weiß eigentlich nicht, was Sie spielen. Deshalb muß ich Sie bitten, es nicht für eine Anmaßung zu halten, daß ich mich unterstehe, solche Künstler zu dirigieren, ich, der ich nicht höre. Ich bitte Sie also, aus Schonung für mich achtzugeben.« **Ertaubung**

Dieser Lebenslauf zeigt uns die wesentlichen *Merkmale* der nationalen Schulen: **Merkmale**

a) Politisch und geistesgeschichtlich begründete Entwicklung des Nationalbewußtseins.

b) Damit Besinnung auf die eigene kulturelle Entwicklung. Entdeckung, Bejahung, Aufwertung und Pflege des folkloristischen Erbes. Übernahme seiner Formen und Themen in die Musik (Dichtung, Bildende Kunst).

c) Trotzdem keine isolierte Stellung der Musik, sondern Teil der Gesamtentwicklung der europäischen romantischen Musik.

Zur Darstellung der Landschaft, der geschichtlichen Vergangenheit, der nationalen Kultur eignen sich sehr gut Oper, Symphonische Dichtung (Programmusik) (s. S. 195) und Schauspielmusik.

Die nachstehenden Komponisten und Notenbeispiele stehen für wichtige musikalische Entwicklungen innerhalb der Tschechoslowakei, Rußlands, Norwegens und Frankreichs. Sie sollen die oben erwähnten Merkmale der nationalen Schulen verdeutlichen.

<u>Tschechoslowakei:</u> Friedrich Smetana, Polka und Furiant aus der Oper »Die verkaufte Braut«.

Polka

Moderato assai

HB 124

Furiant

HB 125

Aufgabe:
Was ist das Besondere am Rhythmus des Furiant?

<u>Rußland:</u> Modest Mussorgsky, Promenade aus »Bilder einer Ausstellung«

HB 126

Aufgabe:
Welchen Eindruck macht diese Melodie auf euch?

<u>Norwegen:</u> E. Grieg schreibt eine Schauspielmusik zu »Peer Gynt«, einem Drama des norwegischen Dichters Ibsen, in der Wendungen der Volksmusik sich mit romantischem Klang vermischen.

<u>Frankreich:</u> Die Oper »Carmen« von G. Bizet spielt in Spanien. Deswegen übernimmt er spanisches Kolorit (Farbe, Farbwirkung).

(Carmen tanzt und schlägt dazu Kastagnetten)

HB 127

Die Nationalen Schulen wirkten weiter auch auf Komponisten der neueren Musik. Vergleiche dazu Béla Bartók (HB 117) und Igor Strawinsky (HB 129, »Danse russe«).

Vom Virtuosen des 19. Jahrhunderts zum Star des 20. Jahrhunderts

Der Virtuose (ital. »virtuoso« = der vollendete Meister seines Instruments) ist nicht erst eine Erscheinung des 19. Jahrhunderts. Er hat seine Vorläufer in den großen Geigensolisten des 17./18. Jahrhunderts und vor allem den überspannten Primadonnen und Kastraten der frühen italienischen Oper; letzten Endes bereits in den Spielleuten des Mittelalters und den sagenumwobenen Sängern der Antike. Sie alle zeichnet eine beinahe übermenschliche Beherrschung des Instruments oder der Stimme aus. Hinzu kommt eine magische Faszination, die von der Persönlichkeit des Künstlers ausgeht, und das kokette, extravagante Auftreten, das den Eindruck des Außerordentlichen noch erhöht. Während aber der Virtuose früherer Jahrhunderte durchweg an die Kirche, den Hof oder die Stadt gebunden war, reist der Virtuose des 19. Jahrhunderts frei von jeder Verpflichtung und Beschränkung von Stadt zu Stadt, von Land zu Land, bald von Kontinent zu Kontinent, spielt vor einem tausendköpfigen Publikum in riesigen Konzertsälen und wird als das begnadete »Genie«, das »göttliche« Wesen verehrt, das dem Durchschnittsmenschen die Offenbarungen einer höheren Welt vermittelt. Höhepunkte des Virtuosentums im 19. Jahrhundert sind der Geiger Niccolò Paganini (geb. 1782 in Genua, gest. 1840 in Nizza) und dessen Bewunderer und Nachahmer auf dem Klavier, Franz Liszt (geb. 1811 in Raiding/Burgenland, gest. 1886 in Bayreuth), der allerdings auf dem Gipfel seines Ruhms – erst 37 Jahre alt – dem Virtuosendasein entsagt, um sich der schöpferischen Arbeit zu widmen.

Franz Liszt am Klavier

Hier einige zeitgenössische Berichte zum Virtuosentum.

(1) Aus einem Bericht der »Wiener Musikzeitung« zu einem Konzert des französischen Geigers Alexandre Boucher (geb. 1778 in Paris, gest. 1861 ebenfalls in Paris): »... Er gefällt sich darin, mit umgekehrtem Bogen unter dem Steg zu spielen, ja sogar mit der Violine hinter dem Rücken ...« (Nach Pincherle, S. 144)*

* Zu den Literaturangaben in diesem Kapitel siehe S. 278

»Teufelsgeiger« Paganini

Niccolò Paganini

(2) Aus den Memoiren der Lady Morgan über einen Auftritt des Geigers Abraham Fisher: »Ein fremdländischer Diener in glänzender Livree ging ihm voraus; er hielt ein rot-goldenes Geigenfutteral, und ihm folgte, auf Zehenspitzen, der berühmte Virtuose. Er trug einen scharlachrot- und goldgesäumten, mit Brillantknöpfen geschmückten Umhang, sein Haar war gepudert und so hoch aufgebaut, daß seine kleine Gestalt dadurch wie zweigeteilt erschien. Seine Hose war am Knie mit Diamantknöpfen zusammengefaßt, und sein Auftreten erfüllte die Luft mit Wohlgerüchen ...« (Nach: Pincherle, S. 16f.)

(3) Aus einer Erzählung zum ersten Paganini-Konzert in Paris: »Im Orchester, im Parterre und in den Logen herrschte andächtige Stille; da öffnet sich eine Tür im Hintergrund, und ein Mann erscheint: Paganini. Er gleitet hinter der Türe hervor und richtet seinen langen, biegsamen Körper zu voller Höhe auf; darüber ein blasses, von schwarzen, flatternden Haaren umgebenes Antlitz, ein Christusgesicht, läge nicht darin etwas Teuflisches. Er tritt aus dem Dunkel hervor und nähert sich mit weichen, wiegenden Schritten der erleuchteten Rampe. Sein Antlitz erweckt teils stumme Ekstase, teils tobenden Beifall. Er nimmt kaum Notiz davon und macht einige gemessene, tiefe Verbeugungen, die sich so geschickt an alle richten, daß jeder sie auf sich bezieht ... Nur einen Moment hatte der Blick gedauert, und schon gab der Künstler dem Orchester das Zeichen, indem er den Bogen in die Höhe hob und ihn wuchtig wie den Hieb einer Axt auf die Saiten niedersausen ließ.« (Nach: Pincherle, S. 149)

(4) »Ganz Wien schwärmte für Paganini, die Schaulust der Gaffer feierte wahre Orgien. Das ging so weit, daß Paganini sogar über die erste Giraffe siegte, die der Pascha von Ägypten dem Wiener Hof damals gerade verehrt hatte. Als das sonderbare, in Wien noch nie gesehene Tier in Begleitung seiner schwarzen Wärter eintraf, war der Zulauf groß; alles wollte die Seltenheit bewundern. In den Konditoreien sah man ihr Abbild in Zuckerguß, und auch die Mode mischte sich drein; denn es gab Kopfputz und Frisuren ›à la girafe‹, desgleichen Halstücher, Blusen, Mäntel und Schirme ... Aber bald wurde die Giraffe durch eine andere Modeneuheit entthront! Mit einem Schlag war alles Erdenkliche ›à la Paganini‹! Es gab Kleingebäck in Geigenform, es gab Schnitzel à la Paganini, Paganini-Rostbraten, Paganini-Gulasch, Paganini-Zwieback. Man sah Paganinis Bilder in allen Auslagen, aber auch auf Tabakdosen, Etuis, Servietten, Krawatten, Pfeifenrohren, Billardstöcken, auf Bonbonnieren und Puderdosen. Es gab auch witzige Karikaturen, über die alles gutmütig lachte. Man sah den Künstler da als Pratergeiger, neben einem Kaffeehaus vor dem Gartenzaun auf dem Gehsteig spielend – auf der Geh-Seite! ...« (Nach: F. Farga, Geigen und Geiger, Rüschlikon-Zürich 1940, S. 254f.)

Der Virtuose des 19. Jahrhunderts war für seine Hörer mehr als nur ein begnadeter Musiker und Meister seines Instruments: Er war gleichzeitig die Verkörperung all dessen, was sich der »gute« Bürger nicht zu leisten wagte – Symbol der Ungebundenheit, des Unkonventionellen und Extravaganten. Diese Doppelfunktion hat der Virtuose des 20. Jahrhunderts (von Ausnahmen abgesehen) verloren. Er verkörpert nur noch die »ernste«, die künstlerische Seite; er spricht den kleineren Kreis der »Kenner und Liebhaber« an, denen er ein verinnerlichtes, geistiges, emotional gebändigtes musikalisches Erlebnis vermittelt. Die »Schauseite« dagegen mit ihrer unvergleichlich größeren Massenwirkung haben die Vertreter der »leichten Muse«, die Schlager- und Popstars, übernommen. Ihre musikalischen Mittel sind anspruchsloser und leichter verständlich; aber schließlich wenden sie sich an ein Publikum, das auf andere Reize reagiert. Ihr Ziel ist nicht das künstlerische Erlebnis, sondern –

wie im Schlager – die leicht faßliche Unterhaltung, die Ablenkung von den Sorgen des Alltags, die Begegnung mit dem Glanz der großen Welt, von der man selbst nur träumen kann; oder – so in der Popmusik und im Jazz – die Befriedigung mehr rhythmisch-motorischer und emotional-rauschhafter Bedürfnisse: in der faszinierenden, sinnverwirrend lauten und unkonventionellen Atmosphäre des Popkonzerts, im Erlebnis des Einsseins mit Tausenden von gleichgesinnten Fans, in der grenzenlosen Begeisterung und Selbstvergessenheit bis zur Massenhysterie und besinnungslosen Ekstase. Hier – viel eher als im »klassischen« Bereich – findet vor allem der junge Mensch die Voraussetzungen für eine gefühlsmäßige Hingabe an den Star (»Identifikation«), in dem er seine eigenen Lebensvorstellungen und Ideale verkörpert sieht. (Vgl. dazu auch die Abschnitte »Außermusikalische Aspekte der Popmusik«, S. 118, und »Der Schlager«, S. 122).

Berichte zum Star und seinem Publikum aus dem Bereich der Popmusik.

(5) *Beatles:* Über ihre England-Tournee 1963: »In Großbritannien führte jede Aufführung zu den gleichen hysterischen Massenszenen. Tag für Tag brachten die Zeitungen fast Wort für Wort die gleichen Berichte darüber, nur der Name der Stadt war ein anderer. Sogar in kleineren Städten wie Carlisle, wo sie zu Anfang des Jahres Ärger im Hotel gehabt hatten, erregten sie gewaltiges Aufsehen. In der Nacht des 24. Oktober warteten 600 Teenager bis zum Morgen. Sie standen Schlange, um am nächsten Tag Eintrittskarten zu kaufen. Die meisten von ihnen hatten Schlafsäcke mitgebracht. Einige von ihnen warteten insgesamt 36 Stunden lang. Als schließlich die Kasse geöffnet wurde und die Schlange vorrückte, wurden die Schaufenster eingedrückt. Neun Menschen mußten ins Krankenhaus gebracht werden. In größeren Städten gab es Hunderte von Verletzten …« (Nach: Davis, S. 167) – »In Plymouth mußten am 14. November Wasserwerfer auffahren, um die schreienden Jugendlichen unter Kontrolle zu halten. In Portsmouth brach eine größere Panik aus, weil Paul einen leichten Grippeanfall hatte und sie ein Konzert ausfallen lassen mußten. Jede Zeitung gab stündlich Bulletins über seinen Zustand heraus. In Birmingham gelang es den Beatles am 11. November, der Menge als Polizisten verkleidet zu entkommen …« (Nach: Davis, S. 170)

(6) Aus dem Bericht einer 15jährigen Beatles-Anhängerin aus New Hampshire/USA: »… Man glaubt ja wirklich, daß sie einen sehen können, nur einen ganz allein, wenn sie dort oben auf der Bühne stehen. Deswegen schreit man auch, damit sie einen bemerken. Ich hatte die ganze Zeit das Gefühl, daß John mich sehen konnte. Es war wie mein Traum: Nur ich und John zusammen und sonst niemand …« (Davis, S. 186)

(7) *Rolling Stones:* »Jagger balzte, röhrte und kreischte auf der Bühne … Der Frontmann der Stones, Imagemaker, Sprecher und Sänger, wirbelte das Mikrophon auf der Bühne samt Ständer hoch, schnellte wie ein Panther auf die kreischenden Fans zu, ein Derwisch, der gutturale Kehllaute ausstieß, gurrend und girrend, halb balzender Auerhahn, halb Voodoopriester …« (Hoffmann, S. 140)

(8) *The Who:* »Auf der Bühne arbeiteten sie zwischen wahren Lautsprecherburgen und machten die Art Lärm, die einem die Augen tränen läßt, die einen umhaut und umhaut, die einen fast kaputtmacht. – Sie waren immer mörderisch: Pete Townshend pflegte seine Gitarre voll in die Boxen zu knallen, sie zu Brennholz zu zertrümmern, und die Lautsprecher wimmerten im Feedback, jaulten und kreischten und explodierten. Und Roger Daltrey, der Sänger, schwang sein Mikrophon wie ein Lasso und donnerte es gegen die Drums, und

Keith Moon trommelte mit 20 Armen, den Mund weit offen, und die Augen fielen ihm aus dem Kopf; er schleuderte die Arme wie ein Derwisch, er hieb um sich ... Und zum Schluß sah die Bühne aus wie ein Schlachtfeld, übersät mit Trommelstücken und zusammengeschlagenen Gitarren und Teilen von zertrümmerten Lautsprecherboxen, in Rauch gehüllt.« (Nach: Cohn, S. 143)

(9) *Jimi Hendrix:* Konzert in London (1966). »Er trat mit rotem Schlapphut, breiten Stirnbändern in flammenden Farben, purpurnen Samtjacken, violetten Seidengürteln und blauen Pluderhosen auf. Seine Frisur, das hochtoupierte, gekräuselte Mau-Mau-Haar, erregte das gleiche Aufsehen wie einst die Pilzköpfe der Beatles. – Ebenso ungewöhnlich war für damalige Verhältnisse, wie er auf der Bühne mit seinem Instrument umging. Während der Show bearbeitete er mit der Zunge die Saiten, fuhr mit der Hand am Gitarrenhals auf und ab, liebkoste die Gitarre, stieß sie nach vorne, warf sie auf den Boden, kniete nieder und ließ sie jaulen ... (Beim Monterey-Festival) besprizte Hendrix seine Gitarre mit Petroleum, steckt sie in Brand und zertrümmert sie. Während Hendrix die Bühne verläßt, spielt die Gitarre weiter ...« (Nach: Hoffmann, S. 128 und 129)

Aufgaben:

1. Hat sich das Verhalten des Publikums gegenüber seinen »Stars« seit dem 19. Jahrhundert wesentlich verändert? Untersucht die entsprechenden Zitate aus dem 19. und 20. Jahrhundert.

2. Vergleicht die Wirkung Paganinis und die der Beatles auf ihre Hörer (Zitate 3 und 6).

3. Vergleicht die äußere Erscheinung des Geigers Fisher und des Gitarristen Hendrix (Zitate 2 und 9). In welcher Kleidung tritt der »klassische« Solist des 20. Jahrhunderts auf?

4. Das 19. Jahrhundert drückte seine Virtuosenverehrung in und auf allen möglichen Modeartikeln aus (Zitat 4). Gibt es entsprechende Erscheinungen auch in unserer Zeit (etwa »à la Beatles« oder »à la Hendrix«)?

5. Welche Funktion hatte der Virtuose des 19. Jahrhunderts für die breite Masse seiner Zeitgenossen (Zitat 4)? Erfüllt der »klassische« Solist oder der Popstar heute ähnliche Aufgaben?

6. Beschreibt das Virtuosen-Image des 19. Jahrhunderts anhand des Zitats 3.

7. Welche Größenordnung besitzt der Krankheitsfall Paul McCartneys für die Zeitungen in Portsmouth (Zitat 5)?

8. Haltet ihr die emotionalen Ausbrüche Mick Jaggers (Zitat 7) und die Zerstörungsaktionen der »Who« (Zitat 8) für bloße »Show« oder für echte, der Musik entspringenden und entsprechende »Ekstase«? Nehmt auch zu Jimi Hendrix' Auftritt Stellung (Zitat 9).

Literaturangaben

N. COHN: A Wop Bopa Loo Bop, Pop History, Rowohlt Taschenbuch Verlag, Reinbek bei Hamburg 1971

H. DAVIS: Alles was du brauchst ist Liebe. Die Story der Beatles, München/Zürich 1968

F. FARGA: Geigen und Geiger, Rüschlikon/Zürich 1940, S. 254f.

R. HOFFMANN: Zwischen Galaxis und Underground, Deutscher Taschenbuch Verlag, München 1971

M. PINCHERLE: Virtuosen, München 1964

Die Zeit um die Jahrhundertwende – Impressionismus und Expressionismus

Die Menschen der Jahrhundertwende sind von einer tiefen geistig-kulturellen Unsicherheit beherrscht: von dem Zwiespalt zwischen den zivilisatorischen Errungenschaften der aufblühenden Technik des ausgehenden 19. Jahrhunderts und der unbestimmten, aber doch wachsenden Ahnung der düsteren Ereignisse der kommenden Jahrzehnte. All die Hoffnungen und Erschütterungen jener Zeit finden ihren Ausdruck in der Kunst des Impressionismus und Expressionismus.

Der Impressionismus – Claude Debussy

Die Verkörperung der Fortschrittsgläubigkeit und Bejahung der technisch-zivilisatorischen Leistungen der letzten Jahrzehnte des 19. Jahrhunderts ist der Impressionismus. Zunächst als Spottname entstanden, bezeichnet der Stilbegriff das Schaffen einer Gruppe junger Maler in Paris (Monet, Renoir, Degas u.a.), die ihre Umwelt voller Optimismus in hellen, zarten Farben und tausendfältiger Schattierung darstellen. Sie suchen den »Eindruck« (franz. »impression«) einzufangen, den ein Gegenstand, eine Person in einem flüchtigen Augenblick, einer zufälligen Bewegung auf sie macht. Sie wollen nicht in das »Innere« eindringen; ihnen genügt das Spiel des Lichtes und der Farben auf der Oberfläche der Dinge – die »Welt von außen«.

Claude Debussy

Unter dem Einfluß der impressionistischen Malerei und ihrer Ideen entwickelt sich auch der musikalische Impressionismus. Sein Hauptvertreter ist *Claude Debussy* (1862–1918). Zunächst begeisterter Anhänger Richard Wagners, zu dessen »Parsifal« und »Tristan« er zwei »Pilgerfahrten« unternimmt, wendet er sich immer mehr von der »Länge und Wucht germanischer Kunst« ab. Im Gegensatz zur klassisch-romantischen Tradition deutscher Musik »entwickeln« sich seine zarten Klangbilder nicht, sie kennen keine dramatischen »Durchführungen«, keine »thematische Arbeit«. Debussy will farbige »Impressionen«, die flimmern und wogen und die Atmosphäre der von ihm in Tönen gemalten Objekte wiedergeben; seine Themen – besser gesagt: seine kurzen melodischen Motive – tauchen für einen Augenblick auf, reihen sich an andere und »zerfließen« sogleich wieder. Aufschlußreich sind die Titel seiner Kompositionen: »Reflets dans l'eau« (Spiegelungen im Wasser), »Jardins sous la pluie« (Gärten im Regen), »Claire de lune« (Mondschein), »Brouillards« (Nebel), »Jeux de vagues« (Spiel der Wellen) usw.

Zu den musikalischen Mitteln Debussys, die nicht zuletzt durch eine Begegnung mit der exotischen Musik außereuropäischer Kulturen (vor allem javanischer Gamelan-Orchester) beeinflußt wurden, gehören die *Ganztonleiter* und der *übermäßige Dreiklang*, die *Pentatonik* sowie eine fortgeschrittene Verwendung der *Chromatik* (vgl. S. 73). Dissonante Akkorde werden nicht mehr unbedingt aufgelöst; sie sind eigenständige Klang- bzw. »Farb«-Werte. Ein wichtiges impressionistisches Ausdrucksmittel ist auch die Klangfarbe, die vor allem in den unzähligen Farbnuancen des Debussyschen Orchesters zur Geltung kommt.

Voiles[1] (aus »Préludes«, Band I, Nr. 2)

Claude Debussy

© 1910 Editions Durand, Paris; Für Deutschland: Per Lauke, München

[1] Schleier

Aufgaben:
1. *Stellt die Töne der ersten 5 Takte von »Voiles« zu einer Skala zusammen. Welche Tonleiter ergibt sich? Vergleicht damit auch die »Glissandi« ab Takt 48.*
2. *Untersucht den Terzenaufbau der Akkorde in Takt 15 (linke Hand). Welche Dreiklänge liegen hier vor?*
3. *Versucht den Rhythmus der Takte 1 bis 15 zu klopfen. Worin beruht die Schwierigkeit (die übrigens für die Rhythmik des Impressionismus allgemein charakteristisch ist)?*
4. *Untersucht die Stellen Takt 9 ff. und Takt 50 ff. auf ihre thematische Verwandtschaft hin.*
5. *Welche Funktion hat der Orgelpunkt (Note B)?*
6. *Entspricht der Charakter des Stückes der Überschrift »Voiles« (= Schleier)? Gebt euren Eindruck wieder.*

Der Expressionismus – Igor Strawinsky

Die Zeit um 1910 erlebt einen gewaltigen Umbruch, der alle Bereiche des gesellschaftlichen, geistigen und künstlerischen Lebens erfaßt. Eine neue Generation ist herangewachsen und lehnt sich gegen die »Alten« und deren Lebens- und Wertvorstellungen auf. In zunehmendem Maße erkennt man die Gefahren der Technik und der von ihr mitbestimmten modernen Gesellschaft: die Unpersönlichkeit der Großstadt, das soziale Elend weiter Schichten, die Ohnmacht gegenüber der Maschinenwelt und der mehr und mehr mechanisierten Zivilisation. Der Impressionismus wird als vordergründig abgelehnt, weil er sich nur mit der Oberfläche, der »Außenseite« der Erscheinungen beschäftigt.

Igor Strawinsky

Die Neue Kunst, die man ihrer starken Ausdruckskraft (franz. »expression«) wegen Expressionismus nennt, will das Innere, das Wesen der Dinge und Menschen aufdecken und darstellen und schreckt dabei auch vor dem Häßlichen, Chaotischen nicht zurück. Perspektive und die Formen werden verzerrt, die »natürlichen« Farben eigenwillig verändert, das Objekt »im Spiegel der Sinne« des Malers subjektiv deformiert.

Auch die Musik findet zu einer völlig neuen Sprache, deren Hauptkennzeichen die dissonante Harmonik ist: die Dissonanz, die als »Mißklang« jahrhundertelang einer Auflösung bedurfte, wird als gleichwertiges Ausdrucksmittel neben oder gar anstelle der Konsonanz anerkannt. Das herkömmliche Tonsystem, das schon im Impressionismus erweitert und chromatisiert worden war, wird durch bi- und polytonale Bildungen (s. u.) weiter aufgelöst und schließlich durch ein System ersetzt, in dem alle zwölf Halbtöne der Oktave völlig gleichberechtigt sind *(Atonalität)*. Auch im rhythmisch-metrischen Bereich kommt es durch häufige Taktwechsel und die Überlagerung zweier oder mehrerer Taktarten (Bi- und Polymetrik; Polyrhythmik) zu bisher unbekannten Konstellationen (Zusammenstellungen). Verstärkt wird die Neuartigkeit noch durch schroffe dynamische Gegensätze *(fff-ppp)*, extreme Tonlagen (sehr hoch – sehr tief) und eine grelle Instrumentierung in Orchesterstücken.

Im Mittelpunkt dieser revolutionären Entwicklung steht neben Arnold Schönberg und Béla Bartók *Igor Strawinsky* (1882–1971). In der Nähe von Petersburg (heute Leningrad) geboren, kommt er naturgemäß zunächst mit der russischen Volks- und Kunstmusiktradition in Berührung, die vor allem seine frühe Schaffensperiode prägt (Ballette »Der Feuervogel«, 1910; »Petruschka«, 1911; »Le Sacre du Printemps«, 1913). Bei Ausbruch des Ersten

Weltkrieges siedelt Strawinsky an den Genfer See über, später lebt er in Frankreich und den USA. Diese »Internationalität« kennzeichnet auch sein vielseitiges Schaffen, in dem man einen Großteil der Musikentwicklung der ersten Hälfte des 20. Jahrhunderts gespiegelt findet.

Eines der erfolgreichsten Werke Strawinskys ist das Ballett »Petruschka« (1911).

Inhalt: Das Ballett stellt einen Jahrmarkt in St. Petersburg (um 1830) dar, auf dem ein Gaukler drei Puppen (»Petruschka«, einen russischen Harlekin oder Hanswurst, die »Ballerina« und den »Mohren«) zum Leben erweckt und tanzen läßt. Zum Erstaunen des Publikums entwickeln die Puppen echte menschliche Gefühle: Petruschka verliebt sich in die Ballerina, wird aber abgewiesen und schließlich von seinem eifersüchtigen Nebenbuhler, dem Mohren, niedergestochen. Die Zuschauer laufen entsetzt auseinander, die Polizei erscheint; doch der Gaukler erklärt, Petruschka sei ja nur eine Puppe …

Petruschka

In »Petruschka« wird deutlich, wie sehr Bitonalität und Bimetrik geeignet sind, innere seelische Zustände und Abläufe wiederzugeben und bis in die feinsten Regungen hinein zu charakterisieren (Beispiele a) sowie komplexe akustische Vorgänge mehrschichtig hörbar zu machen (Beispiel b). Auch die Parodie (Beispiel c), die ausgedehnten Ostinato-Bildungen (Beispiel d) und die Folklore (»Danse russe«, Beispiel e) sind beliebte Mittel des musikalischen Expressionismus.

HB 129

Die Zeit um die Jahrhundertwende

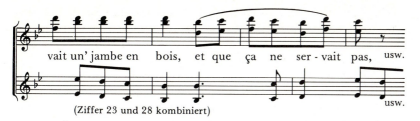

(Ziffer 23 und 28 kombiniert)

c) Parodie[1] (zusammen mit Bimetrik)
Kombination eines Walzerthemas von J. Lanner (1801-1843) mit der orientalischen
Melodie des Mohren (3. Bild, Ziffer 145)

[1] Parodie – komisch-ironische Umformung

d) Ostinato-Bildungen:
Die wogende Menschenmenge (1.Bild, Anfang)

e) Russische Folklore:
„Danse russe" (1. Bild, Ziffer 64)

© Boosey & Hawkes, Inc.

Aufgaben:
1. *Erklärt den Begriff der »Bitonalität« anhand des »Petruschka«-Themas: Welche Tonart besitzt die Ober-, welche die Unterstimme?*
2. *Wie verhalten sich die beiden Tonarten (von ihrer Entfernung im Quintenzirkel her gesehen) zueinander? Deutet von da her den Charakter Petruschkas.*
3. *Versucht eine entsprechende Charakterdeutung Petruschkas vom horizontalen Verlauf des Themas her (Takt 1 bis 3 im Vergleich zu Takt 3/4 bis 7).*

4. Wie verhalten sich (ebenfalls von ihren Tonarten her) Ober- und Unterstimme des »Liebesmotivs« zueinander? (Untersucht den 1. Takt.)
5. Erklärt den Begriff »Bimetrik« (bzw. »Polyrhythmik«) an den Beispielen b und c. (Vergleicht jeweils die Taktart des oberen und des unteren Systems.)
6. Welche Absicht mag Strawinsky mit der Kombination des Lanner-Walzers und der orientalischen Melodie verfolgen? Was hält der Expressionismus von der Salonmusik des 19. Jahrhunderts?

Die Zeit nach dem Ersten Weltkrieg

Die Zwölftonordnung – Arnold Schönberg

Arnold Schönberg

Zwölftonmusik

Der Expressionismus bedeutet Aufruhr und Revolution, Absage an das Alte. Zwar hat er ungeahnte Kräfte freigelegt und neue Mittel der künstlerischen Darstellung gewonnen; doch birgt er auch die Gefahr in sich, in schrankenlose Willkür, ins Chaos abzugleiten. Die furchtbaren Erlebnisse des Ersten Weltkrieges mahnen zur Bändigung der entfesselten Leidenschaften. Auch in der Kunst erkennt man ab 1920 zunehmend, daß zur Klärung und Beherrschung der neuen Ausdrucksmittel Ordnungen notwendig sind. Wie sich die Bildende Kunst im Kubismus und abstrakten Konstruktivismus wieder strengen Gesetzen unterwirft, so sucht auch die Musik das »befreite« Tonmaterial der rein subjektiven Gefühlssphäre zu entziehen und der rationalen Planung und Kontrolle zu unterwerfen.

Dies geschieht einerseits im Neoklassizismus – dem Wiederaufleben klassischer Formen und weitgehend diatonischer Klangsprache (bei *Igor Strawinsky, Béla Bartók, Paul Hindemith*) – und andererseits in der Durchorganisation des dissonanten, atonalen Tonraumes durch neue Gesetzmäßigkeiten. Hauptvertreter dieses zweiten, zukunftweisenden Weges ist der Österreicher *Arnold Schönberg* (1874–1951) mit seiner »Methode der Komposition mit zwölf nur aufeinander bezogenen Tönen«. Dieses »Zwölftonsystem« beruht darauf, daß alle zwölf chromatischen Töne einander gleichberechtigt sind und daß – zur Vermeidung jeglicher harmonischer Schwerpunktbildung im Sinne der Tonalität – jeder Ton erst dann wieder auftreten darf, wenn zuvor die restlichen elf Töne erklungen sind. Der gesamten Melodik und Harmonik eines Zwölftonstückes liegt eine Zwölfton-»Reihe« zugrunde, die allerdings auch in der Umkehrung, im Krebs und in der Umkehrung des Krebses verwendet werden darf. Darüber hinaus können die einzelnen Töne oktavversetzt sowie die ganze Reihe (und ihre abgeleiteten Formen) auf jede der zwölf Halbtonstufen transponiert werden. Die Rhythmisierung ist frei und wechselt ständig (vgl. S. 291). Die erste veröffentlichte Zwölftonkomposition Schönbergs ist der *»Walzer«* aus den »Fünf Klavierstücken« op. 23 (1923). Die ihm zugrundeliegende Zwölftonreihe wird – abgesehen vom Krebs in Takt 104/105 – ausschließlich in der Originalgestalt gebraucht. Trotzdem entstehen durch die unterschiedliche Verarbeitung der Reihe in linear-melodischer, vertikal-akkordischer oder auch vermischt linear-vertikaler Technik außerordentlich vielgestaltige und abwechslungsreiche Klänge und Strukturen.

Die Zeit nach dem Ersten Weltkrieg

Beispiele aus »Walzer« op. 23 — Arnold Schönberg

© 1923 Edition Wilhelm Hansen, Kopenhagen; Administration: Für D/A/CH/DDR, Musikverlag Hans Sikorski, Hamburg

Aufgaben:
1. *Erklärt den Begriff »a-tonal« anhand der ersten Takte des »Walzers«.*
2. *Welche grundsätzlichen Verarbeitungsmöglichkeiten der »Reihe« lassen die Beispiele a) bis c) erkennen?*
3. *Durch welche Merkmale erhält das Anfangsthema des »Walzers« (trotz der zunächst vielleicht ungewohnten Tonfolge) seinen Walzer-Charakter? Versucht den Anfang zu singen oder zu spielen.*
4. *Bestimmt die thematischen Beziehungen der beiden Stellen Takt 5ff. und Takt 78ff. Welche Bedeutung innerhalb des formalen Aufbaus könnte ihnen zukommen? Überprüft eure Vermutung beim Hören des Stückes. Lassen sich weitere thematische oder formale Beziehungen innerhalb des »Walzers« erkennen?*
5. *Verfolgt den Verlauf der Reihe in Takt 29 bis 34. Welche Gründe sind für die beherrschende Stellung der Reihentöne 1 – 6 – 11 – 12 und 7 – 12 – 5 – 6 (der »Melodietöne« der rechten Hand) ausschlaggebend?*
6. *Analysiert die Schlußtakte 110 bis 112 in bezug auf die »Reihe«. Wo liegen Unregelmäßigkeiten vor? Worin dürften sie ihren Grund haben?*

Anton von Webern   Alban Berg

Musik nach 1945

Von der Zwölftonmusik zur seriellen Musik

Nach 1945 entwickelt sich die Musik in zwei Richtungen auseinander:
1. *Die Zwölfton-Komponisten* mit Arnold Schönberg als führendem Kopf schlagen eine *Brücke zur traditionellen Musik,* indem sie tonale Abschnitte und Felder in ihre Zwölftonwerke aufnehmen (Wolfgang Fortner, Rolf Liebermann). Große *Altmeister der Spätromantik* wie Richard Strauss († 1949) halten

an ihrer individuellen, vom Tonalen her geprägten Tonsprache fest. In seinem letzten Lebensjahr notiert Strauss »Früher befand ich mich auf Vorpostenstellung. Heute bin ich in der Nachhut«. Zu diesen Konservativen der Moderne nach 1945 gehören u.a. Béla Bartók, Sergej Prokofieff, Dimitrij Schostakowitsch, Boris Blacher, Wolfgang Fortner, Hans Werner Henze, Paul Hindemith, Carl Orff, Igor Strawinsky und Benjamin Britten.

2. Eine *junge Generation*, voran György Ligeti (* 1923), Luigi Nono (* 1924), Pierre Boulez (* 1925), Karlheinz Stockhausen (* 1928) und Krzysztof Penderecki (* 1933) versteht sich als *musikalische Avantgarde*.

Die Zwölftontechnik (s. S. 284) der *Zweiten Wiener Schule*, die auch als Atonale Wiener Schule bezeichnet wird (Arnold Schönberg * 1874, Anton von Webern * 1883, Alban Berg * 1885), ist der Ausgangspunkt für die Fortentwicklung zur *Seriellen Kompositionstechnik*. **Zweite Wiener Schule**

1950 hört Stockhausen zum ersten Mal Weberns »Fünf Sätze für Streichquartett«, op. 5, und ist davon stark beeindruckt. Weitere Werkanalysen lassen ihn neue Wege sehen. Er erkennt, daß Webern in seinem »Konzert für 9 Instrumente«, op. 24, die Idee der Reihenordnung der 12 Töne auch auf andere Elemente der Musik ausdehnt: nicht nur die *Tonhöhen* (Melodik) werden in diesem Werk durch Reihenordnung durchstrukturiert, es werden auch die *Tondauern* (Rhythmus), der *Anschlag* (Artikulation), die *Klangfarbe* (Instrumentation), und die *Intensität* (Dynamik) in eine durch Reihen geordnete Kompositionstechnik einbezogen. Diese Elemente werden insgesamt als *Parameter* bezeichnet. **Parameter**

Bereits 1949 stellt der Franzose Olivier Messiaen bei den Darmstädter Musiktagen seine Klavieretüde mit dem Titel *»Mode de valeurs et d'intensités«* vor. Dieses Werk steht am Anfang zur streng durchorganisierten, zur *seriellen Musik*.

Wenig später schreiben Boulez und Stockhausen streng durchgegliederte, d.h. in allen Parametern durchorganisierte Stücke. Weil in ihnen alles durch Zahlenreihen festgelegt ist, nennt man diese Art musikalischer Komposition *»determinierte Musik«*. **determinierte Musik**

Elektronische Musik

Nach 1945 erlebt die elektronische Musik einen ungeahnten Aufschwung. Man sieht sich technisch in der Lage, Musikinstrumente wie z.B. Trompeten oder Schlaginstrumente klangtypisch auf elektronischem Wege nachzunahmen, deren Klangbild synthetisch zu erzeugen, sie kunstvoll zu ersetzen. Die in den USA gebaute Hammond-Orgel beginnt ihren Siegeszug durch die ganze Welt, vor allem auf dem Sektor der Unterhaltungsmusik, aber auch in den Kirchen Amerikas. Die Möglichkeit, Töne auf physikalischem Wege je nach Klangvorstellung zu erzeugen, eröffnet der Musik neue Wege. **neue Wege**

Seriell determinierte Musik bereitete den Ausführenden immer größere Schwierigkeiten: Wie sollten äußerst komplizierte Tondauern (𝅘𝅥𝅮𝅘𝅥𝅮 / 𝅘𝅥𝅮) oder Lautstärkegrade (*fff – pp – sff – ppp*), verbunden mit Artikulationszeichen (>, >, ≥) in sehr rascher Abfolge überhaupt noch spielbar sein?

Stockhausen schildert in seinem Aufsatz »Die Entstehung der elektronischen Musik« die Situation folgendermaßen:

»Es fiel (den Komponisten) Musik ein, die in vielerlei Hinsicht nicht mit ihren Instrumenten zu verwirklichen war. Wurde in einzelnen Fällen solche Musik dennoch unter viel Verrenkungen und Komplikationen für Instrumente geschrieben, so stellten sich in Grenzfällen unüberwindliche Schwierigkeiten, **Grenzfälle**

Das von Herbert Eimert 1951 gegründete Kölner Tonstudio

manchmal Unmöglichkeiten der Komposition, des Spielens und endlich der klanglichen Wirksamkeit ein.«

Das Zusammentreffen von zwei Entwicklungen: serielles Ordnungsprinzip und synthetische Klangerzeugung wurden so zu einem musikgeschichtlich wichtigen Markstein.

Herbert Eimert (1897–1972) war der erste, der die synthetische Tonherstellung bis in ihre Einzelkomponenten erforschte. Sie war revolutionär: weder ein bisheriges Instrument, einschließlich Elektrophone, noch die menschliche Stimme hatte sie je produziert.

Die Möglichkeiten der Klangherstellung wuchsen ins Unermeßliche. Es war jetzt eine Kleinigkeit, z. B. komplizierteste Rhythmen zu lösen bzw. spielen zu lassen.

Die serielle Ordnung zeigte sich als die brauchbarste Arbeitsmethode, aus Millionen denkbarer Kombinationen eine sinnvolle Auswahl zu treffen.

Neu war, daß elektronische Musik zu ihrer Reproduktion keinen Interpreten mehr brauchte; der bisherige Weg Komposition – Interpret – Hörer wurde abgekürzt. Bald wurden zeitraubende Herstellungsverfahren vereinfacht: Alle Parameter einer elektronischen Komposition wurden als veränderliche Elemente auf Lochstreifen gespeichert, die dann die für das Stück notwendigen Generatoren (Klangerzeuger) steuerten.

Elektronische Tonquellen – elektronisches Grundmaterial

Tonquellen sind drei Arten von Tongeneratoren:
a) für Sinustöne, b) für Impulse (Knacke), c) für Rauschen.

Grundmaterial
a) <u>Der Sinuston</u>: reiner Ton ohne Obertöne, daher ohne Klangcharakter; stufenlos veränderbar; eine Einteilung der Oktave in 12 gleiche Halbtonschritte entfällt
<u>Der Klang:</u> Sinuston mit harmonischem Teiltonspektrum
<u>Das Tongemisch:</u> Sinuston mit unharmonischem Teiltonspektrum
<u>Das Klanggemisch:</u> wenigstens zwei Töne oder Klänge erklingen gleichzeitig
b) <u>Impulse:</u> (ungefiltert): der gesamte hörbare Frequenzbereich in kurzen Stößen
(gefiltert): verschieden tiefe oder hohe Impulse (Knacke)
c) <u>Weißes Rauschen:</u> der gesamte hörbare Frequenzbereich als stationäres Band
<u>Farbiges Rauschen:</u> aus dem weißen Rauschen herausgefiltertes stationäres Band von bestimmter Frequenzhöhe.

Karlheinz Stockhausen

Die Klangerzeugung durch Tongeneratoren wurde praktikabel weiterentwickelt im sog. *Synthesizer*.
Der Amerikaner Robert A. Moog baute das erste Modell (1964), das durch Tastendruck (Klaviatur) ca. 12 Millionen Ton- und Geräuschvarianten erzeugen kann. Der Synthesizer fand vor allem in der Unterhaltungsmusik Verwendung. Beispiele dafür sind »Switched on Bach«, »Bach à la Moog«, und Stücke der Pop-Gruppen »Mothers of Invention« oder »Pink Floyd«.

Synthesizer

Die Beatles (s. S. 105) bereicherten manche ihrer Stücke mit elektronischen Collagen, die sie Stockhausen abguckten. Beispiele dafür sind: »Strawberry fields forever« (1966); »Sergeant Pepper's Lonely Hearts Club Band« (1967).

HB 131

Um den synthetischen Klang zu bereichern, ihn flexibler zu gestalten, wurden vokale und instrumentale Klänge aufgenommen und transformiert, d. h. umgewandelt oder verfremdet. Mischformen dieser Art sind z. B. Stockhausens »Gesang der Jünglinge im Feuerofen« (1956); hier wurde eine Knabenstimme mit einbezogen.
Ein weiteres Werk ist Stockhausens »Telemusik«. In ihr wird Musik aus aller Welt durch elektronische Verarbeitung zu einer neuen Einheit verschmolzen: Gagaku-Spieler vom japanischen Kaiserhof, Musik aus Bali, aus der Sahara, aus einem spanischen Dorf, aus Ungarn, vom Amazonas, aus Vietnam, aus China und anderen Ländern. Stockhausen schreibt zu seinem Werk:
»›Telemusik‹ ist zum Anfang einer neuer Entwicklung geworden, in der die Situation der ›Collage‹ der ersten Jahrhunderthälfte allmählich überwunden wird: Telemusik ist *keine* Collage mehr. Vielmehr wird – durch Intermodulation (Umwandlung) zwischen alten, ›gefundenen‹ Objekten und neuen, von mir mit modernen elektronischen Mitteln geschaffenen Klangereignissen – eine höhere Einheit erreicht: Eine Universalität von Vergangenheit, Gegenwart und Zukunft, von weit voneinander entfernten Ländern und ›Räumen‹: Tele-Musik.«
Das Werk widmete Stockhausen »dem japanischen Volk«.

Telemusik Struktur 17

Karlheinz Stockhausen

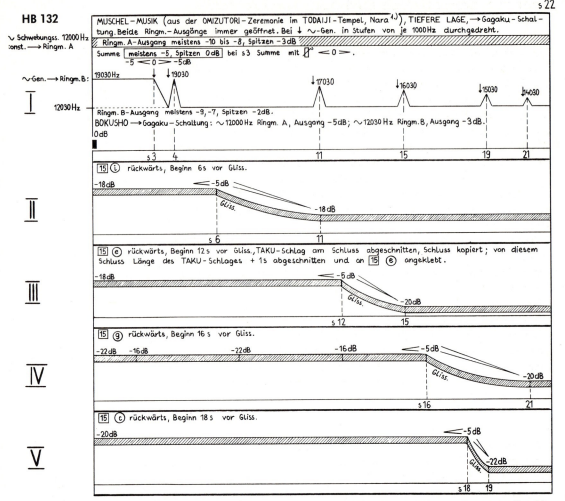

Zeichen

∿ : Sinusschwingung

⌰ : Regler

© Universal Edition, Wien

Erklärungen zur Partitur:
Der gezeigte Ausschnitt ist die Seite 17 einer 32 Seiten umfassenden Partitur; er dauert 22 Sekunden. Die Felder I–V entsprechen der Aufnahme auf einem 6-Spur-Tonband, wobei hier die 6. Spur gelöscht ist. Es handelt sich um kultische Tempelmusik, auf Muscheln geblasen und durch Ringmodulatoren verändert bzw. verfremdet. Auf einem getrennten Blatt werden die Buchstaben und technischen Angaben genauer erläutert, deren Schilderung hier zu weit führen würde.

Vom total Bestimmten zum Zufall –
oder von der seriellen Ordnung zur Aleatorik

Serielle Technik war Überperfektion und bedeutete eine Überforderung der Instrumentalisten. Daß Tongeneratoren und elektronische Schaltungen nun das leisteten, was die Musiker nicht mehr »live« zuwege brachten, war für viele nur ein Ausweg oder gar eine Sackgasse.

Serielle Technik

Zum Vergnügen improvisierten in serieller Musik versierte Instrumentalensembles. Der Erfolg war verblüffend: Das Ergebnis war im Klang kaum anders als serielle Werke, die nur mit äußerstem Einsatz an Konzentration und Virtuosität annähernd genau dargeboten werden konnten. Dieses Improvisieren war der Ausweg aus dem Dilemma: Man bezog den durch Spielregeln eingegrenzten »gelenkten Zufall« in die Musik ein.

Aleatorik (lat. »alea« = Würfel) bedeutet, der Ausführende hat die Chance, eine Auswahl unter mehreren oder vielen, vom Komponisten vorbestimmten Möglichkeiten zu treffen.

Aleatorik

Das gab es in der Musik schon früher. Von *Mozart* (auch Haydn zugeschrieben) erschien 1778 eine »Anleitung zum Componieren von Walzern so viele man will vermittels zweier Würfel, ohne etwas von der Musik oder Composition zu verstehen.«

Die ursprünglich 176 Takte bei Mozart wurden hier auf 96 verringert; dadurch kommt man statt mit zwei nur mit einem Würfel aus (Seiten 292, 293).

Mozarts Absicht war es, seiner Umwelt deutlich zu machen, daß »componieren« (zusammensetzen) natürlich auch auf diese primitive Weise geschehen könne, »ohne etwas von der Musik oder Composition zu verstehen«. Doch für Neugierige stellt sich die Frage: Welcher Trick steckt dahinter, daß sich die 96 Takte durch Würfeln zu einem sinnvollen Ganzen aneinanderfügen lassen?

Aufgaben:
1. Schreibe die Folge für A bis H erwürfelter Takte in einfachen Akkordfolgen nieder und bestimme die Funktionen und ihren Zusammenhang.
2. »Komponiere« durch Würfeln ein zweites Menuett und musiziere es.
   Beispiel:

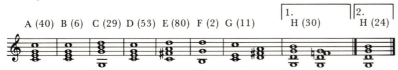

Eine Kernfrage der Musiker der Avantgarde lautet: Ist Musik das Niederschreiben eines Werkes, in Notenschrift festgelegt und somit aufführbar und wiederholbar, oder ist Musik das Tun-an-sich, der Vorgang des Musikmachens?

Schon immer gab es in der Musikpraxis Freiräume, die der Gestaltung des Spielers, Sängers oder Dirigenten überlassen waren; dazu gehören z. B. die Verzierungstechnik der Barockzeit, die Kadenz in einem Solokonzert, das vom Dirigenten gewählte Tempo oder seine Entscheidung, den Expositionsteil einer Sinfonie zu wiederholen oder weiterzugehen.

Doch nach 1957 steckt man die Grenzen der Freiräume sehr viel weiter. Von der einfachen Entscheidung des Spielers, von zwei gegebenen Möglichkeiten eine zu wählen bis zur komplizierten, vieldeutigen und grafischen Spielanweisung reicht die Skala.

»Anleitung zum Componieren von Walzern«

Man würfelt z. B. die Zahl 3 und findet in der Zeile A die Zahl 69 = 69. Takt der Notentabelle. Der zweite Wurf sei 5. Man rückt nach Zeile B vor und findet die Zahl 74 = 74. Takt. So fährt man fort bis Zeile H; damit ist der erste Teil des Walzers abgeschlossen. Für den zweiten Teil benutzt man die darunter liegende Tabelle.

Der Komponist stellt nur die Spielregeln und das Grundmaterial auf. Das klangliche Ergebnis aber ist weitgehend dem Zufall überlassen.

Lutoslawski

Witold Lutoslawski (* 1913 in Warschau) gliedert sein »Streichquartett« (1964) in 51 Abschnitte (sections). Jeder der vier Spieler erhält einen genauen Notentext (Material); offen ist dabei, ob einzelne Kleinabschnitte wiederholt oder abgekürzt werden. Das Zusammenspiel der Einzelstimmen zum Gesamtklang bleibt den vier Spielern überlassen. Keiner davon ist wie bisher gezwun-

gen, »im Takt« zu spielen; dabei entstehen begrenzt zufällige Zusammenklänge. Lutoslawski nennt seine Art des Komponierens »aleatorischen Kontrapunkt«. Das Werk hat weder Taktgliederung noch Themen; stattdessen verwendet es »Motivflächen«.

Sogar die Reaktion des Publikums wird zeitlich mit eingeplant. So erhält die 1. Violine zu Beginn des Werks die Anweisung: »Wiederhole den Abschnitt zwischen dem Wiederholungszeichen so lange, bis du siehst, daß das Publikum ganz ruhig ist.«

Streichquartett (Main Movement, Abschnitt 14)

Witold Lutoslawski

HB 133

Main Movement, Abschnitt 14.

Aufgaben:
1. Weshalb gibt der Komponist jedem Spieler nicht nur seinen Notentext, sondern auch den der anderen Spieler?
2. Wodurch ist ein gemeinsamer Beginn angezeigt?
3. Welche Gemeinsamkeiten, welche Gegensätze bestehen zwischen Violine 1 und Violine 2?
4. Was bewirken die Tempovorschriften der Einzelstimmen (rit., à tempo, meno mosso, accel. usw.) an abweichenden Stellen?
5. Wie erreicht der Komponist ein Ende des Abschnitts 14, bzw. einen Beginn des Abschnitts 15?

Die Abschnitte 42 und 43 bilden den Höhepunkt des Werks, die einzelnen, im fff vorgeschriebenen Töne erklingen keinesfalls gleichzeitig.

Wilhelm Hansen Edition Nr. 4120, London, Administration: Musikverlag Hans Sikorski, Hamburg für D/A/CH/DDR

Aufgaben:
1. Versucht, eine grafische Partitur über den zeitlichen Verlauf der Spieldauer der einzelnen Stimmen anzufertigen.
2. Fertigt zum Abschnitt 43 ein Schaubild an, das die Untergliederung des Klangbandes darstellt.
3. Wie wird in Abschnitt 42 der Höhepunkt gestaltet und wie verständigen sich die 4 Spieler untereinander?

Hermann Regner schrieb seine Chorstudien 1972. In der nachfolgenden Studie 2 gibt der Komponist Freiräume durch folgende Anweisungen:
- Die Wahl von hohen, tiefen oder gemischten Stimmen ist frei.
- Lautstärke, Tempo und Tonhöhen sind zu vereinbaren: sie sind jedoch relativ oder vom »Dirigent« anzuzeigen.
- Die drei Felder können nacheinander oder gleichzeitig (1 + 2 / 1 + 3 / 2 + 3 / 1 + 2 + 3) gesungen werden; Feld 1 auch rückwärts.
- Pfeile bedeuten Lautverwandlung von Vokalen ohne Lautunterbrechung.

Chorstudie 2   Hermann Regner

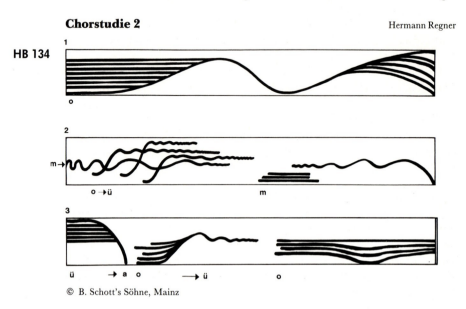

© B. Schott's Söhne, Mainz

Aleatorische Improvisation

HB 135   Beschreibung der Aktionsfelder I–IX*

Die gesamte Kreisfläche ist geteilt in das äußere instrumentale Feld und in das innere vokale Aktionsfeld. Die beiden Kreisausschnitte (Außen/Innen) sind inhaltlich zugeordnet, d. h. die gebotenen Klangmittel werden sowohl instrumental als auch vokal ausgeführt.

Eine zentrale Rolle hat der L (Lehrer/Leiter/Leader) der Spielgruppe. Er entscheidet, welche Felder aufgrund seiner Signale in das Improvisationsgeschehen einbezogen werden. Er kann mehrere Felder zu gemeinsamem Spiel aufrufen, andere »ausblenden« usw. Durch verschiedene Signalzeichen wird zwischen instrumentalen und vokalen Anteilen unterschieden. Diese Signale können gestisch, d. h. durch Handzeichen, oder auch akustisch (z. B. die äußeren Felder mit I a, II a, III a und die inneren mit I b, II b, III b usw.) aufgerufen werden.

I. Aleatorische Rhythmen
Bestimmte Ostinati werden von der ganzen Gruppe mit frei gewähltem Metrum wiedergegeben (mit jeweils verfügbarem Instrumentarium oder Körpergesten).

* (vgl. Partitur S. 298f.)

Ostinati werden kontinuierlich beschleunigt – oder umgekehrt.
Ostinati werden kontinuierlich crescendiert – oder umgekehrt u. a. Spielregeln.

II. Zuspiel fremder Musik

Wird dieses Feld aufgerufen, so können vom Band bereits eingespielte Improvisationen, entweder aus dem instrumentalen oder aus dem vokalen Bereich zugespielt werden. Es bleibt den Akteuren überlassen, welche Ausschnitte, welche Musikgattungen in welcher Lautstärke original oder auch verzerrt zugespielt werden.

III. Musik und Assoziation

Hier kann frei improvisiert werden; die einzige Anregung geht von projizierten Bilder (Dias) oder Zeichnungen (Tafel) oder Figuren (Overhead) aus.

IV. Geräusche

Aufgerufen sind Geräuschaktionen in ihren vielfältigsten Erscheinungen. Diese können nach zahlreichen Kriterien unterschieden und vom L entsprechend differenziert abgerufen werden.

V. Triller/Schwirrende Töne

Je nach Instrument (s. $I_1, I_2, I_3 \ldots$) können sehr schnelle Trillerfiguren ausgeführt werden. Mit entsprechenden Signalen werden einzelne Gruppen abgerufen, mit vokalen Anteilen für bestimmte Zeit gemischt u.a.m.

VI. Cluster

Die Farbskala gibt an: hohe, mittlere, tiefe Cluster (kann mit weiteren Farben noch weiter gefächert werden). Das vokale Feld erzielt Clusterwirkungen durch ein bestimmtes Aktionsmuster: Die Gruppe wird vom L umwandert und aufgefordert, zugesungene Töne, Vokalisen, Geräusche und dergleichen solange aufzunehmen und wiederzugeben, bis bei weiteren Rundgängen neue Klangelemente vermittelt werden. Zusätzlich können über Lautsprecher Kontrastklänge einbezogen werden.

VII. Klangpunkte

Instrumente mit und ohne Klangschweif und Vokalisten äußern sich nur punktuell; kurze, ametrische Tonfolgen werden hier vom L erwartet.

VIII. Glissandi

Im vokalen Bereich können Einzeltöne angesungen werden und zunehmend in die Tiefe abgleiten. Es können Akkorde zugleich angestimmt und nach freiem Ermessen der Sänger glissandiert werden. Im instrumentalen Bereich werden Glissandi mit unterschiedlichen Spieltechniken erzeugt. Sie können in verschiedenen Tempi und zugleich in unterschiedlicher Lautstärke zugespielt werden.

IX. Lange Töne

Im Gegensatz zu den Clustergebilden sind hier einzelne Töne deutlich auszumachen, wenngleich sie sich zunehmend überlagern können. Bei Stabspielen werden einzelne Stäbe nach Abklingen erneut angeschlagen oder durch andere ersetzt.

Dies sind nur einige wenige Aktionsmuster, Klangmuster, die beliebig zu erweitern sind. Die eigentliche und zugleich interessanteste Aufgabe des L besteht darin, diese Klangfelder miteinander zu verbinden und zu vermischen. Es ist auch seine Aufgabe, die Abfolge der Klangfelder zu wählen, d.h. den formalen Ablauf des Klanggeschehens zu bestimmen. Hier ist von der Gruppe und den wechselnden Leitern viel Phantasie und Klangsinn gefordert. Nicht zuletzt ist es eure Aufgabe, neue Klangfelder zu erfinden, zu beschreiben und diese in bestimmte Spielformen und Spielregeln umzusetzen.

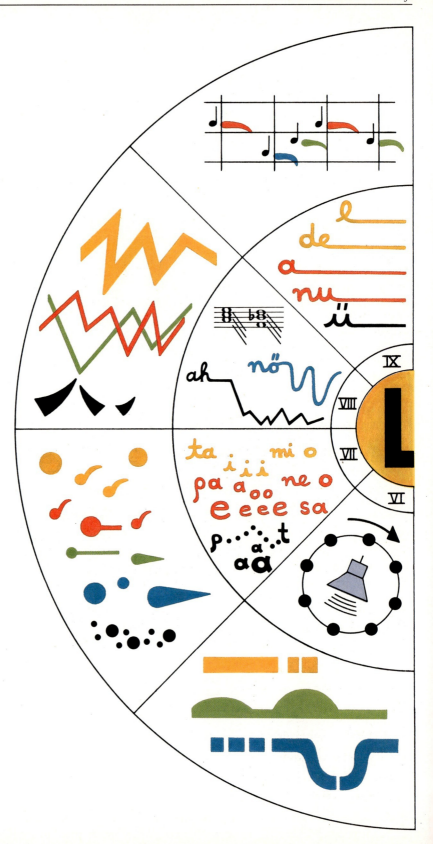

Aleatorische Improvisation

Klanggeräusch – Geräuschklang

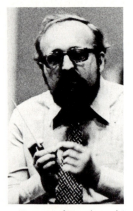

Krzysztof Penderecki

Wo endet Klang und wird zum Geräusch und wo beginnt Geräusch sich in Klang zu verwandeln? Die Grenzlinie ist seit jeher umstritten. Der Grenzbereich wurde von Komponisten nach 1950 genauer erkundet.

Schlaginstrumente erzeugten Geräusche, die dem Zuhörer wie Klänge vorkamen, und sonst wohlklingende Melodieinstrumente erzeugten durch Cluster und neue Spieltechniken Geräusche. Diese Werke waren in der Regel in ungewöhnlich anmutenden Partituren mit äußerst genauen Spielanweisungen niedergeschrieben.

Insbesondere der aus Polen stammende *Krzysztof Penderecki* (* 1933) und der aus Ungarn gebürtige *György Ligeti* (* 1923) waren hier mit ihren Werken bahnbrechend.

Als Beispiel für eigene Versuche bietet sich eine Seite aus der Komposition »Phonophonie« von *Mauricio Kagel* (* 1931) an. Weder das Instrumentarium noch die Klanggestalten sind festgelegt.

Phonophonie (Ausschnitt)   Mauricio Kagel

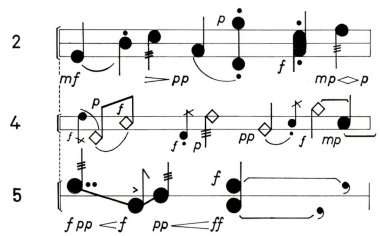

© Universal Edition, Wien

◇ : Gedämpfter, geräuschartiger Klang
♩ : Kurze Klangdauer
● : Cluster oder Querschlag auf einem Stabspiel
♩ : Tremolo
♩ und ♩ : Lang ausklingendes Instrument bzw. lange Klangdauer

Zeichenerklärung (nach Gertrud Meyer-Denkmann):
Die Instrumente sind nach der angegebenen relativen Lage (3 Linien ergeben 7 Lageneinteilungen) und nach den Symbolen zu wählen.
Instrumente: Holz-, Fell-, Metallinstrumente, Stabspiele, Saiten-, Blas- und Tasteninstrumente.
Spielmöglichkeiten (nach Gertrud Meyer-Denkmann):
1. Alle spielen das 1. System. Ein Schüler dirigiert den Einsatz jedes neuen Klangzeichens. Jeder Spieler wählt eine dem Instrument angemessene Spielart, entsprechend dem Zeichen.
   Das 1. System kann öfter langsamer oder schneller und mit anderen Instrumenten wiederholt werden.
2. Zwei (oder drei) Gruppen mit je einem Dirigenten spielen das 1. System zeitlich versetzt im Kanonabstand (z. B. beim 3. Symbol).
3. Ein Solist spielt das 2. System.
4. System 1 und 2 werden von 2 Einzelspielern gleichzeitig gespielt.

5. Das 3. System (im Original Pedalpauke) wird vom Klavier, Stabspiel oder Streichinstrument übernommen und beginnt mit abwärts gleitendem Clustertremolo, nach Akzent in tiefer Lage zur Mitte gleitend usw.
6. Die drei Systeme werden solistisch nacheinander, dann gleichzeitig (als Trio) gespielt.
7. Alle Spieler beteiligen sich; dabei können z. B. lediglich die Tremolostellen nach Anweisung der Dirigenten gespielt werden.

Mauricio Kagel

Musik und Sprache – Sprachmusik – Sprachlose Musik

In der Geschichte der Musik ist ein fortwährendes Pendeln zu beobachten:
– Sprache muß sich der Musik unterordnen.
– Musik muß sich der Sprache unterordnen.
– Es herrscht Balance zwischen Musik und Sprache.

Nach 1945 werden weitere Möglichkeiten der Verbindung von Musik und Sprache aufgespürt: So wird z. B. reiner Sprachklang zu Musik, oder Sprache ist nur Klangträger, ihre Bedeutung wird dabei belanglos; sprachloses Singen kann dennoch Gefühle ausdrücken.

Der Italiener *Luciano Berio* (* 1925) hat 1966 ein Stück »Für eine Frauenstimme« (ohne Begleitung) geschrieben, welches Sprache als kompositorisches Material benutzt und gleichzeitig das Theatralische mit einbezieht, um Gemütszustände zu verdeutlichen. Stimme heißt aber nicht notwendigerweise Singstimme; der Mensch kann Stimmungen auch sprachlos kundtun, nur mit Lauten oder Geräuschen und Gesten wie Lachen, Stöhnen, Seufzen, Keuchen, Husten, Räuspern usw.

Berio

Der Komponist verwendet zwar einen Text (Markus Kutter/Schweiz):

Give me	a few words	for a woman
to sing	→a truth	allowing us
to build a house	without worrying	→before night comes.

Dieser ist aber zum Verständnis des Stücks kaum notwendig. Berio vertauscht Teile durch Zeilensprung (– – – →), er stellt Wörter um (sing to me), deren Sinn sich in reinen Sprachlauten verliert, bis selbst die Laute in einzelne Splitter zertrümmert werden (t-r-uth).

Für den theatralischen Auftritt der Sängerin steht folgende Anweisung:
»Die Künstlerin (Sängerin, Schauspielerin oder beides) betritt die Bühne, vor sich hinmurmelnd, als dächte sie gar nicht an ihren Auftritt. Noch vor dem Abflauen des Begrüßungsapplauses unterbricht sie ihr Gemurmel.«

Daraus geht eindeutig hervor, daß man das Stück unbedingt auch sehen sollte: es ist theatralische Musik oder Musiktheater.

Im »Notenbild« finden sich exakt notierte Tonhöhen (auf 5-Zeilen-System), annähernd notierte Zwischenbereiche (auf 3-Zeilen-System) und die Notierung auf einer Linie (gesprochene Texte).

Die Gemütszustände der Schauspielerin liegen weit auseinander auf zwei Ausdrucksebenen, die sich jedoch durchdringen:
1. Ebene: Traum, Freude, entspannt, nobel = ruhig und lyrisch

2. Ebene: verwirrt, ängstlich, nervös, überspanntes Gelächter = verworren und hektisch.

Berio will mit seinem Stück zeigen, wie aus Sprache und deren Lauten unmittelbar Musik entsteht. Sprache wird zergliedert, gespalten, atomisiert, bis selbst der Atem spürbar wird. So wird Sprache nicht mehr wie seit Jahrhunderten vertont, sondern »verklanglicht«. Die Sprache gleitet hinüber in Musik. Die beiden sind nicht mehr aufeinander zugeordnet, sondern der Wortlaut trägt schon Musik in sich.

Aufgaben:
1. Gestalte mit sprachlichen, musikalischen und theatralischen Mitteln das Sprichwort:
   »Reden ist Silber, Schweigen ist Gold.«
2. Gestalte mit sprachmusikalischen Mitteln das Palindrom (= Satz, der vorwärts und rückwärts gelesen werden kann):
   »In Nagold legen Hähne Geld – log Anni.«
3. Folgende Unsinnsverse können Vorlage sein für theatralische Sprechspiele:
   »Je nuller die Uhr, desto mitter die Nacht«
   »Je perser der Teppich, desto öler der Scheich.«
   »Je Feuer die Wehr, desto brander der Durst«
4. Der folgende Satz wird von einem Solisten in Form einer Litanei variabel und mit frei erfundenen Gesten unterstützt vorgetragen (gesungen); die Gruppe (alle) ahmt ihn nach:

»O venerabilis barba capuzinorum« (O verehrungswürdiger Bart der Kapuziner)

Solist:	O	–	ve	–	ove	–	ne	vene	ovene	ra
alle:	–	O	–	ve	–	ove	ne	vene	ovene	

Weitere Sprechtexte: Christian Morgenstern, »Das große Lalula«; Mozart, Bastien und Bastienne, Arie des ›Colas‹.

Aufgabe:
Trage das folgende Gedicht von Ernst Jandl auf verschiedene Weise vor:
»im reich der toten«
nnnnnnntschn
nnnnnnntschn
nnnnnnntschn
glawaraaaaaaaaaa
uiiiiiiiiiiiiiiiiiiiii
glawaraaaaaaaaaa
blaaauuuuuuuuurrruuuuuuurrruuuuuuu
glc – – – – – – – h
dnnnnnnnnnnnnn
dnnnnnnnnnnnnn
s – – – c – – hfffffs – – – c – – – – hfffffs – – – c – – – – hfffffs – – – c – – hfffffs – – – c – – – – h
glllrrrrrrrrrr
glllrrrrrrrrrr
schlllllltnnn
fffffds – – c – – h
nnnrrrrrrrrrr
nnnrrrrrrrrrr
nnnrrrrrrrrrr
nnnrrrrrrrrrr

Musik und Sprache – Sprachmusik – sprachlose Musik 303

Sequenza III per voce feminile (1966)   Luciano Berio

HB 136

- ● = gesungene Töne ⎫ auszuhalten
- ○ = geflüsterte, stimmlose Laute ⎭ bis zum nächsten Klang oder bis 🎵
- ●, ϕ = gesungene und geflüsterte Töne so kurz als möglich
- + = mit geschlossenem Mund
- | ○, ○—— = gehaucht, fast geflüstert
- = verschiedene Geschwindigkeitsgrade periodisch artikulierter Töne
- = kann so schnell als möglich ausgeführt werden
- = möglichst verschmolzen und kontinuierlich

- usw. = alle Verzierungen möglichst rasch
- [?] = Lachsalven (mit einem beliebigen Vokal)
- d̳ = Zähneklappern (oder zittern mit dem Kiefer)
- (hm) = die hohle Hand wird vor den Mund gehalten, um den Klang zu dämpfen
- ⌻ = schnalzen mit dem Mund
- (hd) = Hände herunter

© Universal Edition, Wien

Der Tanz

Eine Wurzel des Tanzes ist die Lust an der Bewegung, der Bewegungstrieb. Überall ist Bewegung: Die Gestirne kreisen, alle Lebewesen bewegen sich, jedes Atomteilchen ist in Bewegung. Sind diese Bewegungen geordnet, kehren sie in gewissen Abständen wieder, dann erfüllen sie Bedingungen, die der Mensch an den Tanz stellt: Er muß rhythmisch geordnete Bewegung sein. Man spricht deshalb auch vom Tanz der Gestirne, der Atome, der Wellen, vom Tanz der Mücken, ja vom Tanzrhythmus der Maschinen.

Wenn wir heute von einem Menschen sagen, er tanze durchs Leben, meinen wir damit, daß ihm alles leicht und freudig von der Hand gehe.

Zumeist sind Tanzbewegungen nicht persönlicher Gefühlsausdruck einzelner, sondern im Lauf der Zeit zu stilisierten, vorgegebenen Formen geworden, die gelernt werden müssen: die Körperhaltung, die Schrittfolgen, die Armbewegungen.

Da von Urzeit an getanzt wurde, liegen alle grundlegenden Tanzerfindungen weit zurück. Unsere heutigen Tänze sind nicht viel mehr als Ableitungen, Veränderungen, Wiederentdeckungen früherer Tanzformen. Bestimmte Bewegungen kehren immer wieder: Rhythmisches Schreiten, Laufen, Springen; Federn und Schwingen; Kreisen und Wirbeln; Beugen und Gleiten; Zittern, Verdrehen.

Wurzel des Tanzes

Aufgaben:
1. Stellt Begriffe zusammen, die sich euch mit Tanz verbinden, z. B. Schwung, Leichtigkeit, Tänzeln.
2. Denkt darüber nach, welche Rolle die Musik beim Tanzen spielt. Beobachtet, welch ein Gefühlsausdruck sich in Gesichtern und Gebärden von Tanzenden spiegelt, z. B. bei kleinen Kindern, bei Tanzdarbietungen im Fernsehen, beim Disco-Tanz, beim Ball.
3. Was empfindet ihr selbst beim Tanzen, z. B. in der Tanzstunde, beim Jazztanz, beim Volkstanz?
4. Probiert die eben aufgezählten Bewegungsarten für euch aus.
5. Versucht, einige davon miteinander zu verbinden. Ihr könntet dazu eine Handlung erfinden, z. B. wie ein Dieb zu fliehen versucht: erst betont langsam gehend mit »unauffälligem« Umschauen, dann laufend, dann über Hindernisse ...
6. Zählt möglichst viele Gründe und Anlässe zum Tanzen auf und ordnet sie nach selbstgewählten Gesichtspunkten, z. B. Tanzen aus Bewegungsfreude; Kontaktaufnahme; um der Musik willen.

Tiertanz

Gefühl für tänzerischen Rhythmus findet man auch bei Tieren. Es gibt Schimpansen, die rhythmisch stampfen und dazu Laute ausstoßen; Kranichtänze mit Hüpfen, Verneigen, Sichdrehen; Bären, die nach Musik tanzen; Pferde, die in der »Hohen Schule« nach Märschen und Walzern dressiert werden ...

Tiertänzer

HB 137   Zu den frühen menschlichen Tanzformen zählt die pantomimische Nachahmung von Tieren (Jagdzauber).

Aufgaben:
1. Tragt zusammen, was ihr über das Tanzen von Tieren erfahren könnt.
2. Ahmt Tiere nach, und laßt andere raten, was ihr dargestellt habt. Anregung dazu: Beim Schildkrötentanz auf Samoa kriechen Jungen mit gesenkten Köpfen herum. Andere suchen sie umzustoßen. Liegen sie auf dem Rücken, strampeln sie im Takt mit Armen und Beinen.
3. Nehmt Musik zu Hilfe bei der Darstellung eines trabenden oder galoppierenden Pferdes (z. B. den »Galop infernal«, s. Can-Can, S. 309).

Pantomime

Körpersprache

Der Pantomime schauspielert mit seinem Gesichtsausdruck (Mimik), mit dem Ausdruck seiner Gliederbewegungen (Gestik) und der Körperbewegungen im ganzen (Motorik). Grundsätzlich verwendet er keine Worte, wohl aber gedachte »Gegenstände« (Gedachtes in » «). Merke: Die gedachten »Dinge« liegen zumeist auf einem bestimmten »Platz«. Man nimmt sie von dort auf und legt sie nach »Gebrauch« wieder weg, allen sichtbar. Vorher und nachher zeigt man durch Strecken der Finger die »leeren« Hände. Alle Bewegungen müssen genau sein und sich auf das Wesentliche beschränken.

Marceau: Skizze aus dem Regiebuch

Aufgaben:
1. Übt, mit »Gegenständen« zu hantieren, z. B. einen »Eimer«, ein »gefülltes Glas«, einen »Sack«, ein »Tablett mit Geschirr« zu tragen, einen »Ball« zu »werfen« und »auffangen« zu lassen.
2. Stellt einen Affen dar, der eine »Banane« frißt; ein Eichhörnchen, das »Nüsse« knabbert.
3. Auf dem »Sportplatz«: Aufmarsch der Gruppen im Takt der Musik (Schülergruppe intoniert Marsch oder Marschlied), dann Gymnastik mit »Springseil« oder »Ballspiel« zu (Schallplatten-) Musik.
4. Im Zirkus: Aufzug der Zirkusleute (Marschmusik). Pantomimische Darstellung von Zirkusszenen mit Musikbegleitung: Seiltänzer, Akrobaten, Dressurakte, Clowns. Sucht dazu passende Schallplatten heraus oder macht selbst Musik. Siehe dazu auch Petruschka, S. 319.

Tanzspiele

Manche Lieder lassen sich singen, spielen, tanzen.
   Anregung zur szenisch-tänzerischen Darstellung:
1. Beispiel: »Horch, was kommt von draußen rein« (S. 12).
   Tanz aus dem Kreis heraus nach innen und außen, bei »Hollahi …« Drehung.
   1. Strophe: Eine Hand hinter dem »lauschenden« Ohr, die andere auf die Hüfte gestützt, dann beide Arme mechanisch pendelnd.
   2. Strophe: Wegwerfende Handbewegungen, dann Arme verschlungen.
   3. Strophe: Anfangs Paartanz Arm in Arm, dann Auseinandergehen mit gesenktem Kopf, Hand aufs Herz.

4. Strophe: In halbem Tempo schreitend, Hände »Sarg« tragend, dann »Blumen pflückend«.
2. Beispiel: »Es war einmal ein Segelschiffchen« (S. 49).
Kreis bilden und so verändern, daß der Umriß eines Schiffes vorstellbar wird. Zur Liedmelodie »tanzt« das Schiff auf den Wellen. Darin bewegen sich hungergekrümmte Matrosen. Sie zeigen auf den Jüngsten mit kannibalischen Gesten des Halsabschneidens. Dieser erklettert angszitternd den Ausguck (Stuhl o. ä.), entdeckt Land in der Ferne, steigt herab. Die Matrosen tun es ihm nach; einer hinter dem andern erklimmt den Mast. Muslemisches Dankgebet der Matrosen auf dem Schiffsdeck. Freudentanz des Jüngsten. Alles im Rhythmus des Liedes.
3. Beispiel: »Es freit ein wilder Wassermann« (S. 20).
Kreis bilden, der die Ringmauer der Burg darstellt. Mittendrin Lilofee. Der Wassermann holt sie in feierlichem Zuge aus der Burg. – Lilofee auf dem Seegrund, umschwommen von Nixen. –
Burgtor: Gasse bilden mit hochgefaßten Händen. Davor Bäume, Kirche, Betende, unter ihnen Lilofee. Prozession (2 bis 3 Schritte vor, 1 zurück), aus der Kirche. Flehender Tanz des Wassermanns und seiner Kinder. – Lilofee löst sich aus der Prozession und folgt dem Wassermann. – Dazu das Lied und freie Zwischenspiele.
4. Beispiel: »Freu dich, Erd und Sternenzelt« (S. 27).
»Josef«, auf »Stab« gestützt, in der Mitte, langsame Bewegungen. »Maria« neben ihm kniend, in den Armen das »Kind« wiegend. Innenkreis schaut auf das »Kind«, verneigt sich anbetend. Außenkreis umschreitet mit hochgefaßten Händen den Innenkreis, bei »Hallelujah« Einzeldrehungen. Zur 2. Strophe vertauschen die Kreise ihre Bewegungen.

Aufgaben:
1. *Stellt diese Lieder oder andere entsprechend dar.*
2. *Sucht Lieder heraus, die sich zu einem zusammenhängenden Tanzspiel eignen, z. B. »Als zum Wald Petruschka ging« (S. 57), »Brüder, kreuzt die Klingen« (S. 57), Casatschok (S. 56).*
3. *Gestaltet ein solches Liederspiel tänzerisch-musikalisch.*

Tanz gestern und heute

In früheren Zeiten gab es deutliche Standesunterschiede, die sich bis in Kleidung und Tanz hinein bemerkbar machten. Der Adel tanzte vorwiegend in den Schlössern, die Bürger in eigenen Tanzhäusern (schon im 14. Jahrhundert!), das »niedere Volk« im Freien.

Höfische Dame

Saltarello (Springtanz) 14. Jahrhundert

HB 138

Starke Impulse gaben die Fürsten Italiens für ganz Europa, auch mit Wirkung auf die bürgerlichen Kreise. Der Tanz mußte bis in die Einzelschritte hinein kunstvoll geordnet sein und klare Formen wie in der damaligen Baukunst haben. Tanzlehrer sorgten dafür, daß in den Ballsälen maßvolle, schöne, kunstreiche Bewegungen dem Tanzbild ein edles Gepräge gaben. Dieser Einfluß spiegelt sich bis heute in manchen Tänzen wider, die in der Tanzschule gelehrt werden. Das erste Tanzbuch für die führende Gesellschaft aus dem Jahre 1416 könnte schon fast für den modernen englischen Tanzstil geschrieben sein, der heute international maßgebend ist. Es ist in diesem frühen Buch viel von Regeln, von Schrittfolgen, von Maß und von Kunst zu lesen, nicht aber von leidenschaftlichen Tänzen.

Pavane: Belle, qui tiens ma vie   Thoinot Arbeau 1588
(Höfischer Schreittanz)

HB 139

Deutscher Text: Peter Koch

Die Pavane (Pavo = Pfau) wird feierlich mit zwei Einzelschritten und einem Doppelschritt vorwärts und auch rückwärts getanzt. Ein Adliger trägt dazu Degen und Barett, die Dame kostbare Kleider.

Ekstatische Tänze

Neben klaren, schöngeordneten Tänzen hat es immer auch wilde und in Trance versetzende Tänze gegeben, ob erlaubt oder nicht. Viele Menschen wollen beim Tanzen außer sich geraten, »in Ekstase«, ähnlich wie die islamischen Derwische, die stundenlang bis zur Bewußtlosigkeit kreiseln.

HB 140

Zwei Arten ekstatischer Tänze unterscheidet man: 1. solche mit weitbewegten, sprungreichen, wilden, raschen, sich steigernden Körperbewegungen zu rhythmisch betonter, meist lauter, berauschender, geräuschreicher Musik; 2. solche mit engen, gleitenden, schleifenden oder zitternden Bewegungen zu eintöniger, kleinschrittiger, langgezogener Musik, die Trancezustände hervorrufen kann.

HB 141

Die Wurzeln ekstatischer Tänze liegen in Kriegstänzen (s. Säbeltanz, S. 57) sowie in kultischen Tänzen, die zur Beschwörung der Götter und Naturgewalten dienten. Mochten diese Ursprünge längst vergessen sein, so doch nicht das Gefühl für erregenden Tanz und das Bedürfnis danach. Selbst die sogenannte feinere Gesellschaft begnügte sich nicht mit gemessenen Figuren: In den Schlössern der Königin Elisabeth von England tanzte man im 16. Jahrhundert die springende »Gaillarde«, die rasch das Blut in Wallung brachte, ebenso die gewagte, angeblich Mißgeburten fördernde gaillardische »Volte« sowie den Kranichschritt.

Gaillarde Pierre Attaignant (1530)

HB 142

Die kecke, weitbewegte Gaillarde, ursprünglich ein Werbetanz, ließ auf vier Hüpfer einen Sprung folgen. Diese »cinq pas« (fünf Schritte) wurden vor, zurück, schräg und seitwärts getanzt.

Zu den aufreizenden Tänzen zählt auch der aus Nordafrika stammende Can-Can (Affentanz-Nachahmung!), den die Pariser Revuegirls um 1900 mit hochgeschleuderten Beinen tanzten, zuweilen die Hüte der Zuschauer mit den Zehenspitzen abwerfend.

Aufgaben:
1. Arbeitet den Text durch. Was heißt in »Ekstase« geraten? Was können Musik und Bewegung dazu beitragen?
2. Probiert die angegebenen Tanzbewegungen aus.
3. Charakterisiert die Musikbeispiele.

Can-Can Jacques Offenbach (1819–1880)
Aus »Orpheus in der Unterwelt«

HB 143

August Macke:
Can-Can-Tänzerinnen
(Bleistiftzeichnung)

Afro-amerikanische Tänze

HB 144 In unserem Jahrhundert hat sich der Einfluß afro-amerikanischer Tänze durch nichts aufhalten lassen. Haben in den zwanziger Jahren Rag, Shimmy, Charleston Taumel verursacht, so waren es später Boogie und Rock'n'Roll; und immer wieder von Anbeginn der Blues (vgl. S. 130f.). Neben dem »schwarzen« Nordamerika gewann das »dunkle« Südamerika steigend an Bedeutung.

Nordamerika Das Erbe Afrikas hat sich auf verschiedene Weise entfaltet. Im puritanisch beeinflußten Nordamerika war den Sklaven nicht erlaubt, bei ihren Tänzen (und überhaupt) afrikanische Instrumente zu verwenden. Sie durften sich nur der europäischen bedienen. Das taten sie in einer erstaunlichen Weise, indem sie sie »afrikanisierten«. Aus dem gestrichenen Kontrabaß wurde im Jazz der gezupfte und geschlagene Baß, der »Schlagbaß«, die Gitarre wurde zur Schlaggitarre. Die Tongebung der Blasinstrumente änderte sich grundlegend. Mit dem »hot tone«, der »blue note«, mit Posaunenglissandi und Dämpfern verfremdete sich der Klang bis hin zur Nachahmung des Schreies (s. auch S. 132). Der Einbruch dieser Musik, die eine Mischung aus europäischer Musiktradition, afrikanischem Erbe und Amerikanismus ist, löste nach dem Ersten Weltkrieg eine Tanzrevolution aus.

Südamerika Im katholischen Südamerika wurde die afrikanische Art des Musikmachens nicht unterdrückt. Sie mischte sich mit der grundständigen südamerikanischen Volksmusik. Das afrikanisch-südamerikanische Schlagzeug bahnte sich einen Weg bis in die europäischen Sinfonieorchester, und die lateinamerikanischen Tänze mit ihren Hüft- und Beckenbewegungen setzten sich zur gleichen Zeit **HB 145** wie Swing, Jitterbug und Boogie in Europa durch: Rumba, Habanera; Samba, **HB 146** Bajao; Calypso; Maringue; Cha-cha-cha; davon Rumba schon 1931 und Calypso 1956.

Charakteristische Instrumente sind z. B. *Maracas:* mit Samen gefüllte Kürbisschalen; *Claves:* kurze Harthölzer; *Joro-Joro:* Klappern; Konga-Trommeln in Dreiergruppen; Bongos paarig; *Guajiro:* Eselskiefer; *Guiro:* eingekerbtes Zukkerrohr.

Aus: S. Merath, Tanztypen. B. Schott's Söhne, Mainz

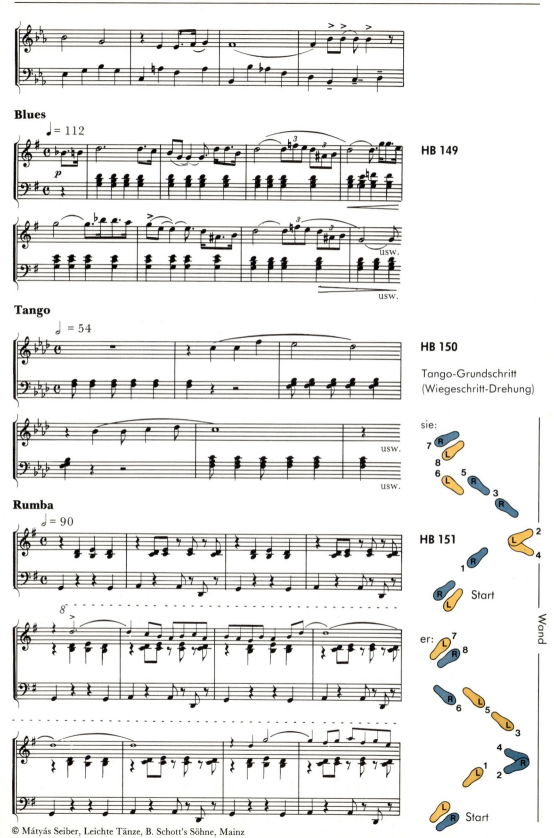

Charakteristische Rhythmen

Foxtrott

Tango

Blues

Rumba

Cha-Cha-Cha

Boogie-Woogie

Aufgaben:
1. *Charakterisiert die euch vorgespielten Tänze.*
2. *Bringt weitere Beispiele für afro-amerikanische Tänze.*
3. *Prägt euch die Rhythmen ein, (z. B. durch Klopfen) und erprobt, ob ihr entsprechende Tänze daran erkennt.*
4. *Tanzt bei Gelegenheit einige der Tänze.*

»Aufsteiger«

Eine ergiebige Quelle für die Tanzkunst war und ist der Volkstanz, wie man am Menuett, am Walzer und am Jazztanz beispielhaft sehen kann:

Zu Jazzmusik wurde um die Jahrhundertwende in den schwarzen Unterschichten der Vereinigten Staaten getanzt. Heute wogt eine Jazztanzwelle rund um die Welt und schwappt als Jazzgymnastik zu entsprechender Musik sogar in die Turnhallen.

Aufgaben:
1. *Tragt zusammen, was ihr vom Jazztanz wißt.*
2. *Bringt geeignete Schallplatten mit, und macht ggf. Jazztanz vor.*
3. *Beschreibt Bewegungen des Jazztanzes.*

Das Menuett war vom Volk in Frankreich mehr als ein Jahrhundert getanzt worden, ehe es Ludwig XIV. in verfeinerter Form für lange Zeit zum Hoftanz erhob. Daß es – als einziger Suitensatz – später in Sonate und Sinfonie übernommen wurde, sicherte seine Existenz bis heute (vgl. S. 177).

Menuet Jean Baptiste Lully 1682
Aus »Armide et Renauld«

Jazz-Gymnastik

Tanz gestern und heute

Auch der Walzer ist ein Emporkömmling. Jahrhundertelang hatte man ihn im Volk unter vielerlei Namen wie Weller oder Schleifer getanzt, hauteng, mit raschen, offiziell verpönten Drehungen. Von den Wogen der Französischen Revolution emporgetragen, konnte er das in kunstvollen Figuren getanzte Menuett ablösen und seinen Siegeszug durch das 19. Jahrhundert in allen Schichten antreten. Die Form des Wiener Walzers besteht aus einer Walzerkette von sieben bis acht aneinandergereihten Walzermelodien in verschiedenen Tonarten mit einer langsamen Einleitung und einer Coda.

HB 152

Der Aufstieg von Tänzen, die einem allgemeineren Bedürfnis entgegenkommen oder es zu wecken wissen, läßt sich weder durch Kanzelverbot noch sonstwie auf die Dauer verhindern. »Tänzer, welche Schiebe-, Wackel- und sonstige anstößige Tänze ausführen, können mit Gefängnis bis zu zwei Jahren bestraft werden.« Dieser Berliner Polizeierlaß von 1913 hat die Verbreitung z. B. des jazzigen Ragtime und des Charleston nicht gebremst (siehe S. 131).

Paragon Rag   Scott Joplin
Slow march time

HB 153

Aufgaben:
1. *Erkundigt euch über Jazztanz und Jazzgymnastik; tanzt ggf. selbst.*
2. *Verfolgt den Weg des Menuetts vom Tanz zum Sinfoniesatz.*
3. *Geht der Geschichte des Walzers nach.*

»Klassentänze« heute?

Eine Gliederung der Tänze nach Gesellschaftsklassen wird seit der Französischen Revolution immer weniger möglich. Das heißt nicht, daß es keine Gruppierungen mehr gibt. Wenn sich z. B. heute in den Discotheken und Beatschuppen Jugendliche zum Tanzen treffen, so äußert sich ihr Gefühl der Zusammengehörigkeit in Musikauswahl, Redeweise, Kleidung, Atmosphäre. Damit grenzen sie sich gegen die ältere Generation ab.

Eine ganz andere Tanzwelt findet man in den festlichen Ballsälen, in denen Gesellschaftstänze vorherrschen, deren Auswahl und Bewegungsform auf internationalen Tanzturnieren abgestimmt wird. Hier gelten überlieferte gesellschaftliche Verhaltensregeln, die beachtet werden müssen, wenn man dazugehören will. Die offiziellen Gesellschaftstänze sind: Langsamer Walzer, Wiener Walzer, Foxtrott, Tango, Rumba, Cha-Cha-Cha, Samba, Paso doble, Boogie, Blues. 1979 wurde der »Beat« in diesen Kreis aufgenommen und damit auch ein Zugeständnis an die Disco-Tänzer gemacht.

HB 154

Die erfahrenen Tanzlehrer zögern lange, ehe sie neue Tänze anerkennen. Es gibt zu viele Modetänze, die bald der Vergessenheit anheimfallen, so daß sich die offizielle Einstudierung nicht lohnt. Wer fragt noch nach den Party-Tänzen Night-Fever, Inkpot, Snoopy, die um 1980 beliebt waren?

Natürlich liegt für junge Leute ein Reiz darin, neueste Tänze in den Discotheken kennenzulernen, um ganz »in« zu sein und weil es Spaß macht.

Andere Fans schließen sich speziellen Tanzgruppen an, die Vergnügen daran haben, Volkstänze des eigenen Landes oder fremdländische Tänze kennenzulernen.

Volkstänze

HB 155 Nicht die »höhere Gesellschaft«, sondern das »Volk« tanzte diese Tänze. Sie wurden als Brauchtum überliefert, nicht fest in Tanzschritten aufbewahrt, so daß sie sich immer wieder veränderten. Echten, ursprünglichen Volkstanz gibt es in Europa heute nur noch in Randzonen. Aber es sind nach und nach neu organisierte Volkstanzgruppen entstanden, die die Schönheit vieler alter Volkstänze erkannt haben und sich dafür begeistern. Oft dienen sie heute auch bewußt der Belebung des Fremdenverkehrs und des Showgeschäfts.

Bredl-Girgl-Zwiefacher — Oberpfalz
HB 156

Oxdans-Rüpeltanz — Schweden
HB 157

Troika (Das Dreigespann) — Rußland
HB 158

Aufgaben:
1. Spielt und tanzt ggf. diese Volkstänze und charakterisiert die Musik. Anregung: Rüpeltanz mit Fußstampfen, Scheinohrfeigen, Fäustedrohen.
2. Bringt weitere Beispiele für Volkstänze in Bild und Ton mit.
3. Befragt ggf. Volkstanzgruppen, warum und bei welchen Gelegenheiten sie tanzen.
4. Erkundigt euch bei Verkehrsämtern und Heimatvereinen über Volkstanztradition, über Volksbräuche, Trachten, Feste.

Die Suite

Die Suite (»Folge«, auch Partita genannt) stellt eine Reihung von zumeist zweiteiligen Tänzen in gleicher Tonart bei wechselnden Taktarten dar, wobei das gleiche musikalische Material zwei oder mehreren Sätzen zugrunde liegen kann. Beliebt ist der Wechsel von Schreit- und Springtänzen wie Pavane und Gaillarde (vgl. S. 308f.). Kernsätze der Suite im 17. Jahrhundert: Allemande, Courante, Sarabande, Gigue.

HB 159

Allemande   Georg Friedrich Händel (1685–1759)

aus Suite Nr. 11 usw.

HB 160

Die Allemande (»deutsch«) scheint trotz ihres Namens aus Frankreich zu stammen. In Deutschland fand sie aber als Reigentanz weiteste Verbreitung. In der Suite hat sie den Charakter des Reigens verloren. Sie ist ein ernstes, aber nicht schwerfälliges Stück im ¾-Takt; ihre Geschwindigkeit ist mäßig, die Melodie gewöhnlich reich verziert. Beginn mit Auftakt. Ein bekannter Musikschriftsteller des 18. Jahrhunderts bezeichnet die Allemande als »das Bild eines zufriedenen Gemüts, das sich an guter Ruhe und Ordnung ergötzt«.

Courante   Georg Friedrich Händel

usw.

HB 161

Die Courante (»eilen«) bildet mit ihrem ständigen Laufwerk in der Melodie einen lebhaften Gegensatz zur Allemande. Sie ist immer ein Tanz der eleganten Welt und des Adels gewesen und hatte mit den Bauerntänzen jener Zeit nichts gemein. Sie bevorzugt punktierte Notenwerte und kennt auch, besonders am

Tanzschritte zur Suite

Schluß (auf Grund eines entsprechenden Tanzschrittes) synkopische Taktverschiebungen. Die Courante hat »etwas Herzhaftes, Verlangendes, Erfreuliches« an sich, »welch alles sich bei der Hoffnung findet«.

Sarabande Georg Friedrich Händel

HB 162

Die Sarabande hat eine interessante Entwicklung durchgemacht. Sie stammt wahrscheinlich aus Südamerika und muß ursprünglich ein derart feurig-ansteckendes Stück gewesen sein, daß Philipp II. von Spanien Ende des 16. Jahrhunderts sie wegen »Gefährdung der öffentlichen Sicherheit« verbot. Das kommt uns kaum glaublich vor, wenn wir die Sarabande einer Suite betrachten: Hier sind ihre Formen erstarrt, und sie hat jetzt einen feierlich-ernsten, ja geradezu majestätischen Charakter angenommen. Sie steht in ungeradem Takt, beginnt mit Volltakt und betont die zweite Halbe im Takt.

Die Sarabande kann als eine Art Vorläufer des langsamen Satzes in der Sonate angesehen werden.

Gigue Georg Friedrich Händel

HB 163

Die Gigue war ein ländlicher englischer Tanz mit lebhaftem Charakter. Im 17. Jahrhundert tauchte sie als komische Tanz- und Gesangseinlage in englischen Theatern auf und wurde durch englische Schauspieler auch nach Deutschland gebracht. Der Name kommt wahrscheinlich von »to jig« (hüpfen). Hüpfend ist auch ihr Rhythmus in der Suite geblieben. Im ³/₈-, ⁶/₈- oder ¹²/₈-Takt herrschen diese beiden am Rand abgedruckten rhythmischen Figuren vor. Das Thema der ersten Stimme wird in der zweiten öfter nachgeahmt (»imitiert«) und am Beginn des zweiten Teiles umgekehrt. Achtelauftakt ist häufig zu finden. Neben diesen vier Stammtänzen fanden auch andere Tänze Aufnahme in der Suite, so die Gavotte und das Menuett (s. S. 312).

Die Suite 317

Aufgaben:
1. *Stellt eine sinnvolle Folge von Liedern als »Liedersuite« zusammen, z. B. die Reiselieder dieses Buches.*
2. *Macht euch mit Suitenbeispielen hörend und möglichst auch spielend vertraut.*
3. *Vergleicht die Rhythmen der Suitensätze.*
4. *Arbeitet Charakteristika der einzelnen Suitensätze heraus.*
5. *Bringt Schallplatten und Vorspielstücke, die Suite betreffend, mit.*

Ballett

Wie die Oper ist Ballett im heutigen Sinne Ende des 16. Jahrhunderts entstanden. Es hat sich von der Maskerade und der kurzen Operneinlage bis zum abendfüllenden Kunstwerk entwickelt. Wie die Oper ist es von Zeit zu Zeit totgesagt worden, erwies sich aber immer wieder durch überraschende Neuheiten als lebenskräftig. Im 20. Jahrhundert hat es, von Rußland ausgehend, großen Aufschwung genommen.

Die Ausstrahlung des Balletts liegt nicht zuletzt darin, daß in ihm eine Vereinigung mehrerer Künste erfolgt: Tanz, Musik, Dichtung, Bildende Kunst.

Ballett ist Schautanz und Bühnentanz. Alle Bewegungen sind auf die eine, die Zuschauerseite hin, berechnet. Selbst alltägliche Vorgänge wie Gehen oder Laufen werden beim Ballett zu genau vorgeschriebenen, zu stilisierten Bewegungsformen.

Es hat steife, zeremonielle Ballette gegeben mit schweren Prunkkostümen, in denen sich die Tänzer nur gemessen bewegen konnten. Sogar das kurze, tellerartige Röckchen des klassischen Balletts, Tutu genannt, zwängte den Körper ein. Im heutigen Ballett hingegen sind freie, organische Bewegungen des ganzen Körpers einschließlich Mienenspiel möglich.

Neben dem klassischen Ballett haben sich in unserem Jahrhundert Ausdruckstanz, modern dance und Jazztanz entwickelt. Im »modern dance« ist die neuartige, eigenwillige Technik des Ausdruckstanzes, der vorwiegend solistisch ist, auf den Gruppentanz übertragen. Im Jazztanz vereinigen sich afroamerikanische und europäische Elemente. So stark die Einflüsse des modern dance und des Jazztanzes auch sind, sie haben das klassische Ballett nicht verdrängt, sondern belebt. Die Spannweite des Balletts heute ist eine seiner besonderen Stärken. Das Wesen des Tanzes findet im Ballett seinen vollkommenen Ausdruck.

Der Nußknacker

Peter Tschaikowsky (1840–1893) schrieb neben den Balletten »Schwanensee« und »Dornröschen« 1892 das Ballett »Der Nußknacker«, das eine altdeutsche Weihnachtsbescherung zum Inhalt hat: Zwei Kinder, Junge und Mädchen, erhalten neben anderen Geschenken einen Nußknacker, dessen Zähne an einer harten Nuß zerbrechen. In der Nacht tanzt das Mädchen im Traum zum Nußknacker und gerät dabei in einen Kampf zwischen Pfefferkuchenmann,

Klassische Ballettänzerin

August Macke:
»Das russische Ballett«

Bleisoldaten und Mäusen. Tapfer wehrt es sich und wird zum Dank vom Nußknacker, der sich in einen Prinzen verwandelt, in sein Zauberreich geführt. Dort läßt die Zuckerfee köstliche Speisen auftragen. Zum Kakao gibt es den Schokoladentanz, zum Kaffee einen arabischen Tanz, zum Tee einen chinesischen und schließlich einen Blumentanz.

Im 2. Akt, Nr. 12, tanzt eine Gruppe russischer Akrobaten einen feurigen Trepak mit Bewegungen aus der Hocke. Einen starken Gegensatz dazu bietet im Pas de deux, Nr. 14, der Tanz der Zuckerfee. Tschaikowsky verwendet hier als einer der ersten die Celesta (s. S. 169).

Russischer Tanz-Trepak

HB 164

Tanz der Zuckerfee

HB 165

Aufgaben:
1. *Stellt Melodie und Rhythmus des Trepak zu Schlagzeugbegleitung auf Instrumenten dar, und erfindet Tanzbewegungen.*
2. *Spielt die Melodie des Tanzes der Zuckerfee auf chromatischen Glockenspielen.*
3. *Beschreibt die Musik beider Tänze, und sucht zu begründen, warum sie sich für das Ballett besonders eignen.*

Ballett

Igor Strawinsky (1882–1971) schrieb neben den Balletten »Der Feuervogel«, »Frühlingsopfer«, »Gesang der Nachtigall« für das russische Ballett Diaghilews im Jahre 1911 das Ballett »Petruschka«.

Petruschka

Fasching in Petersburg, Jahrmarktstreiben mit buntem Volksgewimmel, Straßentanz zur Drehorgel, Karussellbetrieb, Tanzbär ...

Mittendrin die Puppenbühne eines Gauklers. Mit seiner Flöte zaubert er drei Puppen – Petruschka, Ballerina und Mohr – ins Leben. Zum Erstaunen der Zuschauer mischen sie sich unter das Volk und nehmen menschliche Züge an. Petruschka verliebt sich in die Ballerina. Aber seine Häßlichkeit und seine wunderliche Art erschrecken die Tänzerin. Sie wendet sich ab und sucht den Mohren zu verführen. Rasend vor Eifersucht greift Petruschka ein. Der Mohr verjagt ihn mit einem Krummsäbel und erschlägt ihn am Ende damit. Während das Volk gafft, stirbt Petruschka im Schneetreiben (vgl. S. 245 u. 282).

»Drehorgel«-Gassenhauer

(vgl. HB 129.2)

Flöte des Gauklers

HB 166

»Danse Russe« (1. Bild, Ziffer 64)

© Boosey + Hawkes, Inc.

(vgl. HB 129.5)

Aufgaben:
1. *Beschreibt typische Jahrmarktserlebnisse, und stellt sie pantomimisch dar (s. S. 306). Erfindet Musik dazu, oder verwendet geeignete Schallplatten. Evtl. szenische Aufführung auf dem Schulfest.*
2. *Charakterisiert die Musik der Hörbeispiele in Bezug zur Handlung.*
3. *Vergleicht die russischen Tänze von Tschaikowsky und Strawinsky, und überlegt, wie sie choreographisch gestaltet werden könnten.*

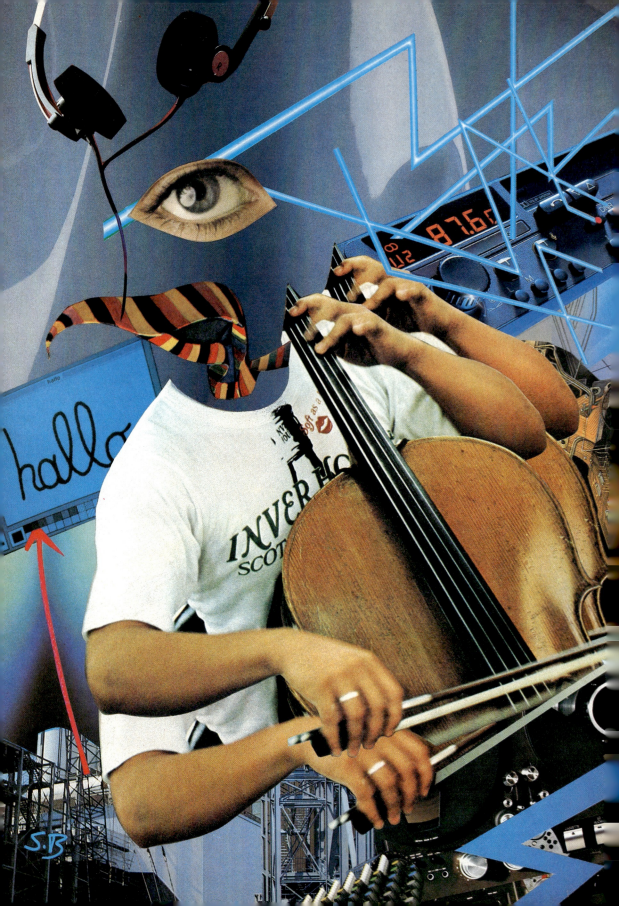

Musik in der Freizeit

Viele Stunden am Tag den Walkman im Ohr. Radio, Fernsehen, Film, Kassette, Schallplatte, Konzerte, Musiktheater, Workshops, Laienmusizieren: Musik um uns von früh bis spät, ein ganzes Leben lang. Oft auch bei der Arbeit. Und immer mehr Freizeit dafür!

Aufgaben:
1. *Stelle in Umrissen zusammen, wieviel Zeit du während einer Woche mit Hören und Selbermachen von Musik verbringst. Gliedere in: Selber musizieren – aufmerksames Hinhören – »Weghören« (Musik nebenbei zu Schularbeiten, beim Fernsehen …)*
2. *Faßt die Ergebnisse aller Schüler eurer Klasse in einer Tabelle zusammen, und zieht daraus Schlüsse über die Rolle von Musik in eurem derzeitigen Leben.*

Ihr wißt, daß es eine Überfülle an Musik gibt. Wie aber soll man sich darin zurechtfinden? Wie auf dem Musikmarkt eine Auswahl treffen, ohne sich übers Ohr hauen zu lassen?

Eine einfache, direkte Antwort kann es darauf nicht geben. Um urteilen zu können, muß man viel Musik kennen und einiges darüber wissen. Ein Stück weiter kommen wir in dieser Frage, wenn wir uns an die wenden, die selbst Musik machen.

In und neben der Schule gibt es das große Feld des Laienmusizierens (Laie = Nichtfachmann, Amateur). Singt und spielt ihr zusammen in eurer Klasse, erfindet ihr Musik und beschäftigt euch mit ihrer Zusammensetzung, dann lernt ihr genauer hören und unterscheiden, wißt ihr besser, was an der Musik dran ist. Schon das erleichtert das Auswählen. Es sind Millionen in unserem Land, die sich mit Musikmachen neben der Schule oder neben dem Beruf aktiv befassen.

Laienmusizieren

Wo man in der Freizeit Musik machen kann

Wer in der Freizeit Musik machen will, kann sich in Schulen, Kirchen, Kulturämtern und Jugendverbänden nach Möglichkeiten erkundigen, wenn ihm solche nicht schon durch die Hausmusik der Eltern, Nachbarn oder Freunde bekannt sind.

Es gibt bei uns gegenwärtig etwa 700 Musikschulen mit rund 600 000 Schülern und daneben eine sehr hohe Zahl an Privatmusiklehrern. Wer mit anderen zusammenspielen möchte, kann das z.B. (vielfach auf Leihinstrumenten!) in Spielmannszügen, Akkordeonorchestern, Zupforchestern, Kammermusikgruppen, Streichorchestern, Jugendsinfonieorchestern (bis hin zum Bundesjugendorchester und internationalen Jugendorchestern), in Blaskapellen, Posaunenchören und Bands tun. Mehr als 10 000 Orchester stehen hierzulande für das Laienmusizieren zur Verfügung und den Sangeslustigen nicht weniger als 33 000 Chorvereinigungen!

Musizierwochen und Musikfreizeiten, Musikkreisen und Jugendaustausch verbinden die Jugendlichen untereinander über Grenzen hinweg. Ein Ansporn zu besserem Musizieren können Wettbewerbe sein, beispielsweise »Jugend musiziert« mit rund 12 000 Beteiligten (1984). Die Freude an der Musik sollte aber wichtiger sein als Preisstreben!

Aufgaben:
1. *Überlegt, welche Vorteile eigenes Musikmachen, allein oder mit anderen, für euch haben könnte.*
2. *Stellt fest, wer in eurer Klasse ein Musikinstrument spielt, wer eins spielen möchte, wer mit anderen zusammen Musik macht oder machen möchte (s. S. 331).*
3. *Findet heraus, wo in eurem Ort oder der nächstgelegenen Stadt Musikgruppen tätig sind.*
4. *Versucht, an Proben teilzunehmen und meldet euch bei Gefallen an.*

Wer ein Instrument spielt oder mit anderen zusammen regelmäßig singt, schafft sich eine Grundlage für die Beurteilung von Musik.

Musikstudium

Wer schließlich Musik studiert, vertieft dabei sein Können, Wissen, Urteilsvermögen, sei es als *Instrumentalist, Sänger, Dirigent, Lehrer, Musikwissenschaftler* oder in weiteren Musikberufen. Entscheidend für die Berufsaussicht eines Musikers sind nicht nur Begabung und Lust, sondern zäher Übefleiß schon lange vor Studienbeginn in der Freizeit. Mancher entdeckt seine Neigung für ein Musikstudium erst, wenn es bereits zu spät ist, weil er sich nicht von klein auf intensiv genug darauf vorbereitet hat (s. dazu S. 330). Wer in der Musik, beruflich oder als guter Laienmusiker, etwas erreichen will, muß seine freie Zeit dazu gut nutzen. Als Hobby kann Musik ihn sein ganzes Leben begleiten. Dies gilt nicht für alle Freizeitbeschäftigungen!

Lieblingsmusik?

Aufgabe:
Fragt Freunde, Mitschüler, Eltern, welche Art von Musik sie am meisten lieben.

Voraussichtlich stimmen die Antworten, die ihr erhaltet, miteinander nicht überein und auch nicht mit euren Vorlieben. Das kann viele Ursachen haben: Verschiedene Erfahrung, Ausbildung, unterschiedliche Wünsche, Vorstellungen, Interessen. Auch innerhalb eurer Klasse gibt es ja voneinander abweichende Meinungen über Musik.

Aufgaben:
1. *Beschreibt Musikstücke, die ihr in eurer Freizeit besonders gern hört. Findet heraus, ob mehrere von euch jeweils den Geschmack teilen.*
2. *Was beeindruckt dich an deinen Lieblingsstücken am meisten: Text, Melodie, Rhythmus, Instrumentation oder die Gestaltungsart des Interpreten, z. B. des Sängers?*

Manche Schüler können auf Anhieb Lieblingsstücke nennen; andere sind da in Verlegenheit, weil sie nicht so ausgeprägte Vorlieben haben.

Es gibt ja auch verschiedene Situationen und Voraussetzungen, unter denen man Musik hört. Zu ausgelassener Stimmung wählt man keine rührselige Schnulze; Jahrmarktsmusik paßt nicht in die Kirche. Ein Beethoven-Fan will dessen Sinfonien nicht als Hintergrundmusik in der Kneipe hören.

Aufgabe:
Stellt eine Reihe von Stücken sehr unterschiedlichen Charakters zusammen, und beschreibt, für welche Gelegenheit sie jeweils besonders geeignet sind.

Je mehr einer von Musik versteht, desto mehr neigt er dazu, Musik von Komponisten hochzuschätzen, die sich nicht dem Massengeschmack gebeugt haben, nicht musikalische Phrasen dreschen, nicht Klischees benutzen (Klischee = Abklatsch, billige Nachahmung). Das sind Komponisten, die einen persönlichen Stil entwickelt und darin ihre musikalischen Gedanken ausgedrückt haben. Der Kenner – ob Laie oder Berufsmusiker – wird Musik nicht zuletzt nach diesen Gesichtspunkten auswählen.

Aufgabe:
Fragt solche, die sich besonders aktiv mit Musik befassen, auch Schüler, welche Art Musik sie in ihrer Freizeit bevorzugen, und laßt euch mögliche Gründe dafür angeben.

Funktionen von Musik

Neben autonomer, d.h. unabhängiger Musik, die um ihrer selbst willen gehört und gemacht wird, gibt es Musik für bestimmte Zwecke; diese hat dann eine Aufgabe, eine Funktion. Beispiele hierfür sind Tanzmusik, Musik in der Kirche, Musik als Mittel politischer Beeinflussung.

Tanzmusik

Musik und Tanz sind seit je eng miteinander verbunden. Sie haben die Bewegung gemeinsam. Bei einer stark rhythmischen Musik zuckt es einem in den Gliedern; es fehlt nicht viel, daß man tanzen möchte. Dienten die frühen Tänze der Menschheit zur Geisterbeschwörung, zur Anbetung und anderen kultischen Handlungen, so löste sich der Tanz später mehr und mehr aus dieser Funktion. Heute ist Tanzen eines der beliebtesten Freizeitvergnügen. Dabei regt Musik vor allem Tanzbewegungen an und ordnet sie.

Freizeitvergnügen

Aufgaben:
1. *Beschreibt Art und Wirkung von Tanzmusik in einer engen, vollbesetzten Disco.*
2. *Beschreibt Aufgabe und Wirkung von Musik in der Tanzschule.*
3. *Beschreibt Gelegenheiten, bei denen man Tanzmusik hört, ohne zu tanzen.*
4. *Holt euch Anregungen zur Besprechung von Art und Wirkung verschiedener Tänze aus dem Kapitel »Tanz« (s. S. 308 f., 313).*

Kirchenmusik

Die Entwicklung der Musik im Laufe der Jahrhunderte hängt wesentlich von religiösen Einflüssen ab. Die Psalmen des Alten Testaments wurden gesungen, David spielte Harfe vor König Saul. Bekannt ist die Wunderwirkung der Posaunentöne, die die Mauern Jerichos zum Einsturz gebracht haben sollen.

Wirkung

Die Kirche bot der Musik große Entwicklungschancen, grenzte sie aber auch ein. Der Wirkung der Musik auf den Menschen war man sich früh bewußt. Im Jahre 400 n. Chr. schrieb Augustinus: »Ich bemerke, daß die heiligen Aussprüche unser Gemüt inniger rühren, wenn sie gesungen, als wenn sie nicht gesungen werden. Allen Stimmungen unserer Seele entsprechen eigentümliche Weisen und Töne... Aber ich verdiene Strafe, wenn mich der Gesang mehr bewegt als die Sache, welcher der Gesang dient« (gekürzt).

Aufgaben:
1. *Hältst du diese Aussagen über Möglichkeit und Gefahr von Musik im Gottesdienst noch heute für gültig? Begründe deine Entscheidung.*
2. *Beschreibe Musik, die du aus der Kirche kennst und was dir daran gefällt oder mißfällt.*
3. *Viele junge Menschen fordern Popmusik (auch im Sinne von populär = volkstümlich) in der Kirche. Besonders heftig wehren sich dagegen Kenner der überlieferten Kirchenmusik. Tragt Gesichtspunkte zusammen, die aus religiösen oder anderen Gründen für oder gegen Pop- und Rockmusik im Gottesdienst sprechen (vgl. S. 127ff.; 101).*

Musik und Politik

Schon immer gab es in aller Welt Abhängigkeiten der Musik von der Politik. In China wurde vor über 2000 Jahren geschrieben: »Um das Volk auf den rechten Weg zu bringen, ist Musik das wichtigste.« In unserer Zeit sind Protestlieder ein Versuch, viele Menschen aufzurütteln, um politische Ziele durchzusetzen.

Ermutigung Text und Musik: Wolf Biermann

Wolf Biermann

Du, laß dich nicht verbittern
in dieser bittern Zeit.
Die Herrschenden erzittern
– sitzt du erst hinter Gittern –
doch nicht vor deinem Leid.

Du, laß dich nicht erschrecken
in dieser Schreckenszeit.
Das wolln sie doch bezwecken,
daß wir die Waffen strecken
schon vor dem großen Streit.

Du, laß dich nicht verbrauchen,
gebrauche deine Zeit.
Du kannst nicht untertauchen.
Du brauchst uns, und wir brauchen
grad deine Heiterkeit.

Wir wolln es nicht verschweigen
in dieser Schweigezeit:
Das Grün bricht aus den Zweigen.
Wir wolln das allen zeigen,
dann wissen sie Bescheid.

© Edition Musicant; Musik-Edition Discoton, München

Aufgaben:
1. *Sucht zu erklären, warum ein von vielen oder vor vielen gesungenes Protestlied eine stärkere Wirkung haben kann als eine politische Erklärung, etwa auf einem Flugblatt.*
2. *Beschreibt Eigenschaften einer Musik, die die Menge zum Jubeln bringen soll, z. B. beim Erscheinen eines Diktators. Stellt dafür passende Musikstücke zusammen.*
3. *Beschreibt Eigenschaften einer Musik, die Gefangenen und Unterdrückten Trost und Hoffnung geben oder die revolutionären Kampfgeist entfalten soll. Achtet dabei besonders auf die Wirkung des Rhythmus und der Instrumentation.*

Die Partei Louis Fürnberg

Freundlich, aber bestimmt

Sie hat uns al-les ge-ge-ben, Son-ne und Wind, und sie geiz-te nie, und wo sie war, war das Le-ben, und was wir sind, sind wir durch sie. Sie hat uns nie-mals ver-las-sen, wenn die Welt fast er-fror, war uns warm. Uns führ-te die Mut-ter der Mas-sen, es trug uns ihr mäch-ti-ger Arm. Die Par-tei, die Par-tei, die hat im-mer recht, Ge-nos-sen, es bleibt da-bei! Denn wer für das Recht kämpft, hat im-mer recht ge-gen Lü-ge und Heu-che-lei! usw.

© VEB Breitkopf & Härtel Musikverlag, Leipzig

Aufgaben:
1. *Überdenkt die Aussage des »Partei-Liedes«, und fragt euch selbst und andere, z. B. einen Politiker oder Journalisten, ob und mit welcher Begründung man dieses Lied in welchen Parteien heute singen könnte.*
2. *Untersucht, mit welchen musikalischen Mitteln die Melodie den Text unterstützt.*

Umweltmusik

Viele Menschen leiden heute unter Lärm, vor allem unter Verkehrslärm. Man fordert »Schutz vor akustischem Umweltschmutz«. Diese Art Schmutz aber quillt auch aus überdimensionierten Lautsprechern. Zu laute Musik schädigt Ohren und Nerven. Ebenfalls zum Umweltlärm gehört die unbekümmerte Benutzung von Kassettenrecordern im Freien: im Wald, auf Campingplätzen, in Gärten und wer weiß wo.

Walkman   Eine verborgene Art von Schädigung ist der Mißbrauch des Walkman. Das stört zwar nicht die anderen, kann aber zu musikalischer Selbstverstümmelung führen: Ständiger Gebrauch von Musik als Droge, verlockend verfügbar, vereinzelt den Menschen und macht ihn passiv. Viele Schüler stimulieren (= anreizen) sich beim Anfertigen von Hausaufgaben mit Musik. Daß die Qualität der Arbeit darunter leidet und die Konzentrationsfähigkeit auf die Dauer nachläßt, merken viele erst zu spät.

Aber: Nicht in jedem Falle ist Musik bei der Arbeit nachteilig. In früheren Zeiten wurde bei bestimmten Tätigkeiten gesungen, z.B. beim Spinnen, Ernten, Dreschen. Das erleichterte und belebte die Arbeit (s. S. 131).

Aufgaben:
1. Sammelt Beispiele für akustischen Umweltschmutz, und macht Vorschläge, wie er von euch und anderen ferngehalten werden kann. Diskutiert den Begriff »Zimmerlautstärke«.
2. Überlegt, wie man den Walkman sinnvoll verwenden kann.
3. Singt alte Arbeitslieder (s. UL-MUU), und macht euch ihre Bedeutung klar.
4. Zählt heutige Arbeiten auf, bei denen Musik förderlich sein kann.

HB 167   Gegenwärtig gibt es Firmen, z.B. »Muzak«, die insgesamt etwa 4000 Stunden Hintergrundmusik aus über 80000 Musikstücken an Unternehmen zum Verkauf anbieten. Funktion dieser Musik ist es, als Klangkulisse in Fabriken, Restaurants, bei Ausstellungen, im Bus, Flugzeug und so weiter Stimmung zu schaffen.

Ausschnitt aus einem Interview mit dem Geschäftsführer eines Warenhauses:

Musiklehrer Horst Hoffmann: »Ist die Musik, die Sie in Ihren Verkaufsräumen spielen, primär für Ihre Angestellten gedacht oder für die Kunden?« –

Antwort: »Musik in Verbrauchermärkten, bzw. in SB-Warenhäusern, ist für die Angestellten und für die Kunden; für die Angestellten, um die Arbeitsatmosphäre etwas aufzulockern. Warum sollen unsere Mitarbeiter nicht auch mit Musik an die Arbeit gehen, also etwas beschwingter, – und für die Kunden aus dem Grunde, weil die Kunden unter diesem Aspekt hier einkaufen sollen. Wir sind ein Selbstbedienungswarenhausunternehmen, wo die Musik in keinem Falle stört.« –

Frage: »Meinen Sie, daß die Musik die Kunden zum Kauf anregt, oder ist die Musik mehr als kostenloser Dienst am Kunden gedacht?« –

Antwort: »Vielleicht beides. Letzten Endes wird Musik auch zum Kauf anregen, denn wer kauft nicht gern in einer beschwingten Atmosphäre Waren ein?«

Aufgaben:
1. *Hört euch solche Musik einmal aufmerksam an, und beschreibt, mit welcher Lautstärke und in welchem Tempo sie erklingt. Welche Rolle spielt dabei die menschliche Stimme? Welche charakteristischen Züge hat sie?*
2. *Sucht nach Gründen, warum in »Muzak«-Musik die hohen und tiefen Frequenzen der Originalstücke beschnitten sind, d.h. die Klangqualität bewußt fast bis auf Telefonniveau abgesenkt wird.*
3. *Überlegt, welche Aufgabe Backgroundmusik an den verschiedenen Einsatzorten hat.*

Es wird gegen Hintergrundmusik eingewendet, daß sie das Unterbewußtsein beeinflusse und gleichschalte, ohne daß man sich dagegen wehren könne: aufgezwungene Musik. Sie fördere unkritischen Massengeschmack und stumpfe unser Gefühl und Empfinden für Musik auf die Dauer ab.

Aufgaben:
1. *Versucht, diesen Gedankengang nachzuvollziehen.*
2. *Sammelt Gesichtspunkte für und gegen Hintergrundmusik.*

Massenmedien

Presse, Fernsehen, Funk, Film, Schallplatte, Kassette werden als Massenmedien (Massenvermittler) bezeichnet, weil sie – weltweit – Millionen von Menschen erreichen. Sie dienen der Unterhaltung, der Information und der Bildung. Dabei spielt Musik eine hervorragende Rolle, und zwar im Funk mehr als im Fernsehen. Das erste und zweite Hörfunkprogramm senden rund 18 Stunden täglich. Gut die Hälfte der Zeit entfällt auf Musik, davon zwei Drittel auf U-Musik und etwa ein Drittel auf E-Musik. Schallplattenaufnahmen bestreiten fast die Hälfte der Musiksendezeit.

Rolle der Musik

Aufgaben:
1. *Schlüsselt die Anteile von U- und E-Musik sowie den Schallplattenanteil nach Stunden auf. Zieht daraus Schlüsse, auch auf das Verhältnis von Rundfunk und Schallplattenindustrie.*
2. *Untersucht die Dritten Programme in Hörfunk und Fernsehen auf den Musikanteil und die Art der Musiksendungen. Nennt Gründe für den geringeren Musikanteil im Fernsehen.*

Insbesondere die U-Musik wendet sich an ein breites Publikum. Sie richtet sich nach seinem Geschmack, beeinflußt ihn aber auch.
Die Texter, Komponisten, Arrangeure (s. S. 122) werden von den Produzenten aufgrund von Marktforschung dazu angehalten, dem Massengeschmack Rechnung zu tragen: Ihre Produkte sollen wie Massenartikel verkäuflich sein. Der Anreiz dafür ist die Goldene Schallplatte; sie wird nach Verkauf von 500 000 Singles oder 250 000 LPs vergeben. Die Bands und Stars müssen durch die erfolgentscheidende Art ihrer Darbietung bis hin zum fernsehwirksamen Auftreten die angepeilten Zielgruppen, z. B. Jugendliche, ansprechen.

Aufgaben:
1. Nennt Gesichtspunkte, die beim Komponieren, Arrangieren und Darstellen beachtet werden müssen, wenn ein breiter Publikumserfolg erzielt werden soll.
2. Beobachtet in Zeitschriften und Werbesendungen, wie Popularmusik angepriesen wird und was ihr darin eigentlich über die Qualität und Eigenart der Musik selbst erfahrt.
3. Macht Vorschläge, wie man folgenden Teufelskreis durchbrechen kann: Die Hörer wünschen sich das, was sie kennen. Folgt man diesen Wünschen, kehrt das Bekannte endlos wieder.

Marktsituation

Aus den Programmübersichten könnt ihr ersehen, daß die Medien vielen speziellen Richtungen Raum gewähren, allerdings oft zu ungünstigen Zeiten oder eingeschränkt (z.B. geringe Auflagenziffer von Schallplatten). Darin spiegelt sich die Marktsituation wider, die dem Mechanismus von Angebot und Nachfrage weitgehend unterworfen ist. Was nicht gefragt ist, verschwindet nach und nach vom Musikmarkt. Würde also nur nach Massenware gefragt, ginge viele wertvolle Musik unter.

Wählerstimme

Jeder von uns hat eine Art »musikalische Wählerstimme«, die auf die Programmgestaltung und auf die Schallplattenproduktion einen kleinen Einfluß haben kann. Wenn du eine Schallplatte mit anspruchsvoller Musik kaufst oder eine anspruchsvolle musikalische Sendung einschaltest und bei Begeisterung gar an den Sender schreibst, nutzt du deine Wahlchance. Kommen viele Stimmen zusammen, ermutigt das den Programmgestalter und erleichtert ihm die Durchsetzung anspruchsvoller Angebote. Das können durchaus auch Sendungen aus dem Bereich der sogenannten U-Musik sein, wie die Beatles und andere herausragende Gruppen beweisen.

Nun genügt es aber nicht, das Besondere zu suchen, nur weil man nicht zur Masse gehören möchte (wer will das schon? Du?). Man muß das Anspruchsvollere verstehen lernen, um daran Interesse zu behalten. Dazu verhelfen dir neben aufmerksamerem, wiederholtem Hören Musikunterricht, Bücher und Noten sowie erklärende Musiksendungen.

Aufgaben:
1. Hört Sendungen, die über Musik informieren und Anleitung zu besserem Verstehen von Musik geben. Beachtet dabei auch das Schulfunkprogramm sowie Orchesterproben, Musikerportraits und ähnliches im Fernsehen. Macht Freunde und Mitschüler darauf aufmerksam.
2. Verwendet eure Kassettenrecorder nicht nur zum Musikhören, sondern nehmt damit eigenes Musizieren auf, z.B. im Playback-Verfahren mit zwei Recordern (s. S. 330).
3. Hört euch einzelne Stücke oft und aufmerksam an, damit ihr sie genau kennenlernt und nicht nur als background music mißbraucht, dann habt ihr mehr von der Musik.
4. Laßt euch von den Medien anregen, Noten und Bücher über Musik zu leihen oder zu kaufen, um euer Wissen und Können zu mehren und euren musikalischen Horizont zu weiten.

Zusammenfassend läßt sich sagen, daß die Medien vielfältige Programme bieten, die auf verschiedene Zielgruppen zugeschnitten sind. Sie können zwar nicht jeden persönlichen Wunsch erfüllen, nehmen aber doch auf Minderheiten Rücksicht und vermitteln neben Unterhaltung auch Information und Bildung. An dir selbst liegt es wesentlich, ob du dich darauf beschränkst, dich als oberflächlicher Konsument von den bequemsten und geistig bescheidensten Angeboten täglich stundenlang berieseln zu lassen *oder* ob du weniges bewußt auswählst. Das muß nicht mit dem Verzicht auf vergnügliche, entspannende Sendungen bezahlt werden. Auf die Dosierung und die Auswahl *im ganzen* kommt es an. Willst du dich nicht den Massenmedien bedingungslos unterwerfen und deine beste Zeit verschleudern, dann raffe dich immer wieder auf, den wichtigsten: den Abschaltknopf zu drücken!

Musiker heute

Die gewaltigen technischen Wandlungen in unserem Jahrhundert haben auch Aufgabe und Stellung des Berufsmusikers beeinflußt (vgl. S. 118).

Mit der Erfindung von Schallplatte und Tonband sind viele Musiker entbehrlich geworden, da ja eine bandgespeicherte Aufnahme beliebig oft wiederholt werden kann. So wurden als Folge der Erfindung des Tonfilms viele Tausende von Musikern entlassen, die beim Stummfilm Musik gemacht hatten. 1913 gab es weltweit 60 000 Kinos, in denen ein Klavierspieler, vielerorts sogar ein Orchester, angestellt war.

Die Zahl der Berufsmusiker insgesamt ist in den letzten Jahrzehnten ständig zurückgegangen. Der mit der technischen Entwicklung verbundene wachsende Wohlstand und die vermehrte Freizeit hingegen haben das Bedürfnis nach Musik enorm gesteigert. Wie in der Industrie immer weniger Menschen immer mehr produzieren, so geschieht es auch im Musikbereich.

Nicht nur die Menge der erzeugten Musik, sondern auch die Qualität der Aufführungen hat zugenommen. Annähernde Perfektion der Wiedergabe wird heute auch in der Provinz erwartet, gefordert durch den Medienvergleich. Maßgebend waren und sind mustergültige Musiksendungen der Medien mit immer besserer Klangqualität, so durch Stereo-Aufnahmen. Man kann sich die berühmtesten Dirigenten und Orchester billig und bequem zu Hause anhören. Viele Menschen haben große Plattensammlungen und veranstalten mit ihnen im Wohnzimmer »Hauskonzerte«, etwa vergleichbar dem »Pantoffelkino« vor Fernseher und Videogerät.

Man könnte denken, daß dem Kinosterben der Zusammenbruch des Konzertlebens gefolgt sei; aber das ist nicht so. Gerade auch die Plattensammler werden mehr und mehr zu Musikkennern, die in öffentlichen Musikveranstaltungen die bedeutenden Interpreten kennenlernen wollen. Selbst in dem besonders mediengebundenen Popbereich sind Live-Konzerte, bei denen man die Stars gewissermaßen anfassen kann, mit teuren Eintrittskarten bezahlte Höhepunkte.

Die modernen Verkehrsmittel gestatten reisenden Künstlern Live-Auftritte nahezu an jedem Punkt der Welt. Sehr beliebt sind die ungezählten Festspiele von Bayreuth bis Tanglewood, nicht zu vergessen die Popfestivals, in denen sich das oft weitgereiste Publikum für ausgezeichnet dargebotene Musik und auch für das »Drumherum« begeistern kann.

Aufgaben:
1. *Nennt Gründe, warum das Konzertleben trotz der Medien nicht zusammengebrochen ist.*
2. *Arbeitet Folgen der Internationalisierung des Musiklebens heraus.*
3. *Tragt Beispiele zusammen, die zeigen, daß Musik anderer Länder, auch außereuropäischer, bei uns aufgeführt wird.*
4. *Nennt Gründe für die Beliebtheit von Festspielen.*

›Musiker‹ heute

Probenarbeit Der hohe technische und musikalische Standard, wesentlich von den Medien bestimmt, verlangt von den ausübenden Berufsmusikern eine speziellere Ausbildung als früher und in der Regel auch mehr Probenarbeit. Zur Zeit Beethovens wurden neue Sinfonien vor Publikum fast vom Blatt gespielt, entsprechend schlecht; das wäre jetzt undenkbar. Allerdings gibt es heute Spannbreiten der Probenarbeit. Zwei Grenzfälle: Während es im Sektor der E-Musik vorkommt, daß Musiker monatelang gemeinsam an einem Werk proben müssen, z. B. an Streichquartetten, sind die U-Musiker gezwungen, in kürzester Zeit Ergebnisse zu erbringen. Im Schlagergeschäft beispielsweise, wo man auf die teuren Studios angewiesen ist, nutzt man das Mehrspur-Verfahren. Die Rhythmusgruppe zuerst, danach die Bläser und übrigen Instrumentalisten spielen das Arrangement auf verschiedenen Bandspuren. In diese vorgefertigte Begleitung wird zum Schluß der Gesang hineinmontiert. Für jeden Vorgang stehen nur wenige Stunden zur Verfügung. Da diese Vorgänge zeitlich auseinander liegen, bekommen sich die Musiker des öfteren nicht alle zu Gesicht, obwohl sie an einem Stück gearbeitet haben.

Tontechnik Bei Aufnahmen von E-Musik zielt alles darauf ab, den originalen Klang der Instrumente und Stimmen getreu zu bewahren, während die Tontechnik bei U-Musik zumeist entscheidende Änderungen vornimmt, um einen bestimmten »Sound« zu erzeugen. Stark verschoben werden z. B. die Lautstärkeverhältnisse durch nahe oder ferne Mikrophonaufstellung, der Originalton durch Verhallung oder Frequenzbeschneidung und Verzerrung. Nähere Einzelheiten s. S. 124.

Die Hörbeispiele zeigen Stimmveränderung durch Frequenzanhebung (Beispiel a) und Zerlegung der Playbacks (Beispiel b).

HB 168 Beispiel a: »Alle Träume dieser Erde« (Rolf Wehmeier)
1. Stimme original.
2. Entzerrer: Anhebung der Mittelfrequenz.
3. Stimme original.

HB 169 Beispiel b: »Leiermann« (Rolf Wehmeier/Ho Charles)
1. Baß.
2. Gitarre I und II zusammen.
3. Gitarre mit Baß und Drums.
4. Orgel allein.
5. Baß, Drums, Gitarre dazu.
6. Blechbläser allein.
7. Pauken, Baß, Drums, Gitarren und Orgel, dazu Playback-Durchlauf.
8. Streicher allein, ohne Hall, Hall dazu, Dopplungsspuren dazu.
9. Chor ohne Hall, allein mit Hall, allein.
10. Schlußtakte Tutti mit Sängerin.

Aufgaben:
1. Erarbeitet die beiden Hörbeispiele und diskutiert darüber, inwieweit die im Hintergrund bleibende Technik den Sängern und Instrumentalisten zum (Welt-)Erfolg verhilft. (Was wären z. B. die Schlagerstars ohne Mischpulte und Verstärker?)
2. Hört die Probe eines Kammerensembles oder eines Sinfonieorchesters an (auch in den Medien).
3. Vergleicht die beiden Fälle bezüglich der Probenarbeit, der vermutlichen Schwierigkeit der Aufgaben, der möglichen unterschiedlichen Einstellung der Musiker zu ihrer Arbeit.

Zwar haben Live-Aufführungen zumeist nicht die Perfektion der Schallplatte, aber dafür enthalten sie erhöhte Spannungsmomente, sind ein Wagnis. Die sichtbare Konzentration der Musiker überträgt sich auf die Hörer und steigert das Musikerlebnis.

Jede Live-Aufführung, auch derselben Musik, ist anders, während die Schallplattenaufnahme bei jeder Wiederholung gleich klingt. Im übrigen gibt es viele Bereiche, in denen Live-Musik nicht zu ersetzen ist.

Aufgabe:
Gebt Beispiele der Unentbehrlichkeit von Live-Musik für die Kirchen und für das gesellschaftliche Leben.

Die Fülle der Musik, die unser Leben begleitet, regt immer mehr Menschen dazu an, selbst Musik zu machen. In den letzten 30 Jahren sind hunderte von Musikschulen neu entstanden. Darin unterrichtet eine wachsende Zahl von Musiklehrern. Zwar gibt es infolge der Technik auch Einsparungen von Musikern; zum Beispiel kann ein Alleinunterhalter mit raffinierten elektronischen Orgeln ein ganzes Unterhaltungsorchester ersetzen – aber im ganzen ist Musikernachwuchs gefragt. Auskunft über Musikberufe geben u. a. die »Blätter zur Berufskunde« in den Arbeitsämtern.

Musikschulen

HB 170

Musikberufe

Die Musikausbildung erfolgt in scharfer Auslese an wenigen Berufsfachschulen und Konservatorien, an 16 Musikhochschulen und teilweise an Universitäten (s. dazu S. 322).

Ein Traumberuf ist für viele der des Tonmeisters wegen der Verbindung von Musik und Technik. Aber nur wenige hundert Stellen sind vorhanden, wohingegen im E-Bereich über 9000 da sind für Instrumentalisten (vorwiegend in rund 100 Sinfonieorchestern), reichlich 3000 für Sänger (z. B. in Opernchören) und gut 9000 für Musiklehrer.

Die Zahlen im U-Bereich liegen bei knapp 6000 – mit wenigen festen Stellen.

Aufgaben:
1. *Erkundigt euch über verschiedene Musikberufe. Befragt Musiker selbst, und besorgt euch Informationen aus der Bibliothek.*
2. *Verabredet euch (in kleinen Gruppen), zu den »Arbeitsstätten« von Musikern unterschiedlicher Richtung zu gehen, auch zu Laienmusikern, zu Proben oder Aufführungen von Feuerwehrkapelle, Kammerensemble, Kirchenchor, Oper, Rundfunkorchester, Big Band, Musikstudio ...*
3. *Berichtet über euren Eindruck dort, über Arbeitsweise, Umgangston, Atmosphäre und über die Art der dort gespielten oder gesungenen Musik.*
4. *Überlegt zu welchen Gelegenheiten man einen Alleinunterhalter engagieren sollte, wo einen Diskjockey, wo eine Live-Band und worin jeweils Vorzüge und Nachteile bestehen.*

Filmmusik

Wenn man Einzelbilder sehr schnell aufeinander folgen läßt, entsteht der Eindruck eines geschlossenen Bewegungsablaufs. Im Film wechseln mindestens 20 Bilder in der Sekunde.

Stummfilme

HB 171

Die ersten Filme entstanden kurz vor 1900. Sie waren Stummfilme. Erst ab 1927 trat der Tonfilm seinen Siegeszug an. Er »synchronisiert« Sprache, Musik, Geräusch und Bildablauf (syn = zusammen; Chronos = Zeit). Einige Jahre später wurde der Farbfilm erfunden. Die textlosen Stummfilme, z. B. von Charlie Chaplin, führte man keineswegs lautlos vor. Klavierspieler in den Kinosälen, in großen Kinos später auch eigene Orchester, überbrückten die Pausen der zunächst sehr kurzen Filmstreifen und untermalten das Filmgeschehen. Die Klavierspieler improvisierten, angeregt durch vorgegebene Stichworte, zur jeweiligen Szene.

Da die gleichen Grundstimmungen in vielen Filmen wiederkehrten, konnte man auf bewährte musikalische Wendungen zurückkommen. Auch ließ sich z. B. eine Melodie durch Veränderung den Bildern anpassen und sich dadurch ein musikalischer Zusammenhang herstellen.

Charlie Chaplin

Aufgaben:
1. *Verwendet vorstehende melodische Wendungen oder ähnliche (selbsterfundene) so, daß sie einem lustigen / traurigen / erregten / unheimlichen Filmausschnitt zugeordnet werden könnten und führt die Melodie entsprechend weiter.*
2. *Achtet beim Hören von Filmmusik auf wiederkehrende Melodien und deren Variation.*

Titelmelodie

HB 172

Viele Filme haben eine Hauptmelodie – Titelmelodie, Title-Song, Main-Title oder Erkennungsmelodie genannt –, die als Leitmotiv immer wiederkehrt (Leitmotiv = einprägsame melodische / harmonische / rhythmische Wendung, die häufig wiederkehrt, z. B., wenn der Titelheld auftritt oder wenn ähnliche Situationen vorkommen). Zu Werbezwecken werden diese Title-Songs sowie andere charakteristische Musiknummern als Schallplatte geliefert.

Aufgaben:
1. *Beschreibt und probiert mit Instrumenten und Stimmen aus, wie man unterschiedliche Stimmungen durch eine musikalische Gruppenimprovisation (s. S. 296) ausdrücken kann, z. B. Wut, Angst, gute Laune.*
2. *Improvisiert Musik oder Geräusch zu einer Pantomime oder einem Schattenspiel, und macht ggf. eine Video-Aufnahme.*

Beispiel für eine Kameraführung (Schema):
Die Kameraeinstellungen *verengen* sich von Panorama über Totale, Halbtotale, Halbnah, Amerikanisch, Nah, Groß bis zur Detailaufnahme. Beim Tonfilm wäre noch eine Spalte »Dialoge« einzufügen.

Kameraführung

Nummer der Einstellung	Handlungsgeschehen	Musik/ Geräusch	Kameraführung
1	auf dem Flohmarkt	Musik/Hintergrundgeräusch	Panorama
2	A kauft billig ein Fahrrad von B	Musik/Hintergrundgeräusch	Nah
3	vergnügte Radfahrt	Musik	Totale
4	Panne	Pannengeräusch	Halbnah, Kamera von unten
5	C kommt hinzu, erkennt das Rad als sein ihm gestohlenes	Stille	Halbtotale
6	erregte Auseinandersetzung	Musik	Amerikanisch
7	Hinweis auf den Polizisten an der Ecke	Musik/ Geräusch	Totale
8	C, auch der Stärkere, reißt das Fahrrad an sich und schiebt damit ab	Musik/ Geräusch	Halbnah
9	A bleibt wütend, enttäuscht, ratlos zurück	Musik	Groß
10	mit traurigen Augen	Stille	Detail

In dem Tonfilm »Kuhle Wampe« (Name einer Zeltsiedlung vor Berlin), nach dem Drehbuch von Bert Brecht mit Musik von Hanns Eisler, wird das Elend der Arbeitslosen gezeigt. Den Jugendlichen war durch Notverordnung 1932 das Arbeitslosengeld gestrichen. In einer der Szenen lesen sie, dicht gedrängt um eine Litfaßsäule, Nachrichten über die Arbeitslosigkeit, über wenige freie Stellen. Sie schwingen sich auf ihre Fahrräder und sausen in Gruppen los, vorbei an Schildern wie »Arbeiter werden hier nicht eingestellt«.

HB 173

Aufgaben:
1. Beschreibt, wie ihr dazu Filmmusik gestalten würdet.
2. Hört die Musik zu dieser Radfahrszene, und setzt sie zu der Szenenbeschreibung in Beziehung.
3. Ist diese Musik in sich so aufgebaut, daß sie auch unabhängig von der Filmhandlung musikalisch bestehen kann? Begründe deine Entscheidung.

HB 174 In dem Abenteuerfilm »Der Herr der drei Welten« nach »Gullivers Reisen« von Jonathan Swift mit der Musik von Bernard Herrmann wird schon in der »Ouvertüre« auf das Wesentliche hingewiesen.

Aufgaben:
1. Versucht, mit den euch zur Verfügung stehenden musikalischen Mitteln die Größenverhältnisse der drei Welten darzustellen: Riese – Mensch – Liliputaner.
2. Beschreibt möglichst genau, in welcher Weise in der Filmmusik »groß« und »klein« deutlich werden. Der Komponist hat in der Ouvertüre Anklänge an Musik früherer Zeit verwendet. Sucht nach Gründen dafür.

Schon im Stummfilm wurden – neben Klavierimprovisationen – populäre Stücke verwendet, so von Schubert, Mendelssohn, Grieg, wenn deren Charakter nur einigermaßen zum Film in Beziehung zu setzen war. Gelegentlich wählt man sogar einen bewußten Gegensatz zwischen Musik und Bild. So wird beispielsweise im Film »Die Blechtrommel« eine gefühlvolle Klaviermazurka zum grauenhaften, tödlichen Überfall der Nazis auf das Danziger Hauptpostamt leise gespielt. Dieser Kontrast rührt hier stärker an als Musik, die den Kampflärm musikalisch ausdeuten und verstärken würde.

Sehr viele Filmmusik wird zusammengestellt aus einem Archiv, das für jede beliebige Situation charakteristische Musik enthält. Man sieht es als unzweckmäßig, zu teuer und zugleich nicht realisierbar an, für jeden Film Komponisten mit einer Neukomposition zu beauftragen. So kann es kommen, daß man in verschiedenen Filmen bei ähnlichen Situationen die gleiche Musik hört.

Aufgaben:
1. Kennst du einen Film, in den du vor allem um der Musik willen gegangen bist? Charakterisiere gegebenenfalls die Musik.
2. Versuche, dich an die Musik eines der zuletzt gesehenen Filme zu erinnern und sie zu beschreiben. Wenn dir das schwerfallen sollte, untersuche die Gründe dafür.
3. Sucht zu begründen, warum die Mehrzahl der Filme eine leicht eingängige, populäre Musik hat.
4. Stellt Forderungen zusammen, die ihr an einen Filmproduzenten in bezug auf Musik hättet.

Register

Abgesang 173
ad libitum 198
Adderley, C. 141
Adel 158, 160, **247 ff., 251, 253, 255, 261 ff.,** 271, 307 f. 315 f.
Affekt 259
Afrika **127,** 141, 310
Akademie 262 f.
Akkord **82 ff., 87,** 101, 111 f., 130, 138
Akkordauflösung 84
Akustik 148 ff.
akustische Großaufnahme 124 f.
Akzent 67, 110, 132, 135, 139
Aleatorik **291,** 293, **296**
Altschlüssel 164
Allemande 315
Amplitude 149
Arie 220 ff., 230, **242,** 254, 263
Arioso 242
Armstrong, L. **132 f.,** 136
Arpeggio 165
Arrangement 124
Atonalität 73, 281, **284**
Aufklärung 267
Aufzug 242
außermusikalische Faktoren 101, 105, 112, **118,** 129 f., 136, 139, 259 f., 266 ff., 281
Ausspracheregeln 64
Austin High School Band 135
Avantgarde **287,** 291

B-Tonart 78
Bach, C. Ph. E. 257 f.
Bach J. S. 21, 30, 73, 116, 157, 161, 182, 186 ff. **250 – 255,** 259, 268
Back-up-group 111
Baez, J. 120
Bagatelle 174
Ballade 198, **215**
Ballett 240, **242,** 249, 269, 282 **317 ff.**
Barform 173
Barock 188, **247 ff., 253 ff.,** 256, 259 f., 291
Bartók, B. 136, 246, 274, 281, 284, 287
Basie, C. 137 f.
Baßschlüssel 77
Beat 101–104, **105 ff.,** 114, 132, 134 f., 138, 144, 165
Beatles 48, **105 ff.,** 110, **277,** 289
Bebop 137 f.
Beethoven, L. v. 77, 116, 174 f., 246, 256, **263–266**
Beiderbecke, B. 135
benachbarte Tonart 76, **78**
Berg, A. 287
Berio, L. 301 ff.
Bernstein, L. 233–239
Berry, Ch. 104
Biermann, W. **120,** 324
Big Band **136,** 138 f.
Bizet, G. 274
blue note **130,** 132, 145, 310

Blues 43 ff., 102 f., **129 ff.,** 141 f., 145 f., 247, 310
Blues Rock 102, 108
Bluesformschema 104, 106, 111, 130 f., 145 f.
Bohrung 156
Boogie Woogie **130,** 310
Bordun 99, 250
Boulez, P. 287
Britten, B. 162, 287

call and responses 33, 129, **131**
Can-Can 309
Chaconne 190
Chanson 103, 119 f.
Charleston 131, 310
Cherry, D. 142
Chicago Jazz 133, **135**
Chopin, F. 269
Chor 321
Choreograph 240
Chromatik **73,** 78, 268, 279
Clarke, K. 138 f.
Classic Rock 102, **116,** 247
Coda **182,** 193
Coleman, O. 141 f.
Coltrane, J. 141 f.
Comes 188
Concertino 191
Concerto grosso 191
Cool Jazz 139 ff.
Country- und Westernmusik 104
Couperin, F. 256
Courante 315

Da-capo-Form 129
Davis, M. **138 ff.,** 143
Debussy, C. 279 f.
Deep Purple 105, 108, 117
Degenhardt, F. J. 120
Deutschrock 114 f.
diatonisch 73
dirty tones 132
Diskriminierung 110, 130, 142
Dissonanz 81, 141, 279, 281
Docke 167
Dodds „Baby" 134
Dominante **75,** 145, 168, 179
Dominantdreiklang **82,** 84
Dominantparallele 82
Dominantseptakkord 82, **84**
Doppelrohrblatt **152,** 154, 158 f.
Dreiklang **82 f.,** 279
Dreiklang-Auflösung 87 f., 90
Dreiklangstellung 83
Dur 98
Dur-Dreiklang 82
Dur-Kadenz 83 f.
Dur-Tonart 78, 83 f.
Durtonleiter 75, 78, 82
Durchführung **182, 188,** 193, 279
Dux 188
Dylan, B. 47, 120
Dynamik 65, 220

E-Musik 139, 268, 327, 330
Eimert, H. 288

elektronische Instrumente 114, **118,** 142, 166, **170, 287 ff.**
Ellington, D. 137
Emerson, Lake & Palmer 116
Empfindsamer Stil 257
Erhöhung 76, **78**
Erniedrigung **78,** 160
Exotic Rock 110
Experimenteller Rock 108
Exposition 179, **182,** 188
Expressionismus 279, **281 f.,** 284

fade out 124
Fans 105, 136, 277, 322
Fermate 26, 66
Filmmusik 240
Flatterzunge 158
Folklore 56, 102, 106, 110, **245 f.,** 269, **272 f.,** 282
Formen 85, **172 ff.**
Fortschreitung 83
Free Jazz 114, **142**
Frequenz **149, 151,** 157
Fuge **188,** 268
Funk 114
Funktion **82,** 87 f., 90, 93
funktionelle Musik 242, 249, 262, 264, 267, **323 ff., 326**
Fusion 142

Gabelgriff 157
Gaillarde 309
Ganzton 75
Ganztonleiter 279
Generalbaß **191,** 270
Geräusch **150,** 152, 170, 297, 300
Gigue 316
Gillespie, D. 138 f.
gleichnamige Tonart 78
Goodman, B. 136 f.
Gospel **129 f.,** 141
Grieg, E. 269, 274
Grundschlag 65
Grundstimmung 154 ff., 165
Grundton **72 f.,** 75, 78, **82 f.,** 150 f., 156
Grundtonart 76, 179
Gruselrock 108

Händel, G. F. 157, 182, **190 ff.,** 241, 268
Halbton **72 f., 75 f.,** 160 f., 165, 281
Halbsatz 177
Haley, B. 103 f.
Hancock, H. 143
Hard Bop 141
Hard Rock 102, 105, 108
Hardin, L. 134
Harmonik 86, 120, **130,** 132, 138, 141 f., **145,** 251, 268, **281**
harmonische Molltonleiter 76
Hauptdreiklang 82 ff.
Haydn, J. 60 f., 177, 180, 183 f., 193, 256, 264
Heavy Metal 102, 108
Heavy Rock 105, 108

Hendrix, J. 108, 278
Henze, H. W. 287
Hertz 149
Hindemith, P. 136, 144, 284, 287
Hofkapellmeister 248, 253, 261
Homophonie **86,** 135
Honegger, A. 195 ff.
hot-Intonation 132, 310

Imitation 86, **186,** 188
Impressionismus 279 f.
Improvisation 86 f., 114, 129, 131 f., **134 ff.,** 138, **142, 144,** 193, 198, 247, 249, 261, 263 f., **291, 296 f.,** 334
Intendant 240
Intervall 73 f., **80 ff.,** 151, 198
Invention 74, **186,** 253

Jackson, M. 129 f.
20er Jahre 130 f., **133, 136,** 284, 310
30er Jahre 103, 130 f., 133, 136 f.
40er Jahre 103, 133, 138
50er Jahre **103, 105,** 108, 141
60er Jahre 103, 105, 108, 114, 120, 142
70er Jahre **108, 112,** 114 f., 120, 142
16. Jahrhundert 9 f., 21, 120, 245, 316 f.
17. Jahrhundert 127, 157, 177, 275, 315 f.
18. Jahrhundert 11, 15 f., 60, 120, 157, 177, 215, **263,** 266, 275, 315
19. Jahrhundert 34, 50 f., 73, 131, 215, 245, 260, 266, 269, 275 f., **279**
20. Jahrhundert 73, 101, 128, 144, 241, 245, 268, 276 f., 291, **300 f.**
Jandl, E. 302
Jazz **127 – 147,** 160 f., 164, 277, 312
Jazz-Improvisation 144
Jazz Rock 102, 142
Jazztanz 312
Jethro Tull 116
Joplin, S. 131 f., 313

Kadenz 82 ff., **87 f., 90 ff.,** 193
Kagel, M. 300
Kantate 249, 253 f.
Kantor **248 f.,** 253
Kapodaster 165
Kenton, St. 139
Kielmechanik 167
Kirchenmusik 251, 253, **323 f.**
Kirchentonart 72
Klang
– farbe 141, **279, 281**
– Instrumente 151, 157–170
– Komposition 296–300
– physikalisch 150–153
– synthetisch 170, 289
Klassik **255 f., 258–266,** 268

Koloratur 222
Konsonanz 81
Kompositionstechnik 73, 86, 124, 140, 184, 259, **279, 281f., 287,** 291
Kontrapunkt 188, 256
Kontrafaktur 21, 28
Konzert **191,** 249, 253, **259f., 262ff., 268, 275ff.,**
Konzertmeister 248, 253
Kreuztonart 78
kritisches Lied 18, 36, 46f., 59, **119ff.,** 324
Krupa, G. 137
Künstler **260, 262–268, 271ff., 275,** 277
Kunstballade 215
Kunstlied **198–218,** 215, 269
Kunstmusik **245–247**

Labialpfeife 166
Laienmusik 321f.
Latin Rock 102, 110
Leadbelly = Ledbetter, H. 131
Leitton 76, **78,** 82, 84
Libretto 242
Liedbegleitung 84
Liedermacher 120
Liedform
 – einteilig 85, **172**
 – zweiteilig 85, **172**
 – dreiteilig 85, **172f.,** 179
 – zusammengesetzt 174
Ligeti, G. 287, 300
Liszt, F. 272, **275**
Loewe, C. 215f.
Lutoslawski, W. 292, 294

Marley, B. 110ff.
McLaughlin, J. 142f.
Medien 242, 327f.
Mehrstimmigkeit **86f.,** 106, 188
Melodie/Melodik 9–61, 67, **76f.,** 85f., 120, 123, **129f.,** 138, 141, 173, 198, 215, 251, **269,** 279, 332
Melodrama 231, **243**
Mendelssohn-Bartholdy, F. 268
Menuett **177,** 182, 312
Messiaen, O. 287
Metrum **65,** 67f., 90, 281
Milhaud, D. 144
Miller, G. 137
Mingus, Ch. 139, 142
Mixtursatz 99
Modern Jazz Quartett 140
Modulation **76f.,** 98, 193, 198, 268
Modus 72
Moll-Dreiklang 82
Moll-Tonart 78, 84
Molltonleiter **75f.,** 78, 82
Moog, R. A. 289
Motiv 85, 172, 174, 279, 332
Mozart, W. A. 11, 93, 116, 136, 177f., 184, 200, **220–224,** 246, 256, **260–263,** 268, 291f.
Musical 233–241, **243**
Musikberufe 322, **329ff.**
Musikschule 321, 331
Mussorgsky, M. 116, 274

Nachsatz 85, 172
Naturinstrument 160
Nebendreiklang 82, 85

Neue Deutsche Welle (NDW) 102, 114
New Orleans Jazz 132ff.
New Wave 102, 112f.
Nono, L. 287
Notenwert 66f.

Oberton **150f.,** 156, 159, 289
Obertonreihe **151,** 160
Oliver, J. „King" 134
Oper 117, 220–233, **240f., 243,** 249, 263, **269,** 271, 273, 275
Operette 241, **243**
Organist **249, 251,** 263
Orff, C. 73, 241, 287
Ostinato 130, 250, **282,** 296f.
Oszillogramm 148, **150**
Ouvertüre **243,** 251
Overdubbing 125

Paganini, N. 163, **275f.**
Parallele **83,** 250
Paralleldreiklang 82
parallele Durtonleiter 75
parallele Molltonleiter 75
parallele Tonart 78
Parameter 287f.
Parker, Ch. 137ff.
Partitur 171, 191, 290
Pattern 144, 146
Pausenwert 66
Pavane 308
Penderecki, K. 287, 300
Pentatonik **72,** 129, 279
Percussion 110, **114,** 127, 167, **310**
Periode 124, **172,** 177, 269
Pink Floyd 112, 289
Pizzicato 163
Plunger 160
Polyphonie **86,** 141, 182, **186, 188,** 268
Pop 101, **103, 117f.,** 130, 166, 247, 277
Präludium 188
Presley, E. 103f.
Primitiv Rock 112
Programmusik 195, 269, 273
Protest 112, 118ff., 141, 284
Protestsong **119f.,** 165, 324
Psychedelic Rock 102, 108
Publikum 260, 263, 265, 267, 271, **276f.,** 293, 327
Punk 102, 112, 115
Punktierung **67,** 131

Quintenzirkel 78f.

Raga 102, 110
Ragtime **131f.,** 134, 310, 313
Rap 102, 112, **114**
Rastafarianismus 110
Reggae 102, 110
Regner, H. 296
Reihe **72ff., 284,** 287
Reprise 177, 179, **182,** 193
Resonanz **152f.,** 169
Rezitativ 230, **243,** 254
Rhythm' & Blues **102f.,** 105f., 110
Rhythmus **66ff.,** 71, 86, 90, 103, 110f., 114, 123, 127, 129ff., 136, 138f., **144, 167,** 281, 284, 296, 305, **312,** 316
Ritornelle 193
Rock/Rock'n'Roll 101f., **103ff.,** 108, 110, 114f., 118, 310

Rolling Stones 105f., 108, **277**
Romantik 164, 255, **266ff.,** 272
Rondo **86, 179,** 182
 – klassisches 179
Rondoform
 – fünfteilig 179
 – siebenteilig 179
Rückung 124
Rundgesang 179

Sage 17, 215
Sarabande 316
Satz **172,** 174, 177, 182, **193,** 268
Sax, A. 160
Schall 148ff.
Schallgeschwindigkeit 150
Schalltrichter 156, 158
Schlager 103, 115, **122ff.,** 330
Schönberg, A. 73, 281, **284ff.,** 287
Schostakowitsch, D. 287
Schubert, F. 204, 211f., 247, **270f.**
Schumann, R. 268
Schwerpunkt 65
Schwingung **148ff., 152f.,** 157, 167, 170
Scorpions 108f., 115
scratching 114
Seeger, P. 46, 120f.
Septakkord 82, 230, 268
Septime 84
Sequenz 186
Sex Pistols 112
Sextakkord 83
Sinfonie **184,** 263, 268, 291
Sinfoniesatz 184
Singen
 – Lieder 9–61
 – Schule 62–64
Sinusschwingung 150
Sinuston 289
Skiffle 106
Smetana, E. 271ff.
Soft Beat 102, 108
Solokonzert 193
Sonate **182,** 253, 269
Sonatenhauptsatzform **182,** 193
Sondheim, St. 233
Song 103, 119ff.
Soul 102, 108
Spannungsakkord 82, 84
Spiritual **33ff.,** 129, 131
Sprache 219, 301f.
Sprechgesang 114, 128
Stadtmusiker 249
Stammton 72
Stimmführung 86
Stimmung 153–156
Stollen 173
Stockhausen, K. 287, **289f.**
Strauss, R. 286
Strawinsky, I. 144, 241, 245, **281ff., 287,** 319
Strophenlied 198
Studiotricks 124, 330
Stürze 156, 160, 162
Stufe 75f., 78, **82,** 98
Sturm und Drang 255, 258
Subdominante 75, 145
Subdominant-Dreiklang 82
Subdominant-Parallele 82
Subkultur 118
Suite 177, **315**
Swing 132, 136, 144, 310

Swing Jazz 136f.
Synkope **67,** 131, 136
Synthesizer 118, 170, 289

Takt **66ff.,** 86f., 139
Taktleiste 90, 93
Tangerine Dream 114, 118
Tanz 28, 32, 35, **53, 56,** 93, 96, **128,** 167, 174, 245, 269, **305–319,** 323
Teilton 160
Telemann, G. Ph. 256, 259
Tempo 65f., 68, 138
Tetrachord 75
Theater 240f.
Thema 85f., 138, 188
Ton 150, 170
Tonalität 73, 141, 286
Tonart 76, 86f., 193
Tongeschlecht 75, 86, 98
Tonhöhe 67, 149, **154f.,**
Tonika 75, 145, 168
Tonikaparallele 82, 179
Tonreinheit 157
transponierende Instrumente 156
Tremolo 163
Trio „115", 177, 182
Triole 67, 130
Tristano, L. 140ff.
Tschaikowsky, P. 67, 116, 317f.
Tutti 135f., 138, 191

U-Musik 103, 164, 166, 260, 268, 289, **327, 330**
Umkehrung 186, 188, 284
Umkehrung-Dreiklang 83f.
Umkehrung-Septakkord 84
Underground 102, 108
Unisono 138

Vagantenlied 119
Vaudeville 223f.
Variation 86, 174
Ventil 160
Veränderung 85
Verbindungsregeln 83
Vergrößerung 186, 188
Verkleinerung 186, 188
verminderter Dreiklang 82
Vers 173
Verwandtschaft 82
Vibrato 160, 163
Vibration 152
Video-Clips 108, 118
Virtuose 133, 163, 193, 261f., **275f.**
Volkslied/Lied **9–61, 198,** 215, 245, 247, 267, **269**
Volkstanz 314
Vordersatz 85, 172
Vorzeichen 72, 75, 78

Wagner, R. 173, 279
Walzer 313
Weber, C. M. v. 73, **225–232,** 245
Webern, A. v. 287
Wiederholung 85, 172, 174
Wiederholung-Ton 73, 250
Wiederkehr 174, 179
Wiener Klassik 256, 261
Worksong 130f.

Zweite Wiener Schule 287
Zwischenspiel 188
Zwölftonleiter 73
Zwölftonmusik 73f., **284,** 286f.
Zwölftonreihe 73, 284